崔世平 著

中古丧葬艺术、礼俗与历史研究

中国社会科学出版社

图书在版编目（CIP）数据

中古丧葬艺术、礼俗与历史研究/崔世平著.—北京：
中国社会科学出版社，2018.3（2021.11月重印）
ISBN 978-7-5203-2061-0

Ⅰ.①中… Ⅱ.①崔… Ⅲ.①葬俗—风俗习惯史—
研究—中国—南北朝时代—唐宋时期 Ⅳ.①K892.22

中国版本图书馆CIP数据核字(2018)第026618号

出 版 人	赵剑英
责任编辑	刘　芳
责任校对	王　龙
责任印制	李寡寡
出　　版	中国社会科学出版社
社　　址	北京鼓楼西大街甲158号
邮　　编	100720
网　　址	http://www.csspw.cn
发 行 部	010-84083685
门 市 部	010-84029450
经　　销	新华书店及其他书店
印　　刷	北京明恒达印务有限公司
装　　订	廊坊市广阳区广增装订厂
版　　次	2018年3月第1版
印　　次	2021年11月第2次印刷
开　　本	710×1000　1/16
印　　张	16
插　　页	2
字　　数	242千字
定　　价	58.00元

凡购买中国社会科学出版社图书，如有质量问题请与本社营销中心联系调换
电话：010-84083683
版权所有　侵权必究

目　录

上篇　丧葬艺术与礼俗

隐囊考 …………………………………………………………（3）

巩义涉村宋代壁画墓"五郡兄弟"孝子图略论 …………………（18）

壁画中的女性生活
　　——以宋辽金墓葬壁画为中心 ………………………………（34）

变革中的唐宋丧葬礼俗 …………………………………………（74）

唐五代时期的凶肆与丧葬行业组织 ……………………………（120）

唐代恭陵玄宫形制与关中墓葬因素 ……………………………（137）

下篇　出土文献与历史研究

吐鲁番随葬衣物疏中所见"手爪囊""脚爪囊"释义 …………（151）

崔芬墓志与南北争战下的青州崔氏 ……………………………（162）

临淄北朝崔氏墓与清河崔氏乌水房 ……………………………（173）

北齐窦兴洛墓志与代北窦氏 ……………………………………（183）

王昌父子墓志与北周京兆王氏 …………………………………（191）

新出后晋张奉林墓志与后唐政治 ………………………………（201）

唐五代时期的毬场与城市空间 …………………………………（209）

 目 录

"刻毡为形"试释
　　——兼论突厥的袄神祭祀 …………………………………（228）
从山东寒庶到关中望族
　　——杨隋郡望形成过程试探 ………………………………（237）
后记 ………………………………………………………………（249）

上篇　丧葬艺术与礼俗

隐　囊　考[*]

隐囊是我国南北朝隋唐时期流行的一种卧具，其外形为圆筒状的囊袋。隐，意为凭、倚靠。隐囊以丝织物为表，内部用织物或纤维填充，可供倚靠身体，其作用如同今日之靠枕。沈从文、孙机等先生都曾对这种卧具做过研究，[①] 但所论尚有剩义。笔者不揣浅陋，拟就隐囊的图像、渊源及象征意义等几方面略加讨论，以为前贤续貂。

一　图像中所见的隐囊

目前所见最早的隐囊图像出现于维摩诘经变画中。营造于北魏景明元年至正光四年（500—523）的洛阳龙门石窟宾阳中洞洞口内壁有文殊师利与维摩诘对坐浮雕，20世纪30年代被盗往国外。图中维摩诘长须飘垂，右手执麈尾，左肘向后斜靠在一个圆鼓的囊上，囊身有一圈纵向条纹，露出的顶端有一圈莲瓣纹（图1）。沈从文先生指出此囊即是隐囊。[②] 美国纽约大都会博物馆藏东魏武定元年（543）造像碑上有一幅维摩诘说法图，维摩诘箕坐于装饰华丽的帷帐下，右手执麈尾，倚靠

---

[*] 本文曾发表于《考古》2011年第12期。刊出后蒙扬之水先生赐函教示，并赐大作《曾有西风半点香——敦煌艺术名物丛考》，其中《丹枕与绽绽》一节，考证本文所论的"隐囊"在佛经名为"丹枕"或"倚枕"，"原系印度上流社会及巨富之家日常生活中的习用之具"。先生所用佛经资料及佛教壁画和雕塑材料，多有笔者此前未曾留意者（参见扬之水《曾有西风半点香——敦煌艺术名物丛考》，生活·读书·新知三联书店2012年版，第113页）。

① 沈从文：《中国古代服饰研究》，上海书店出版社2002年版，第248页。孙机：《唐李寿石椁线刻〈侍女图〉、〈乐舞图〉散记》（上），《文物》1996年第5期。

② 沈从文：《中国古代服饰研究》，上海书店出版社2002年版，第248页，插图65。

图 1　龙门石窟宾阳中洞维摩诘像（摹本）

在一个圆筒状的隐囊上。隐囊表面饰纵条纹，顶端打结（图2）①。莫高窟第159窟东壁南侧中唐时期维摩诘经变中，也有类似的维摩诘倚靠隐囊图像。维摩诘侧卧于帐下的高榻上，左手执麈尾，垂于胸前，右臂向后侧斜倚在竖立的朱红色隐囊上。②

图 2　东魏武定元年造像碑维摩诘像

---

① 金申：《中国历代纪年佛像图典》，文物出版社1994年版，第227页，图版168。
② 敦煌文物研究所编：《中国石窟·敦煌莫高窟》第4卷，文物出版社1999年版，图版88。

墓葬壁画和画像石中都曾发现过隐囊的形象。2000年发现于西安市北郊的粟特人北周同州萨保安伽墓，墓室中部偏北摆放一具围屏石榻，由石屏风、榻板、榻腿组成，共雕刻56幅图案。其中正面屏风第二幅为乐舞宴饮狩猎图，上半部分刻乐舞宴饮场景，下半部分刻狩猎场景。乐舞宴饮场景中，主人屈右腿坐在方毯上，卷发，头戴虚帽，身着浅灰色圆领紧身袍，腰系黑色贴金带，穿浅灰色裤，脚蹬黑色长靴。右手持角杯，右臂靠在侧后方的隐囊上，左手扶隐囊，面向右观赏演奏。隐囊呈竖立的朱红色鼓状，前面有两道纵向条纹，两端各有一圈莲瓣纹装饰（图3）。① 正面屏风第三幅为居家宴饮图，在中国式的建筑下，安伽夫妇盘腿并坐榻上，榻前左右分别立有执壶男侍与执扇女侍。安伽右手前伸，左手执金杯，左臂靠在一个竖立的有纵条纹的隐囊上。②

图3 安伽墓石围屏乐舞宴饮图

① 陕西省考古研究所：《北周安伽墓》，文物出版社2003年版，第27页，图片见图版46。
② 同上书，第30页，图片见图版52。

2004年陕西西安北郊发现北周时期粟特人康业墓，墓中葬具为一具围屏石榻（石棺床），榻上有骨架一具。石榻围屏上刻有10幅线刻图，内容以会见宾客、出行为主。左侧围屏自左而右第1幅线刻图为男主人会见宾客，主人为一年长老翁，坐于柳树下的榻上，双膝之上置一隐囊。隐囊有纵向条纹，顶端有环状绳结和莲瓣纹饰（图4）。①

美国波士顿博物馆收藏了20世纪初安阳出土的北齐石棺床围屏中的两件，其中后屏左侧画像石刻有一幅葡萄园宴饮图。左下角一组五位女乐人分为两列，中间一男子作胡舞，右侧有梳月牙髻女子六人。最上端葡萄架下大床上，左边坐女子七人，右边坐男子八人，前排有一执希腊式来通

图4　北周康业墓石围屏
会客图（摹本）

的贵人，其身后横置一个圆筒状隐囊，仅露出左右两端。隐囊两端均有莲瓣装饰，顶端打环状结（图5）。②

---

① 西安市文物保护考古所：《西安北周康业墓发掘简报》，《文物》2008年第6期，第27页，图24、25。
② 参见姜伯勤《中国祆教艺术史研究》，生活·读书·新知三联书店2002年版，第45页，图4-13。图片另参见施安昌《北齐粟特贵族墓石刻考——故宫博物院藏建筑型盛骨瓮初探》，《故宫博物院院刊》1999年第2期，第75页，图6。

图5　安阳北齐石围屏宴饮图（摹本）

山东嘉祥县隋开皇四年（584）徐敏行墓墓室北壁绘有一幅宴享伎乐图，墓主徐敏行夫妇并列箕踞于一榻上欣赏乐舞。榻前左侧有鼓吹乐人，正前有一胡人表演胡旋舞。徐敏行身前置一几，右臂凭几，左手举高脚杯；夫人身后横置一个朱色圆筒状隐囊，露出右端的一段，顶端有一圈弦纹，束口处打结（图6）。[①]

[①] 山东省博物馆：《山东嘉祥英山一号隋墓清理简报——隋代墓室壁画的首次发现》，《文物》1981年第4期。彩图见刘九庵主编《中国文物精华大辞典·书画卷》，上海辞书出版社1996年版，第130页。

图6 徐敏行墓宴享伎乐图

图7 《北齐校书图》抱隐囊侍女

唐李寿石椁内壁线刻《侍女图》表现的是侍奉场景,其中第15人怀抱隐囊,囊身刻出六条纵向条纹,条纹之上为两条弦纹之间夹一圈连珠纹装饰,顶端也打有绳结。①

传世绘画中也有隐囊的图像。沈从文先生注意到美国波士顿美术馆藏旧题唐阎立本作《北齐校书图》中有隐囊的形象:"女侍数人,都梳双螺髻,额前发式也作卷螺纹佛装。其中一人抱一个鹅蛋形晋南北朝时习用的隐囊。"②(图7)传为晚唐孙位所绘的《高逸图》中,四个人物列坐,各有一侍者侍立于后。四人中有三人

---

① 孙机:《唐李寿石椁线刻〈侍女图〉、〈乐舞图〉散记》(上),《文物》1996年第5期。
② 沈从文:《中国古代服饰研究》,上海书店出版社2002年版,第248页。

身后置隐囊，只有第二人因为身体遮挡，无法判断是否也倚靠隐囊（图8）。据考证，此图为《竹林七贤图》残卷，四个人物从右到左依次为山涛、王戎、刘伶和阮籍。① 沈从文先生指出，其隐囊上"作的是唐代大团科式华锦纹样……主题人物也是从晋南北朝旧稿取来，加以拼凑而成的"②。然而可能因为作者对隐囊的形制已经不甚了解，画中的隐囊并非圆筒形。

图8　《高逸图》第四人

从以上所列隐囊图像看，北朝时期的隐囊表面都有纵条纹，顶端有一圈莲瓣纹装饰，这可以视为早期隐囊的特征。从隋代开始，又出现以囊表织物自身花纹为装饰的隐囊。囊表内装入填充物后，可能有两种封

---

① 刘九庵主编：《中国文物精华大辞典·书画卷》，上海辞书出版社1996年版，第138页。
② 沈从文：《试释"长檐车、高齿屐、斑丝隐囊、棋子方褥"》，载《花花朵朵坛坛罐罐——沈从文谈艺术与文物》，江苏美术出版社2002年版，第75页。

口方式：一种是用线缝合，囊口处呈一个圆饼形的面；另一种是以绳束扎，囊口形成一个环状的结，可供抓握。

二 隐囊的渊源

明代周婴《卮林》卷五"隐囊"条说："隐囊之名宋齐尚未见也。"① 《颜氏家训》卷三《勉学》载："梁朝全盛之时，贵游子弟，多无学术，至于谚云：'上车不落则著作，体中何如则秘书。'无不熏衣剃面，傅粉施朱，驾长簷车，跟高齿屐，坐棋子方褥，凭斑丝隐囊，列器玩于左右，从容出入，望若神仙。"② 则"隐囊"一词可能最早出现于梁代。"斑丝"，王利器《集解》曰："斑丝谓杂色丝之织成品。"③ 斑丝隐囊当是用杂色丝织物制成囊表的隐囊。

南朝陈后主也曾在宫中使用隐囊。《南史》卷一二《后妃传》载："时后主怠于政事，百司启奏，并因宦者蔡临儿、李善度进请，后主倚隐囊，置张贵妃于膝上共决之。"④ 此条又见《资治通鉴》卷一七六《陈纪十》"长城公至德二年"条："上怠于政事，百司启奏，并因宦者蔡脱儿、李善度进请。上倚隐囊，置张贵妃于膝上，共决之。"胡三省注曰："隐囊者，为囊实以细软，置诸坐侧，坐倦则侧身曲肱以隐之。"⑤ 从文字描述看，正与图像所见相合。

虽然隐囊的名称出现较晚，但古人对其渊源的认识并不太清楚。自唐代起，学者往往将隐囊与车上名为"靰"的韦囊联系起来，认为隐囊由韦囊演变而来，或者就是韦囊。《急就篇》卷三"靰"字颜师古注曰："靰，韦囊，在车中，人所凭伏也，今谓之隐囊。"王应麟补注曰：

---

① （明）周婴：《卮林》，丛书集成初编本，第111页。
② （北齐）颜之推撰，王利器集解：《颜氏家训集解》，上海古籍出版社1980年版，第145页。
③ 同上书，第148页。
④ 《南史》，中华书局1975年版，第347页。
⑤ （宋）司马光编著，（元）胡三省音注：《资治通鉴》，中华书局1956年版，第5478—5479页。

隐囊考

"亦作𩊛、𩍿。《说文》:𩊛,车𩊛也。"① 可能是因为《颜氏家训》中将贵游子弟"驾长檐车"与"凭斑丝隐囊"两种行为并列,而使颜师古产生了隐囊是在车中的误解。颜师古是著名学者,其观点对后世影响较大。如明代胡震亨《唐音癸签》卷一九曰:"隐囊,古人呼车𩊛之俗名。颜师古曰:𩊛,韦囊,在车中,人所冯伏也。今谓之隐囊。王右丞诗:'隐囊纱帽坐弹棋。'盖取车中𩊛为坐弹棋耳。《颜氏家训》曰:梁全盛日,贵游子弟,驾长檐车,跟高齿屐,坐棋子方褥,冯班丝隐囊。名之曰囊,意其视褥为高,故用之冯,亦用之坐也。"② 胡氏不但继承了颜氏的观点,把隐囊、韦囊混为一物,而且还以明代的起居习惯推测古人的起居,误认为隐囊可以像褥一样作为坐具。

明清之际学者方以智《通雅》卷三五曰:"𩊛,韦囊,在车中,人所凭伏也,曰隐囊,今用扶手,其面韦,中以糠实之,使要可伏其遗也。"③《玉篇》:"𩍿,车𩊛也。"④ 则"𩊛"或"𩍿"实际上都是车舆前部的𩊛,因用皮革为表,故从"革"或"韦"。作为车上用具的韦囊,尚未发现实物或图像,但从文字描述看,和隐囊的区别是很明显的。韦囊以皮革为面料,以谷糠为填充物,坚牢耐磨,有减震的功能,是蒙在车𩊛上供人凭伏的车具,也因此被等同于车𩊛;而隐囊一般以丝织物为表,以织物或纤维填充,轻软舒适,是休憩时置于身后或坐侧用以倚靠的卧具。因此,隐囊与韦囊是两种不同的器物。

西安北周安伽墓围屏石榻和安阳北齐石棺床都是入华粟特人的葬具,其线刻图像表现的多是粟特人的生活情景和祆教艺术。安伽石围屏和安阳石围屏上所刻宴饮图,从宴饮环境、人物服饰和所持器物看,都带有浓郁的粟特风格,其中的隐囊应也是粟特人的日常用具。山东嘉祥隋徐敏行墓宴享伎乐壁画上,不仅绘隐囊,也绘有胡旋舞胡人,高脚杯等,其夫妇并坐榻上欣赏胡旋舞的构图方式,与安伽石围屏家居宴饮图相似,显然受到了外来文化因素的影响。因此隐囊究竟是中国创制还是

---

① (汉)史游著,(唐)颜师古注,(宋)王应麟补注:《急就篇》,丛书集成初编本,第226—227页。
② (明)胡震亨:《唐音癸签》,上海古籍出版社1981年版,第208页。
③ (明)方以智:《通雅》,中国书店1990年版,第425页。
④ (梁)顾野王:《大广益会玉篇》卷26《韦部》,中华书局1987年版,第124页。

11

来自于域外，就很值得讨论了。

印度笈多王朝时期（320—540），宫廷乃至富裕市民阶层使用的一种圆筒状卧具，与中国的隐囊非常相似。位于印度西部马哈拉施特拉邦的阿旃陀石窟第17窟正面门廊后壁上部绘制了一幅《须大拿本生》壁画，作于475—500年。故事从右边第一幕宫廷生活开始，须大拿太子与他的妻子马德丽（又译作"曼坻"）公主并肩坐在宫殿凉亭的卧榻上。公主斜倚在太子怀中，太子从后面搂抱着公主，倚靠着横置于身后的一个只露出一端的圆筒状囊（图9）。① 从其圆鼓的形状看，应是隐囊。

图9　阿旃陀石窟第17窟《须大拿本生》壁画

阿旃陀石窟第26窟有一尊高浮雕涅槃佛像，佛像头枕一个囊，从露出的一端可见囊表阴刻出八道纵条纹，顶端束口处留出两根条

---

① 王镛：《印度美术史话》，人民美术出版社1999年版，第103—104页。

带（图10）。①

图10　阿旃陀石窟第26窟涅槃像局部

其纵向条纹的特征与中国北朝时期的隐囊相似，束口处留两根条带的特征与安阳石围屏葡萄园宴饮图及徐敏行墓宴饮图顶端打结的隐囊相似，应与中国的隐囊有某种联系。由此卧佛雕像也可知，这种囊在印度还可以作枕头用。

这类囊在印度一直沿用，在莫卧儿王朝时的细密画中仍能见到。现藏于美国华盛顿弗利尔艺术馆的细密画《想象的会见》，约绘于1618年，描绘了莫卧儿王朝皇帝贾汉吉尔想象中的与波斯萨法维王朝统治者沙·阿拔斯的会见。画中两位皇帝并肩而坐，促膝倾谈，两人身后各横置一个粗大的圆筒状囊。莫卧儿皇帝身后的囊为红色，波斯皇帝身后的囊为黑地白花。同馆所藏的另一幅细密画《宝座上的贾汉吉尔》，约作于1625年，画面中贾汉吉尔坐在一个象征着时间的计时沙漏宝座上，将一本经典递给一位长者。在他身后，也横置一个束口处打结的红色圆

---

① 图片见郭豫斌《东方古文明》，北京出版社2005年版，第87页。

筒状囊（图11）。① 这些莫卧儿王朝时代的囊与笈多王朝时代的囊应有传承关系，是印度上层社会传统的卧具。

图11 细密画《宝座上的贾汉吉尔》

印度笈多王朝时，正值中国东晋十六国和南北朝时期，这一时期印度同中国南北各政权的交往都很频繁。不但印度诸国经常遣使来中国，还有很多印度僧人来中国传布佛法，翻译佛经。如北魏太和元年

---

① 王镛：《印度美术史话》，人民美术出版社1999年版，第190—191页。

(477)"九月庚子……车多罗、西天竺、舍卫,叠伏罗诸国各遣使朝贡",同年闰十一月,"癸亥,粟提婆国遣使朝贡"①。父为天竺人,母为龟兹人的高僧鸠摩罗什,在后秦姚兴时入长安,翻译了经论300余卷,其中就有《维摩诘所说经》。② 隐囊可能是借此种渠道从印度传播到了中国。虽然目前所见材料较少,具体的传播路线尚难确定,但已知的隐囊图像均在北方,除了维摩诘经变画中所见外,其余多发现于墓葬壁画或画像石上,并多见于粟特人宴饮场景中,因此推测其最初是通过丝绸之路传播到北方的。③ 粟特人是丝绸之路上活跃的商人,也是隐囊传入中国的媒介之一。而梁全盛时贵游子弟好用隐囊为晏佚用具,则可能是受到了北朝的影响。

三 隐囊内涵的变化

隐囊传入中国,适应了中古时期起居方式的变化。魏晋以前,人们的生活习俗是席地起居,或者坐于床榻上。坐姿为双膝接地,臀股贴于双足跟上;跪姿则是双膝接地,臀股不着足跟。不同的坐姿,又和当时的礼俗联系在一起。双足伸到身体前面的箕踞,是不符合礼节的粗俗行为。

西晋五胡乱华之后,北方社会生活习俗较多地受到了胡风的影响。加上儒学衰微,玄学兴起,名士不尊礼教,喜好清谈,崇尚放达,乃至于放浪形骸,与礼教有关的端正坐姿也被他们摒弃了。南京西善桥宫山六朝大墓,时代在东晋末到刘宋之间,墓室两侧壁有"竹林七贤"拼镶砖画,南壁为嵇康、阮籍、山涛、王戎四人,北壁为向秀、刘伶、阮咸、荣启期四人。④ 其中嵇康、阮籍、山涛、王戎、向秀、刘伶、阮咸

---

① 《魏书》卷7上《高祖本纪》,中华书局1974年版,第144、145页。
② (梁)释慧皎撰,汤用彤校注:《高僧传》卷2《晋长安鸠摩罗什传》,中华书局1992年版,第52页。
③ 扬之水先生《丹枕与绲绽》一文引用了新疆库木吐喇石窟第16窟主室前壁涅槃图(今藏柏林亚洲艺术博物馆)上的隐囊图像,可以填补从印度经新疆传播路线的中间环节。参见扬之水《曾有西风半点香——敦煌艺术名物丛考》,第114页,图13。
④ 南京博物院等:《南京西善桥南朝墓及其砖刻壁画》,《文物》1960年第8、9期合刊。

上篇　丧葬艺术与礼俗

七人均为双腿在身前近乎箕踞的姿势，表现了他们放荡不羁的特征。竹林七贤是东晋南朝流行的绘画题材，其起居方式代表了一种社会风尚。双腿在前，身体重心在后，最舒服的姿势是侧卧于柔软的物体上，隐囊无疑正合乎需要。明代杨慎《升庵集》卷六七"隐囊"条曰："晋以后士大夫尚清谈，喜晏佚，始作麈尾、隐囊之制，今不可见，而其名后学亦罕知。"① 认为隐囊是晋代以后因士大夫清谈晏佚之风而产生的，这种看法有一定的道理。西善桥竹林七贤砖画中尚未出现隐囊，但其中王戎左肘倚靠在一个小几上，这种姿势无疑为以后隐囊的使用埋下了伏笔。

在隐囊出现之前，麈尾和隐几是士族身份的象征。由于士族清谈时常手挥麈尾，麈尾遂变成清谈家的一种标志，后人亦称清谈为"麈谈"②。为了防止长时间保持坐姿使身体疲倦，人们往往依凭置于身前的小几，这种动作称为"凭几"，所凭之几也称为"凭几"，又称为"隐几"③。顾恺之曾在金陵瓦棺寺绘维摩诘像，有"清羸示病之容，凭几忘言之状"④，所画的就是维摩诘凭几形象。龙门石窟维摩诘经变画和武定元年造像碑维摩诘说法图中，维摩诘手挥麈尾，倚靠隐囊，与文殊师利辩难，是现实社会名士之间清谈情景的真实反映。麈尾、隐囊组合代替了麈尾、凭几组合，说明此时隐囊已非普通卧具，而可以与麈尾、凭几一样，象征名士的身份了。南北朝以后流行的《高逸图》中就常把麈尾和隐囊组合作为高士的道具。

从李寿墓侍女图看，隐囊在唐代仍然是贵族习用的卧具。但王维《故人张谏工诗善易卜兼能丹青草隶顷以诗见赠聊获酬之》诗云："不逐城东游侠儿，隐囊纱帽坐弹棋。"⑤ 城东游侠儿可能是游手好闲的市

---

① （明）杨慎《升庵集》，文津阁《四库全书》，商务印书馆2005年版，第424册，第716页。

② 孙机：《诸葛亮拿的是"羽扇"吗？》，载孙机、杨泓《文物丛谈》，文物出版社1991年版，第177页。

③ 杨泓：《隐几》，载孙机、杨泓《文物丛谈》，第264页。

④ （唐）张彦远著，俞剑华注释：《历代名画记》，上海人民美术出版社1964年版，第41页。

⑤ （清）彭定求等编：《全唐诗》卷125，中华书局1960年版，第1259页。

16

井之徒，他们使用隐囊说明隐囊也进入普通人的生活。

宋代以后，随着桌椅等高家具的普及，席地起居习俗的改变，隐囊逐渐从人们日常生活中消失了。只有少数学者尚能根据当时的靠枕来想象其形制，但对其来历多不明所以。明周婴纂《卮林》卷五"隐囊"条曰："予问孟起隐囊何义。答曰：今京师中官坐处，常有裁锦为褥，形圆如毯，或以抵膝，或以搘胁，盖是物也。"① 清朱亦栋《群书札记》卷一三"隐囊"条则直言："隐囊，如今之靠枕。"②

隐囊在现实生活中消失后，却在诗文和绘画中频频出现。如清人汪琬《尧峰文钞》卷四八《轩中即事》："文竹新书几，斑丝旧隐囊。莫言无长物，粗觉胜王郎。"③ 又如清人田雯《古欢堂集》卷一三《题西斋夜话图》："床一，宽八尺，长倍之，堆书数百卷，三人相向箕踞坐其上。一人乌衫白须，扬颏微笑，一人褐衣棕鞋，凭隐囊似山泽老癯，一人面丰颊圆，年独少。"④ 美国纳尔逊艺术博物馆所藏元刘贯道《消夏图》中，一位高士袒胸仰卧榻上，背靠一个隐囊。隐囊露出一端，囊身有一圈纵向条纹，顶端束口处装饰花瓣纹饰，还以环带连接一个花结，形制接近北朝隐囊。⑤ 一般认为《消夏图》是传统《高逸图》题材的延续，据推测此高士可能是"竹林七贤"之一的阮咸。而此时的隐囊，不过是在文人想象的意境中流行，作为他们追求名士风度时的用典和象征物而已。

（原载《考古》2011年第12期，收入本书时略有修改）

---

① （明）周婴：《卮林》，丛书集成初编本，第111页。
② （清）朱亦栋：《群书札记》，光绪四年武林竹简斋重刊本。
③ （清）汪琬：《尧峰文钞》，文津阁《四库全书》，商务印书馆2005年版，第439册，第353页。
④ （清）田雯：《古欢堂集》，文津阁《四库全书》，商务印书馆2005年版，第442册，第163页。
⑤ 参见扬之水《古诗文名物新证》，紫禁城出版社2004年版，第287页，图Ⅰ7-5。

巩义涉村宋代壁画墓 "五郡兄弟"
孝子图略论

宋代晚期的壁画墓中，流行绘制行孝内容的壁画。每座墓绘制的孝子人物少则几幅，多的可达二十四幅，构成完整的二十四孝图。常见的孝子人物有舜、曾参、王武子、董永、丁兰、老莱子、杨香、王祥、郭巨、王衷、孟宗、闵子骞、鲍山等，对这些孝子故事的内容，前人已经做了详细的考证。① 这些孝子故事都是一个故事用一幅画面表现，基本没有使用连环画形式表现连续故事情节的情况。河南省巩义市涉村宋代壁画墓中发现的五郡兄弟认义母壁画，是根据萧广济《孝子传》绘制的孝子壁画。与通常所见的孝子壁画不同，该壁画使用了三个壁面六幅画面来描绘一个故事，这种连环画式的表现形式也是迄今宋墓孝子壁画中仅见的一例，具有较高的研究价值。本文拟首先结合萧广济《孝子传》的遗文，考证出涉村壁画墓五郡兄弟认义母壁画为孝子故事壁画，然后对具有连续性情节的壁画的绘制和观看顺序及其原理进行分析，最后对五郡兄弟孝子故事中涉及的虚拟亲属关系略作探讨，以期增进对该壁画涉及的社会历史背景的深入了解。

一 "五郡兄弟" 孝子图内容考释

河南省巩义市涉村宋代壁画墓是一座单室砖券墓，方向190度，由墓道、墓门、甬道、封门砖、墓室五部分组成。墓室平面呈圆形，

---

① 参见郑州市文物考古研究所编著《郑州宋金壁画墓》，科学出版社2005年版，第245—247页。

巩义涉村宋代壁画墓"五郡兄弟"孝子图略论

直径 2.1 米。墓壁上砌有抹角倚柱,将壁面分为南壁、西壁、北壁、东壁四部分。墓室装饰由砖雕和壁画组成。壁画分人物壁画、木作彩画和墓顶彩画三种,墓室下部各壁均绘有人物壁画。① 现据简报顺序将其中的人物壁画介绍如下。

南壁壁画。甬道西侧壁画脱落。甬道东侧壁面被影作阑额分为上下两部分,人物壁画位于阑额之下。画面绘两人,左一人双手捧碗置于身体右侧,右一人左手举一带盖盘。两人身前有一桌子,桌上放一长颈瓶。

西壁壁画。西壁壁面被影作阑额分为上下两部分,人物壁画均位于阑额之上,又被影作倚柱分为左右两部分。左部分壁画:左侧绘官员,戴展脚幞头,穿白色团领宽袖袍,坐交椅上,面朝右。官员身后有一童子手持伞盖。官员身前绘两男子,均戴无脚幞头,着团领窄袖袍。前一人躬身向官员施礼,似为谒见者;后一人双手当胸持剑状物。右侧两人之间有榜题"五郡见府处"。右部分壁画:五人站成一排,均面朝右,左侧第五人头侧有"乂君处"的榜题(图1)。②

图 1 涉村宋代壁画墓西壁上部示意图

北壁壁画。北壁壁面亦被影作阑额分为上下两部分,人物壁画位于阑额之上,又被影作倚柱分为左右两部分。左部分壁画:最左侧为一老妇,面朝右,头梳单髻,披散头发,上着蓑衣,赤腿,足着鞋,

---

① 参见郑州市文物考古研究所编著《郑州宋金壁画墓》,科学出版社 2005 年版,第 159—176 页。
② 同上书,第 162 页,图 205。

19

左手拄杖，右手提罐，如同乞丐。老妇右侧绘五人，装束同西壁阑额之上右部分所绘五人，排成一排，前一人施叉手礼，后四人袖手，身略前倾，望向老妇。妇人与男子之间有上下两处榜题，上题"五郡兄弟认娘处"，下题"五郡兄来见义母之处"。右部分壁画：绘一前一后两人，均面朝右。前一人左手提食盒，迈步前行；后一人肩扛一杆，杆后端悬挂浆瓶，似在追赶前者，此人身后上方有榜题，已漫漶不清（图2）。①

图2　涉村宋代壁画墓北壁上部示意图

东壁壁画。东壁阑额上下均有人物壁画，阑额之下为一幅墓主夫妇对坐图。阑额之上的壁画被影作倚柱分为左右两部分。左部分壁画：画面绘三人。左侧一人站立，左手叉腰，右手抬于胸前，眼望右侧二人。中间一人盘坐，左手按膝，右手略伸，面朝右，眼望最右侧之人。最右侧一人背靠大树而坐，左腿着地，右腿竖起，右臂支于右膝上，若有所思。中间之人头上空白处有榜题为"五郡初（？）结义兄弟之处见"（问号为发掘报告原文）。右部分壁画：画面左侧绘三人，面朝右，右侧绘一墓塔（或坟丘）。靠近墓塔者着黄袍，左手前指，右手置腰部，回首与身后二人说话。后二人着白袍，拱手应答。黄衣人身前与墓塔之间空白处有榜题为"五郡兄弟问□□□□之家庭"，身后有榜题为"五兄见墓"（图3）。②

---

① 郑州市文物考古研究所编著《郑州宋金壁画墓》，第163页，图206。
② 同上。

巩义涉村宋代壁画墓"五郡兄弟"孝子图略论

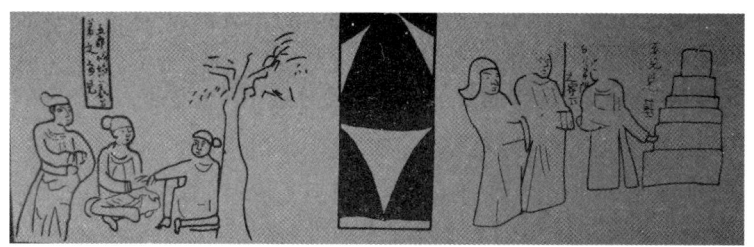

图3　涉村宋代壁画墓东壁上部示意图

涉村壁画墓中，除了东壁下部所绘墓主夫妇对坐图，南壁下部甬道东侧所绘表现家居题材的备茶或备酒图外，所有人物壁画均在西、北、东三壁上半部，根据榜题的提示，可知是与"五郡兄弟"有关的孝子图。五郡孝子的典故出自晋代萧广济《孝子传》，讲述的是分别来自五个郡的五个孤儿结为义兄弟，并认一位无家可归的老妇为母，为之养老送终的故事。《太平御览》卷三七二引萧广济《孝子传》曰：

> 五郡孝子者，中山、常山、魏郡、钜鹿、赵国人也，少去乡里，孤无父母，相随于卫国，因结兄弟。长元重，次仲重，次叔仲，次季仲，次稚重，期夕相事，财三千万。于空城中见一老姥，兄弟下车再拜曰："愿为母。"母许焉。积二十四年，母得病，口不能言，五子乃仰天叹："愿使我母语。"即便得语，谓五子曰："吾太原董阳猛女，嫁同县张文贤，死亡，我男儿名焉遗，七岁值乱亡失，心前有七星，右足有黑识。"语未竟而卒。五子送丧，会朝歌长晨出，亡其记囊，疑五子所窃，收得三重。诣河内告枉，具言始末，太守号哭曰："生不识父，与母相失，痛不自聊，知近为五子所养。"驰使放三重。①

将萧广济《孝子传》所载的故事情节与涉村壁画墓人物壁画相对照，可以确定，西、北、东三壁上层人物壁画的内容与五郡孝子故事

---

① （宋）李昉等编：《太平御览》，中华书局1960年版，第1718页。

基本符合，应该就是表现该故事的。根据《孝子传》的情节发展先后顺序，可知涉村壁画墓五郡兄弟认义母壁画的观看顺序应该是按逆时针顺序，从东壁到北壁再到西壁，而非简报描述时采用的顺时针顺序。

第一幅壁画应是东壁右部分壁画。根据"五兄见墓"和"五郡兄弟问□□□□之家庭"的榜题推测，描绘的可能是五位孤儿拜祭死亡父母的坟墓以及初识时相互询问家庭情况，这是结义的准备工作。

第二幅壁画是东壁左部分壁画，据"五郡初（？）结义兄弟之处见"的榜题，描绘的是五人相互了解后，结为义兄弟的情节。然而两幅画面上均绘出三人而非五人，可能描述的是最初结义的三人。

第三幅壁画是北壁右部分壁画，因题记不清，具体含义不明。画面上绘出的两人，可能正是前两幅壁画中所缺的两人。壁画所描绘的结义故事，可能是先有三人，之后又加入两人，最终凑成五郡兄弟之数。此幅画面中的两人呈向右走的姿态，似乎是走向第二幅画面中的三人，由于影作倚柱的存在，而将其与第二幅画面中三人分开，看似各自独立。如果排除倚柱的影响，实际上可以将这两幅画面视为一体，其内容为五兄弟聚齐的过程。

第四幅壁画是北壁左部分壁画，根据"五郡兄弟认娘处"和"五郡兄弟来见义母之处"的榜题，此壁画描绘的是五郡兄弟遇见老姥并认其为义母的情节。

第五幅壁画是西壁右部分壁画，根据"义君处"的榜题，推测此幅壁画描绘的可能是五郡兄弟为义母送终的情节。

第六幅壁画是西壁左部分壁画。根据"五郡见府处"榜题，此幅壁画描绘的是"三重"即兄弟三人被诬盗窃后，另外二人到河内见太守申冤的情节。简报认为此幅壁画中最右侧一人为官员的下属，但此人站在躬身施礼者身后，面对官员，也可以认为是五兄弟之一，如此则正符合三重被捕，其余二人为之告枉的情节。

五郡孝子壁画无疑是根据《孝子传》创作的，但壁画上也有些内容超出了文献记载，如五兄弟见墓、问家庭等内容，《太平御览》所

巩义涉村宋代壁画墓"五郡兄弟"孝子图略论

引萧广济《孝子传》中未见。《孝子传》所载内容详在五兄弟结义认母之后，结义之前的事情基本都省略了。此壁画比萧广济《孝子传》的内容丰富，或是另有所本，抑或是民间画匠的增饰，不管是哪种情况，都使我们对五郡孝子故事有了更多的认识。

二　宋墓中连续性情节壁画的图像顺序

如前所述，巩义涉村壁画墓五郡兄弟认义母孝子故事壁画的观看顺序，并非我们通常认为的按顺时针方向，从西壁到北壁再到东壁，而是按逆时针方向，从东壁到北壁再到西壁。同一壁面的两幅壁画，也与这一整体顺序一致，按从右到左的顺序排列。实际上，不仅涉村壁画墓孝子图的图像顺序是按逆时针顺序排列的，很多其他宋代壁画墓中有连续故事情节的人物壁画也都显示了按逆时针顺序排列的特征。

有连续情节的墓葬壁画，以郑州地区宋代壁画墓升仙题材壁画最为典型，此类壁画一般绘于砖雕铺作以上的梯形接口内。如登封黑山沟宋代壁画墓，墓室为八边形，墓室上部壁画表现的是升仙内容，发掘报告是按照先西南壁，次西壁，次西北壁，次北壁，次东北壁，次东壁，次东南壁，最后南壁的顺时针顺序进行介绍的。今按照逆时针的顺序，从西北壁开始，至北壁结束，介绍壁画内容：

1. 西北壁壁画。画面左侧绘一男子，着白色窄袖长袍。右侧绘一女子，着白色褶子，腰间垂大带，下束淡赭色百褶裙。二人均双手拱于胸前，头部残缺，脚踩云朵，均面朝左，一前一后，应为墓主夫妇。

2. 西壁壁画。画面绘一菩萨立于五色祥云中，面朝左，头戴花冠，有头光和背光，衣饰璎珞。璎珞末端微向身后飘扬，暗示菩萨正向左行进。

3. 西南壁壁画脱落不清，绘云中站立两人。

4. 南壁壁画，祥云上绘过仙桥一座，桥上有两侍女，头梳蝶状高髻，手持招魂幡，作行进状。

5. 东南壁壁画。画面绘两侍女立于云中，面朝左，均梳花髻，身着交领宽袖襦，下束黄裙，双手持幡。南壁和东南壁侍女所持之幡均向后飘扬，显示侍女正向左行进。

6. 东壁壁画。画面绘两道士立于云中，头戴莲花冠，双手击钹。

7. 东北壁壁画绘两侍女立云中，均头束梳双垂髻，着交领阔袖襦，橘红色裙，手执莲枝，面朝左，目下视。

8. 北壁壁画绘方形仙庭，正面有庑殿顶门楼三座，正楼立于高台阶上，两侧门楼较矮，为挟屋形式。庭院两厢为厢房，后部为正殿，殿两侧有挟屋。院前团云簇拥，院后松树环列。①

这是一幅情节连贯的升仙图，表现了墓主夫妇从家中被菩萨和众仙界使者接引至天庭的过程。壁画中墓主夫妇、接引菩萨以及各导引使者都是向画面的左方前进，逆时针环绕墓室上部一周后，画面定格于墓主夫妇的最终归宿地——仙庭。

河南新密平陌宋代壁画墓中也绘制了升仙内容。新密平陌壁画墓为单室砖券墓，墓室为八边形，墓室上部梯形壁面内有八幅壁画。先按发掘报告的顺序介绍如下：

1. 西南壁壁画。壁画中部脱落，左侧似为山岩，右侧绘一人，仅余腿部，人之外为浮云和山岩。

2. 西壁壁画。虽无榜题，但从内容上看，是"闵子骞行孝"的孝子故事图。画面绘五人，分别为闵子骞及其父母和弟妹。

3. 西北壁壁画。画面右侧有一长方形题记，内书"四洲大圣度翁婆"字样。题记前绘一赭色地毯，上跪两老人，即为翁婆。翁婆二人双手合十作揖，面对圣人祷告。画面左侧有一团祥云，云上立三人，中间一人即为四洲大圣，头戴铁锈红圆顶风帽，身穿白色交领阔袖袍，外披铁锈红袈裟，双手持一经卷，正向老人诵读。四洲大圣身旁一僧，手执一幡（或锡杖）；四洲大圣身后有一梳双髻的侍女，叉手而立（图4）。②

---

① 郑州市文物考古研究所编著：《郑州宋金壁画墓》，第100—107页。
② 同上书，第47页，图62。

图4　新密平陌宋代壁画墓西北壁上部壁画

4. 北壁壁画为仙界楼宇图。画面中间前方为一门楼，两侧各有一挟楼。门楼之后为一高大的长方形楼宇。四座楼均为重檐歇山顶建筑，楼周围有团云腾绕（图5）。①

图5　新密平陌宋代壁画墓北壁上部壁画

① 郑州市文物考古研究所编著：《郑州宋金壁画墓》，第48页，图63。

5. 东北壁壁画为升仙图。画面中祥云上有一过仙桥，桥上一男七女缓缓走过。前面第一人为导引仙女，梳高髻，手捧方盒。其后一女子梳高髻，双手执幡。二人身后为墓主夫妇，毕恭毕敬，合掌于胸前。墓主身后有一梳高髻女子，左手斜持一节，侧首与身后两女童说话，其身右也有一女童（图6）。①

图6　新密平陌宋代壁画墓东北壁上部壁画

6. 东壁壁画左右两侧分别有"行孝鲍山"和"王相"的题记，可知是"鲍山行孝"和"王祥卧冰求鲤"两幅孝子图。

7. 东南壁壁画有"行孝赵孝宗"的题记，也是孝子壁画。

8. 南壁壁画大部分脱失，仅知画面右侧似立一人，内容不明。②

这八幅壁画，除了南壁、西南壁壁画内容不明外，东壁、东南壁、西壁壁画表现的是孝子故事，西北壁、北壁和东北壁三幅壁画表现的是墓主升仙的内容。虽然报告是按照顺时针顺序介绍，但升仙内容从情节发展逻辑上看，是按逆时针顺序排列的。西北壁壁画绘泗州

---

① 郑州市文物考古研究所编著：《郑州宋金壁画墓》，第48页，图64。
② 同上书，第45—48页。

26

巩义涉村宋代壁画墓"五郡兄弟"孝子图略论

大圣前来度墓主夫妇升仙,东北壁壁画为六位仙女导引墓主夫妇走过仙桥,北壁壁画所绘仙界楼宇,是墓主夫妇最终要到达的目的地。新密平陌壁画墓升仙图和登封黑山沟壁画墓升仙图虽然画面数目不同,但基本的要素相同,均为菩萨或泗州大圣来度墓主升仙,仙人导引墓主夫妇经过仙桥,最终到达北壁壁画中的仙界楼宇中。

巩义涉村壁画墓五郡兄弟孝子壁画和以上两座壁画墓的升仙壁画,考古报告均是按顺时针顺序进行描述的,但实际上,以逆时针顺序观看,才符合壁画内容本身的逻辑。这就向我们提出了一个问题:具有连续性故事情节的墓葬壁画,各幅图像的顺序是以什么原理排列的?

易晴以"天道左旋,地道右旋"的象数原理来解释河南登封黑山沟北宋壁画墓的图像构成,他认为该墓壁画以西北壁下层寓意着墓主人夫妇亡魂的夫妻对坐图为关纽,随着天地之运,在西北方分为二途:一途随着地道的运行方式,右旋进入位于北壁的砖砌假门,阴极而复生,进入另一个生化的循环过程之中;另一途则在"天地之交"的西北壁,经过"孝子图像通于神明"的功能,从地升天,表现为对应于西北壁上层的墓主人夫妇素服合掌虔诚的形象,又随着天道的左旋运行,在仙人、道士、侍女等的招魂下,缓缓前行,最后是位于北壁上层寓意着"天开于子"的庑殿顶门楼式的仙庭。①

以天道运行的原理来解释墓主夫妇升仙图,不失为一种具有启发性的观点,其左旋形成的图像顺序也与故事情节本身的逻辑相符,但其将西北壁作为"天地之交"的观点,却未必具有普遍性。例如,在前揭新密平陌宋代壁画墓中,寓意墓主夫妇亡魂的夫妻对坐图位于西壁下部,而寓意墓主升天起始点的"四洲大圣度翁婆"壁画位于西北壁上部,二图并不在同一壁面。况且象数只是少数学者、方士和司天监人员掌握的专业知识,普通的民间画匠是否能够理解并用于绘制墓葬壁画,还值得进一步探讨。另外,升仙图将仙庭绘制在正对墓门的北壁之上,与其说是基于"天开于子"的原理,倒不如说是为了使观

---

① 易晴:《天道左旋,地道右旋——河南登封黑山沟北宋砖雕壁画墓图像构成》,《中原文物》2009 年第 4 期。

27

者进入墓室抬头就能看到死者的终极归宿，从而产生更强烈的视觉冲击力。

其实，对于具有连续性情节的图像，只要我们从壁画的粉本方面考虑，就可以揭示其排列的原理。同一地区、同一时代的壁画，都有相同的布局设计模式和相似的内容，这是因为工匠使用了相同的"粉本"。所谓粉本，是指画家绘画所依据的画稿。如《唐朝名画录》载：

  明皇天宝中忽思蜀道嘉陵江水，遂假吴生驿驷，令往写貌。及回日，帝问其状，奏曰："臣无粉本，并记在心。"后宣令于大同殿壁图之，嘉陵江三百余里山水，一日而毕。①

吴道子不用粉本便绘出心中所记山水，表现了他超凡的技艺，但也正说明在正常情况下，应该是先在现场写生，绘制粉本，回京城后再依据粉本图于壁上。粉本可以是一幅单帧的图，也可以是较长的画卷，吴道子所绘三百余里嘉陵江山水，如果绘制成粉本，必定是一幅长卷。壁画的绘制是依据粉本进行的，其绘制顺序当然也受到粉本的影响，对于具有连续性情节的画作，显然需要长卷式的粉本。中国传统的画卷和书籍一样，都是从右向左绘画、书写和赏读的。最著名的连环画式画卷是顾恺之《洛神赋图》，此画根据三国曹植的名作《洛神赋》创作，从右至左，依据情节发展，绘成一幅幅连续的场景。因此，依照粉本绘制壁画时，自然也是从右至左绘制最为自然和方便。而观者在观看具有连续情节的壁画时，也要从右至左观看，才符合壁画本来的顺序。画工在绘制壁画时，必定是面朝壁面，按从右至左的顺序，即逆时针顺序。这就是具有连续性情节的壁画采用逆时针顺序排列图像的原因。

---

 ①　（唐）朱景玄撰，温肇桐注：《唐朝名画录》，"吴道玄"条，四川美术出版社1985年版，第3页。

三 孝子故事中的虚拟亲属关系

发掘报告根据涉村壁画墓的绘画风格将此墓年代定在北宋晚期早段，认为"该墓顶部彩画脱落，有无行孝人物不清楚；若无，则铺作与阑额间所绘的五郡结义兄弟拜见长辈等内容，已是豫西宋墓行孝故事的先声"。可见，发掘报告并没有将五郡兄弟认义母故事作为孝子故事。五郡兄弟认义母壁画迄今仅在涉村壁画墓中发现，属于孤例。后世流行的诸多孝子故事汇编中也没有选入这一故事，说明这一故事流传不广，似乎没有得到广泛认同，报告未将其作为典型的行孝故事，也就不难理解了。

但有迹象表明，五郡孝子故事曾经流行于晚唐时期的北方地区。周绍良《唐代墓志汇编》收录了《唐故张府君夫人韩氏墓志铭并序》，其中记载张武为潞州长子县德让乡人，卒于唐僖宗中和三年（883）四月廿八日，其为人"结交豪友，契□□而□心；钦慕乡邻，俱怀五郡之志"[①]。张正田先生《"中原"边缘——唐代昭义军研究》一书曾引用此志，认为"五郡"可能表示泽潞邢洺磁五州，张武虽不仕而交游豪阔，人脉遍及昭义五州，为晚唐时期当地小姓豪强阶层。[②] 但在我们看来，志文此句其实是用"五郡孝子"之典，因此也从侧面证明了晚唐时期在泽潞地区流行五郡孝子故事，故北宋出现五郡兄弟孝子图在民间也有其渊源。

在孝子故事中，行孝者与行孝对象之间通常有血缘关系，如父子、母子、母女、祖孙等；即使不具有真正的血缘关系，也有一种因婚姻而产生的家庭内部的法定亲属关系，如婆媳、继母与继子。这种血缘关系和亲属关系是孝行的基础。在五郡兄弟认义母故事中，无论是五郡兄弟之间，还是五郡兄弟与义母之间，都没有真正的血缘关

---

① 周绍良主编：《唐代墓志汇编》，"中和012"，上海古籍出版社1992年版，第2514页。

② 张正田：《"中原"边缘——唐代昭义军研究》，台湾稻香出版社2007年版，第115页。

上篇 丧葬艺术与礼俗

系,也没有因婚姻产生的亲属关系。所谓义兄弟、义母,即假的、名义上的兄弟、母亲,这种关系是模仿真正的亲属关系的。谷川道雄先生曾使用"虚拟的血缘结合关系"来形容义兄弟结合关系,① 本文姑且将这种名义上的亲属关系称为"虚拟亲属关系"。

为了获得亲情而结成虚拟亲属关系的孝子故事至少还有"三洲人"或"三州义士"一例。李昉《太平御览》卷六一"河"条引萧广济《孝子传》记载了三洲人的故事:

> 三洲人者,各一州人,皆孤单茕独。三人閒会树下息,因相访问。老者曰:"宁可合为断金之业邪?"二人曰:"诺。"即相约为父子。因命二人于大泽中作舍。且欲成,父曰:"此不如河边。"二人曰:"诺。"河边舍几成,父曰:"又不如河中。"二人复填河,二旬不立。有一书生过之,为缚两土肶投河中。会父往,呼止之曰:"尝见河可填耶?观汝行尔。"相将而去。明日俱至河边,望见河中土高丈余。②

《太平广记》卷一六一"三州人"条所载孝子故事与之略同。③ 此故事还见于日本京都大学所藏两卷本《孝子传》抄本。该抄本封面有原收藏者清原国贤所题"孝子传"及"青松"字样,藏书印有"船桥藏书"和"京都大学图书之印"等,跋尾书天正十八年(1590,相当于明万历十八年)的纪年。收藏者题于书前曰:"《孝子传》,前汉萧广济所撰。"萧广济是晋人,收藏者误。但此书可能保存了萧广济《孝子传》的佚文。④ 现据以录文并加标点如下(无法辨认的字用"□"代替,无法释读的异体字尽量照原文录出):

---

① [日]谷川道雄:《关于北朝末期至五代的义兄弟结合》,张邻译,载《中国古代史论丛》第2辑,福建人民出版社1982年版,第68页。
② (宋)李昉等编:《太平御览》,中华书局1960年版,第292页。
③ (宋)李昉等编:《太平广记》,中华书局1961年版,第1159页。
④ 赵超先生曾对该抄本做过考证,认为"它可能保留了更多的六朝至唐初的原本面貌"。参见赵超《关于伯奇的古代孝子图画》,《考古与文物》2004年第3期。

30

三州义士者，各一州人也，各弃乡土，至会一树之下，相共同宿也。于时一人问云："汝何勿（处？）所来，何勿（处？）所去？"皆牙问答曰："为求生活，离家东西耳。今吾三人必有因缘，故结断金，其畏（最？）老一人为父，卄人一人为子。"各唯诺已。尔后桂兰之心倍于真亲，求得之财彼此不别，孝养之美犹逾骨肉。爱父□试子等心，伜二子云："河中建舍，以为居处。"奉教运土填河，每入漂流，经三个年不得填作。爱二子叹云："我等不孝，不叶父命，海中之玉岂为耶，世上之珍亦为谁也。而未造小舍，我等为人哉。"忧叹寝，夜梦见一人，持壤投于河中。明且见之，河中填上数十丈，建屋数十宇，见闻之者，皆共奇云："丈夫孝敬，天神感应，河中为岳，一夜建舍，使父安置，其家孝养盛之天下。"闻之莫不叹息，其子孙长为二千石食，口三十有余，以三州为姓也。夫虽非亲父，至丹诚之心为父，神明之感在近，何况□□骨肉之父哉。四海之人见之鉴而已。①

京都大学藏《孝子传》所载的三州义士故事，比《太平御览》所载三州人故事情节更为曲折丰富。东汉武梁祠东壁画像石中有三州人的图像，描绘了站在右边的人面对正在拜见他的两个人，所表现的应该是三位陌生人互相认作父子的情节。②可见三州人故事起源很早，萧广济《孝子传》、京都大学藏《孝子传》所载故事都是历代增饰的产物。三州人（义士）孝子故事的情节和五郡兄弟孝子故事很相似，都是讲述几个失去家庭而漂泊在外的人，因偶然相遇而结为虚拟亲属关系，组成家庭，虽不是真亲属，却胜似亲骨肉。

本非亲属的人结为虚拟亲属关系，有收养义子、假子和结义兄弟等名目。收养义子、假子的行为在中国古代一直存在，但唐五代时期特别盛行。杜文玉、马维斌指出：最初唐代宦官为了仿效正常人的生活，收养假子以继承其取得的政治地位和经济地位。到了唐后期，由

---

① 《孝子传》卷上，京都大学图书馆藏。
② 巫鸿：《武梁祠——中国古代画像艺术的思想性》，生活·读书·新知三联书店2006年版，第308页，图138。

于朝廷内部政治斗争激化，藩镇割据愈演愈烈，为了巩固自己的权势，宦官们开始大批地收养禁军将校与藩镇将帅，或者是具有一定地位和权力的宦官。这种风气直接影响到五代十国时期。五代十国时期上至皇帝、国王，下至将相大臣，无不如此。其目的在于建立一种超乎君臣或上下级的更加亲密的关系，增强内部凝聚力，从而结成一种紧密的政治军事集团，为夺取或巩固政权服务，或者维护已经取得的政治利益。这种社会风气的形成与泛滥也与儒家伦理的缺失有着很大关系。① 义兄弟结合在北朝之前就存在，而北朝至五代时期最为盛行。义兄弟关系又往往和义父子关系相互结合，形成一个牢固的关系网络。后周太祖郭威和宋太祖赵匡胤都曾利用结义兄弟的方式扩大实力，最终取得帝位。②

　　五郡兄弟认义母和三州义士结为父子的故事，都是发生在失去家庭的人身上，其目的也仅仅是得到亲情，当然和唐末五代的义父子、义兄弟功利目的的结合不同。我们对义父子、兄弟的道德批判，主要是建立在史书的描述上，可能忽视了当事人的真实想法。如此流行的行为，未必都是为了博取利益的结盟，其中应不乏意气相投的感情因素。

　　北宋建国后，鉴于五代的道德沦丧，确立了"以孝治天下"的立国原则，提倡儒家的孝道以维系人心，巩固统治。③ 在提倡孝道的同时，也对五代收养义儿的现象进行了反思和批评。对于义父子关系，欧阳修在《新五代史·义儿传》开篇就表明了批判态度："呜呼！世道衰，人伦坏，而亲疏之理反其常，干戈起于骨肉，异类合为父子。"④ 同样的批判态度，自然也适用于义兄弟关系。欧阳修的批判应

---

① 参见杜文玉、马维斌《论五代十国收养假子风气的社会环境与历史根源》，《陕西师范大学学报》（哲学社会科学版）2010年第5期。

② 参见〔日〕谷川道雄《关于北朝末期至五代的义兄弟结合》，张邻译，《中国古代史论丛》第2辑，福建人民出版社1982年版，第60—61页。

③ 黄修明：《宋代孝文化述论》，《四川大学学报》（哲学社会科学版）2002年第4期。

④ （宋）欧阳修撰，（宋）徐无党注：《新五代史》卷36《义儿传》，中华书局1974年版，第385页。

该也代表了官方普遍的态度。这种批判应该会影响到北宋社会对虚拟亲属关系的看法。五郡兄弟认义母孝子壁画的出现，说明可能在民间仍有认同这种结为虚拟亲属行为者。但这类孝子图和孝子故事流传不广，乃至后来湮灭无闻，或许也有与官方和士人提倡的主流孝道相背离的原因吧。

（原载《艺术史研究》第13辑，中山大学出版社2011年版，收入本书时略有修改）

壁画中的女性生活

——以宋辽金墓葬壁画为中心

宋代墓葬壁画中有很多女性形象。这些女性形象大多绘在墓室壁面上，处于仿木构建筑空间中，除了升天图中的女仙人外，均为家庭中的女性，除了年老的女墓主外，基本上显得比较年轻。她们的角色，有妻妾、侍女、乐舞表演者等。因为很多宋辽边境地区的辽人和金代汉人地区的人生活与宋人非常接近，因此本节也涉及了一些辽金墓葬壁画。从粉本流传的角度去考虑，这些辽金墓葬壁画和宋墓壁画反映了同一个时代的生活，具有相同的时代特征，为了论述方便，也笼统归入宋墓壁画。宋墓壁画中的家庭女性，主要的活动有以下几种。

一 孝敬老人

孝，不仅是对男性的道德要求，也适用于女性。唐代礼教虽不发达，但也重视对女性的教育，出现了一些女教著作，流传至今的有宋若昭姐妹的《女论语》与侯莫陈邈妻郑氏的《女孝经》。《女孝经》，共十八章，其中宣扬孝敬父母和舅姑是重要内容。如《庶人章第五》："为妇之道，分义之利，先人后己，以事舅姑，纺绩裳衣，社赋蒸献，此庶人妻之孝也。"《事舅姑章第六》："女子之事舅姑也，敬与父同，爱与母同，受之者义也，执之者礼也。鸡初鸣，咸盥漱衣服以朝焉。冬温夏清，昏定晨省，敬以直内，义以方外。礼信立而后行。"《女论语》产生于8世纪的中唐，描述的是普通农家劳动妇女的生活规范，其中也包括事父母、事姑舅的章节，开平民化通俗女教之端。① 元代郑太和《郑氏规范》也规定："诸妇必须安详恭敬，奉舅姑以孝，事丈夫以礼，待娣姒以和。"② 宋人李友直述其妻史氏行状，赞其"事舅姑如事其父母，舅姑没，丧之极哀"③。

河南、河北和河东地区宋金壁画墓中孝子图非常流行，孝子故事情节基本上和各种《孝子传》记载的内容符合。其中的行孝女性可分两类，一类是自身为女孝子，如曹娥、鲁义姑、王武子妻、姜诗妻庞氏；另一类是辅助丈夫行孝，如丁兰妻、郭巨妻。

黑山沟壁画墓栱间壁绘8幅行孝图。西栱间壁绘王武子妻行孝。门口竹帘高卷，内间左侧置灶台，上放锅碗，右侧立一屏风，其外应为居室，右侧绘一卧榻，一老妇人盘腿坐榻上。榻前一丫鬟，梳高髻，穿淡赭色褙子，下束白色百褶裙，双手捧托盏递给老妇人。左侧一中年妇人，头梳包髻，插两簪，穿淡绿色褙子，背身作割肉状，壁画左下角题"王武子"，表现的是王武子妻行孝，割股奉亲的故事。④（见图1。报告误为"乳姑不怠"的情节，"乳姑不怠"是唐代唐夫人的故事）

图1 登封黑山沟壁画墓王武子妻行孝图

---

① 参见高世瑜《宋氏姐妹与〈女论语〉论析——兼及古代女教的平民化趋势》、[日]山崎纯一《关于唐代两部女训书〈女论语〉、〈女孝经〉的基础研究》，均载邓小南主编《唐代女性与社会》，上海辞书出版社2003年版。
② （元）郑太和：《郑氏规范》，丛书集成初编本，第16页。
③ （宋）孙应时：《烛湖集》卷12，《宜人史氏墓志铭》，文津阁《四库全书》，商务印书馆2005年版，第389册，第704页。
④ 郑州市文物考古研究所编著：《郑州宋金壁画墓》，科学出版社2005年版，第96页。

北壁栱间壁，右侧绘一神位，檐下设赭、青色幔帐，两檐柱饰遂纹。柱间一妇女，高髻，插簪，穿赭色褙子，团领衫，袖手坐于搭脑上卷的靠背椅上。妇人前一长方形案，上搭长巾，巾上置碗、盏各一。案前立男女二人。图左上角题记"丁兰"二字。画面表现的是"丁兰刻木事亲"的故事。①

东南壁画面中绘一妇人，怀中抱一白衣幼儿。妇人身前一男子，头扎黑巾，着白色团领窄袖袍，束带，双手执铁锹掘地，地上露出两枚银铤。表现的是"郭巨埋儿得金"的故事。②

这些孝行故事中的女性，无疑是用来暗示现实生活中的女性要向她们学习，主动行孝或者支持丈夫行孝。鲁义姑的故事见刘向《列女传·鲁义姑姊》，鲁义姑"故忍弃子而行义，不能无义而视鲁国"，原来并非作为孝子的代表，而是作为义的典型来描述的。鲁义姑图像，在武梁祠汉画像石中也曾出现，也是与忠臣义士画面并列的节义的典型。③鲁义姑进入孝子故事中，似乎反映了某种孝观念的变化。也许鲁义姑舍弃儿子而保护侄子，帮助父系家族延续后代也是孝的表现，但这同时又是对夫家的不孝，这种矛盾在故事中并没有得到解决。

宋金墓壁画常常有夫妇对坐图，描绘墓主夫妇对坐宴饮的场景，夫妇身旁立有服侍的男女。夫妻宴饮图在东汉壁画墓中就已经出现，在北朝壁画墓中也很流行，在隋唐壁画墓中基本消失，而在宋代壁画墓中又兴盛起来。如白沙宋墓一号墓前室西壁，男墓主袖手坐右侧，戴蓝帽，着圆领蓝袍。女墓主袖手坐左侧，梳高髻，着绛襦白裙。二人皆坐椅子上，侧身观看东壁之乐舞。二人中间置桌，桌上设一注子、两盏。二人背后各画屏风，屏风间有一男三女侍立。④宿白先生曾经根据文献记载，称此图内容为墓主人夫妇开芳宴。而根据相关的几座金墓和元墓壁

---

① 郑州市文物考古研究所编著：《郑州宋金壁画墓》，科学出版社2005年版，第98页，图128。
② 同上书，第99—100页，图131。
③ 参见巫鸿《武梁祠——中国古代画像艺术的思想性》，生活·读书·新知三联书店2006年版，第275—277页，图121。
④ 宿白：《白沙宋墓》，文物出版社2002年版，第36页。

画，可知这类图像也象征着墓主夫妇的神位。有时候这种图像也省略了人物，只用砖雕或壁画表现出一桌二椅，作为墓主夫妇神位的象征。①

登封黑山沟壁画墓西北壁绘"对饮图"。帐下桌上摆二茶盏、二果盘，两侧夫妇二人对坐于靠背椅上，背后各立屏风。屏风间走来一侍女端注碗和注子（图2）。②

登封城南庄宋代壁画墓西壁绘"宴饮图"。帐下砌一直足直枨方桌和两靠背椅。桌上放置托盏二、注一，注子放注碗内。左侧椅子袖手端坐一妇人，戴莲花冠，着褙子、白裙。桌边站立两侍女，左女高髻，粉红额带，白色褙子，捧一盘，内有两小盘，放水果或食物。右女高髻，系带，插白角梳，着白色窄袖褙子，白裙，左手端茶碗，右手举注子至胸前。③

新密下庄河宋代壁画墓西北壁，绘黄色幔帐，帐前绘三人，一老妇人端坐靠背椅上，头顶梳髻，身穿红色交领宽袖襦，面向其左侧男子。男子头

图2 登封黑山沟壁画对饮图

戴黑色短脚幞头，穿白色团领宽袖袍，亦端坐靠背椅上。两人之间，立一年轻女子。三人前放一桌，上有碗、筷、杯等物。④

陕西甘泉县城关镇袁庄村金代壁画墓M1为一座坐北朝南的仿木结

---

① 以桌椅代表死者神位，也是宋代丧葬仪式中常见的做法。司马光《司马氏书仪》卷5《丧仪一》"魂帛"条："魂帛结白绢为之，设椸于尸南，覆以帕。置倚卓其前，置魂帛于倚上，设香炉杯注酒果于卓子上，是为灵座。"（丛书集成初编本，第54页）
② 郑州市文物考古研究所编著：《郑州宋金壁画墓》，第91页，图121。
③ 同上书，第123页，图156。
④ 同上书，第34—35页，图42。

37

构砖砌单室墓，墓室东西两壁均有壁画3幅，左右两侧绘孝行故事，中间一幅为宴饮图。东壁宴饮图，正中有一山水屏风，前设黑色方桌，桌面置白色碟盏。桌右侧一长须老年男子坐于鼓形墩上，头戴黑色无檐小圆帽。身着方领白色长袍，足蹬黑色软靴，双手拢袖中置于腹部。男子头部上方有墨书"朱俊"2字。老年男子后立一短须中年男子，头戴黑帽，身着长袍，足蹬黑靴，双手拢袖中置胸前，头部上方有墨书"男朱孜"3字。方桌左侧，一老妇坐于鼓墩上，头梳高髻，身着浅红色小袖褙子，双手拢袖中置于腹前，头部上方墨书"少氏"2字。老妇身后侍立一青年妇人，面容丰满，高髻朱唇，上身穿浅黄色对襟短襦，红色衣襟，露出红色抹胸；下身着蓝色长裙，双手捧一盘，头部上方墨书"高氏"2字。画面右上角有一竖行墨书题记"明昌四年十一月初一日工毕"。（图3，上）

西壁宴饮图画面布局与东壁基本相同。正中也有山水屏风，黑色方桌，上置碟、盏、碗等。桌右侧，一中年男子坐鼓形墩上，蓄山羊胡须，戴黑色无檐小帽，身着方领窄袖浅黄色长袍，领口露出红色内衣领，足登黑色软靴，双手拢袖中置于腹部。头部上方有墨书"朱孜"2字。其身后侍立一男子，头戴黑色无檐小帽，身着长袍，足登黑色软靴，双手拢袖中置于胸前，头部上方有墨书"男喜郎"3字。桌左侧，两妇人坐鼓形墩上，上首处妇人头挽高髻，朱唇，身着浅红色小袖褙子，深红色衣襟，内露绛红色抹胸和黄色长裙，黑色履头露出裙外，双手拢袖中置于胸前，头部左上方墨书"高氏"2字。下首处妇人挽高髻，朱唇，身着白地蓝色小袖褙子，绛红色抹胸和白色长裙，黑色履头露出裙外，双手拢袖中置于胸前。头上方墨书"刘氏"2字。两妇人身后侍立一青年女子，头挽高髻，朱唇，穿浅黄色对襟短襦，黄色衣襟，露出白色抹胸。下身着红色长裙，腰系黑色飘带，双手拢袖中置于胸前。头部上方墨书"郭氏"2字。

该画面右上角处有一竖行墨书题记"明昌四年十一月初一日工毕"。（图3，下）墓室南壁墓门东侧还有三行墨书题记"明昌四年十一月初一日砖匠工毕/妆画王信/出工钱人朱孜"。

图3 甘泉县金代壁画墓东壁中部宴饮图（上）、西壁中部宴饮图（下）

甘泉县袁庄M1两幅宴饮图，分别表现了朱俊夫妇及子媳、朱俊子朱孜夫妇及子媳饮宴、侍奉的场景，据墨书题记，可明确朱俊、朱孜、喜郎祖孙三代的关系。从两幅宴饮图和墓门东侧的题记，我们还得知，该墓为朱俊之子朱孜所建，朱孜在建墓时，不但将其父朱俊和其母少氏绘于墓中，还将自己和两任妻子以及儿子儿媳的形象绘于墓中。根据墓室中发现了4具颅骨，尸骨散乱不全、没有葬具以及墓门未封堵等情况，简报认为该墓应是一座多次葬合葬墓。[①]

墓主夫妇身旁服侍的男女，一般被认为是侍仆。根据甘泉袁庄M1

---

① 王勇刚：《陕西甘泉金代壁画墓》，《文物》2009年第7期。

中的榜题可推知，其他无榜题的夫妇宴饮图中左右侍奉者的身份也未必都是侍仆，很多可能是墓主的儿子和儿媳。虽然其他墓葬中的同类壁画难以判断，但如果夫妇身旁的侍者有男有女时，可以考虑是他们的儿子和儿媳。如新密平陌宋代壁画墓西壁绘"家居图"，赭色幔帐下绘桌子，桌上置注子、注碗、盏托。桌周围坐四人，左前一老妇人，梳高髻，铁锈红抹额，袖手端坐靠背椅上。右侧一男子，戴黑色无脚幞头，上穿白色团领窄袖袍，袖手坐椅子上。里侧站立两人，左为一妇女，梳高髻，插步摇，戴耳环，穿绿色褙子。右为一年轻男子，穿黄色团领袍。站立的男女形象高大，高于坐着的老年夫妇。站立者可能是老夫妇的儿子和儿媳。[①] 当侍者只有一个女性，尤其是侍者头梳多为丫鬟使用的垂髻时，则其身份可能为侍女。[②] 父母在宴饮和欣赏乐舞的时候，儿子和儿媳要站在父母身边服侍他们。也许现实生活中并不总是这样，但壁画表现出来的场景，应该是理想的孝道的表现形式。

二　照顾幼儿

古代士人将幼儿时期作为塑造人的品性的重要时期，对幼儿的成长一贯很重视。司马光在《书仪》中对如何照顾和教育幼儿做了详细的规定：

> 凡子始生，若为之求乳母，必择良家妇人稍温谨者。子能食，饲之，教以右手。子能言，教之自名及唱喏、万福、安置。稍有知，则教之以恭敬尊长。有不识尊卑长幼者，则严诃禁之。六岁教之数与方名。男子始习书字，女子始习女工之小者。七岁，男女不同席，不共食。始诵《孝经》、《论语》，虽女子亦宜诵之。自七岁以下，谓之孺子，早寝晏起，食无时。八岁，出入门户，及即席饮食，必后长者。始教之以谦让。男子诵《尚书》，女子不出中门。

[①] 郑州市文物考古研究所编著：《郑州宋金壁画墓》，第44页，图56。
[②] 如宋苏汉臣所绘《妆靓仕女图》（见图20）中，一仕女坐在长凳上梳妆打扮，对着镜子审视容颜，其左后方一侍女拱手侍立，腰微躬，头梳双垂髻。

九岁，男子读《春秋》及诸史，始为之讲解，使晓义理。女子亦为之讲解《论语》、《孝经》及《列女传》、《女戒》之类，略晓大意。十岁，男子出就外傅，居宿于外。读《诗》、《礼》，傅为之讲解。使知仁义礼智信，自是以往，可以读孟荀杨子，博观群书。凡所读书，必择其精要者而诵之。其异端非圣贤之书，傅宜禁之，勿使妄观以惑乱其志。观书皆通，始可学文辞。女子则教以婉娩听从，及女工之大者。未冠笄者，质明而起，总角靧面，以见尊长。佐长者供养祭祀，则佐执酒食，若既冠笄，则皆责以成人之礼，不得复言童幼矣。①

七岁以下的幼儿，谓之孺子，其生活以玩为主。八岁以后就开始进入人为设置的培养程序中，男女分途，按照不同的目的和模式进行教育。

与照顾幼儿有关的壁画，在唐代墓葬中没有发现。五代周文矩绘有《浴婴图》，描绘的是三个妇女在照顾三个幼儿洗澡和玩耍的场景。宋代也有一些描绘儿童生活的婴戏题材的绘画。如王居正《纺车图》、李嵩《骷髅幻戏图》、佚名《蕉荫击球图》，在张择端《清明上河图》中也有几处妇女照顾婴儿的画面，② 墓葬壁画所依据的粉本可能会受到这些绘画的影响。

登封黑山沟宋代壁画墓东北壁绘"侍儿图"。上悬赭色幔帐，青色横帐，帐下两妇人，均外着褙子，内着团领衫，束抹胸，各抱一幼童逗玩。右侧妇人头梳包髻，插步摇，戴耳环、手镯，坐于靠背椅上，左手抱孩童，右手持点心递给对面妇人所抱的孩子。怀中幼童戴项圈、手镯，穿交领白袍，内着红花白裤，足着白鞋，双手捧一桃子。对面立一妇人，头梳云髻，插步摇，亦戴耳环，双手捧一红花白巾，欲披在身前孩童身上，该孩童衣饰同前童，半蹲于一橱上，伸手接对面妇人手中的

---

① （宋）司马光：《司马氏书仪》卷4《居家杂仪》，丛书集成初编本，第45—46页。
② 参见［日］佐竹靖彦《〈清明上河图〉为何千男一女》，载邓小南主编《唐代女性与社会》，上海辞书出版社2003年版，第785—796页。

点心。①（图4）

图4 登封黑山沟壁画墓东北壁侍儿图

图中妇女和孩童的服饰，都显示出主人家境的富足。富裕家庭使用乳母是正常的事，但传统的舆论仍然希望母亲能够亲自照料自己的孩子。南宋袁采《袁氏世范》卷三《治家》"求乳母令食失恩"条说："有子而不自乳，使他人乳之，前辈已言其非矣。况其间求乳母于未产之前者，使不举己子而乳我子，有子方婴孩使舍之而乳我子，其己子呱

---

① 郑州市文物考古研究所编著：《郑州宋金壁画墓》，第99页，图122。

呱而泣至于饿死者……彼独不畏于天哉!"① 元代郑太和编写的《郑氏规范》规定:"诸妇育子,苟无大故,必亲乳之,不可置乳母以饥人之子。"② 此壁画中两个看护孩子的年轻女性可能就是孩子的母亲,她们可能是同一个大家庭中的妯娌两人。

登封王上村金代壁画墓墓室东南壁绘三侍女。左女身材高大,梳圆髻,插钗,双手捧盘,内盛两托盏。身旁一女,梳圆髻,戴耳环,执团扇。此女身后一女,圆髻,插龙首簪,双手抱一葵花镜于腰侧。第三女身后有一童子,剃发,额顶留髻,戴项圈,着淡绿色短褙子,下着蓝紫色兜裤,足着小鞋,左手持一玩偶,躲在大人身后张望,顽皮可爱,富有生活情趣。西南壁也有三个侍女,捧盘、壶,为首一人身材比其余二人显得高大。③ 显然两幅壁画中的为首者均比其余侍女身份要高。画面表现的是六位侍女捧持果盘、茶点、团扇、铜镜去侍奉主人的场景。跟随的小孩,可能是侍女负责照看的主人家的孩子。

山西省长治市马厂镇安昌村发掘了一批墓葬,其中编号为 ZAM2 的金代砖雕墓由竖穴墓道、甬道和墓室组成,墓室内东西两壁中部皆砌出妇人抱婴的半掩板门,两侧排列侍从。④ 可见墓葬中照顾婴儿题材的壁画流传范围还是比较广的。

虽然士人的家范强调对幼儿进行比较严肃的教育,但无论在传世绘画还是在墓葬壁画中的儿童形象,都以活泼顽皮为特征。新密下庄河宋代壁画墓西壁也曾发现"拜师图"壁画,⑤ 但因为画面漫漶,难以细辨,且画面中人物是成年人,也可以理解为谒见场面,与幼儿教育无关。

---

① (宋)袁采:《袁氏世范》,知不足斋本。
② (元)郑太和:《郑氏规范》,丛书集成初编本,第 17 页。
③ 郑州市文物工作队:《登封王上壁画墓发掘简报》,《文物》1994 年第 10 期,收入《郑州宋金壁画墓》后有所修改,并将时代定为金代。
④ 商彤流、杨林中、李永杰:《长治市北郊安昌村出土金代墓葬》,《文物世界》2003 年第 1 期。
⑤ 郑州市文物考古研究所编著:《郑州宋金壁画墓》,第 34 页,图 41。

三 家务劳动

家务劳动的内容，主要有侍奉、备茶备宴、庖厨主馈等室内劳作，也有碾米等户外劳作。儒家礼法严男女之别，重内外区隔。《礼记·内则》云："礼，始于谨夫妇，为宫室，辨外内。男子居外，女子居内。深宫固门，阍寺守之，男不入，女不出。"宋代家庭中仍然讲究男女内外之别。司马光强调："凡为宫室，必辨内外。深宫固门，内外不共井，不共浴堂，不共厕。男治外事，女治内事。男子昼无故不处室，妇人无故不窥中门。"① 真德秀亦云："古者为宫室，辨内外，男子居外，凡阃外之事属焉；女子居内，凡阃内之事属焉，各有枚主，不相侵紊，自士庶人以上皆然。"铁爱花指出，宋人所谓的内外区隔不仅指男女空间的区隔，也指性别职事的分工。在宋人看来，内外区隔包含两层含义：其一为空间意义上的内和外，目的在于区隔两性生活空间，起到男女之防的效果；其二为权利秩序层面的内和外，目的在于规范两性职事分工，维护男性在公领域的特权。②

司马光详细安排了家内仆妾的日常工作："凡内外仆妾，鸡初鸣，咸起，栉总，盥漱，衣服。男仆洒扫厅事及庭，铃下、苍头洒扫中庭。女仆洒扫堂室，设椅卓，陈盥漱栉靧之具。主父主母既起，则拂床襞衾，侍立左右，以备使令。退而具饮食。得间，则浣濯纫缝。先公后私，及夜，则复拂床展衾。当昼，内外仆妾，推主人之命，各从其事，以供百役。"③ 其中女性的工作主要是洒扫堂室，陈设桌椅和盥漱栉靧之具，为主人整理床铺，准备饮食，缝洗衣物等，基本上都是内庭的劳作。从宋墓壁画内容来看，女性的活动范围也基本上固定在家内。

家庭女性最常见的劳动是厨房劳作。《郑氏规范》对大家庭中的妇女厨房劳作有严格规定："诸妇主馈，十日一轮，年至六十者免之。新

---

① （宋）司马光：《司马氏书仪》卷4《居家杂仪》，丛书集成初编本，第43页。
② 铁爱花：《论宋代士人阶层的夫妻关系——秩序规范与实际形态》，《兰州大学学报》（社会科学版）2009年第1期。
③ （宋）司马光：《司马氏书仪》卷4《居家杂仪》，丛书集成初编本，第46页。

娶之妇，与假三月，三月之外，即当主馈。主馈之时，外则告于祠堂，内则会茶以闻于众。托故不至者，罚其夫。膳堂所有锁钥及器皿之类，主馈者次第交之。"① 宋代大家庭的情况应该与郑氏家族相似，由诸妇轮流主馈。

墓葬壁画中绘庖厨图的传统，在汉画像石图像中就存在了。河西地区的魏晋十六国壁画墓中也发现不少庖厨图，反映了河西地区大族的庄园生活。但隋唐墓葬中很少见此类壁画题材。北京南郊辽赵德钧夫妇墓分前、中、后三进主室，每进主室两侧又各置两个耳室，共九室。其中右前室东壁下设一炉灶，灶上放置铁锅、残石锅、汉白玉大碗、铜勺，推测此室为厨房。该室还保留两幅壁画。东侧壁画绘一女仆，坐在案前，案旁还有一水盆。女仆较胖，高髻，两袖卷起，在用力揉面。西侧的一幅也绘一女仆，梳高髻，着方领长衫，手托一圆盘，盘底绘有山水画，盘上置面食两个。② 这两幅壁画已经与汉魏壁画墓中的庖厨图风格大异其趣，而与宋金墓葬壁画庖厨图风格相似，都是表现家内妇人主馈的情况。

宋墓壁画中发现了较多的庖厨图。年代约为徽宗年间的安阳小南海壁画墓西壁左侧绘一幅庖厨图，三男一女正在筹备酒饭。前边一人，裹软巾，穿长衫，窄裤，便鞋；左手扶膝，右手执鹅毛扇弯腰扇炉火。其身前是一长方火炉，炉火正旺，炉口置一注子，似为温酒场面。后面是一个长方形厨案，上置高足杯一个，杯内有勺，案右侧三脚架上置黑色酒坛两个。案左置浅圆盘七个，盛鱼、石榴、馒头、包子等。案后三人，右二人软巾浑裹，短须，穿圆领衫，手抱瓷碗；左一人为女性，作叉手礼。③

河南焦作宋冀闰壁画墓东北壁绘一幅庖厨图。正中砌出一木制高案，案面厚重，侧面饰以红彩。案面上绘出壶、盆、碗、钵、鱼等图案。其中左侧案面绘制一白釉瓷盘形状，盘内盛满食物；中部案面绘制一盘，盘内放置一条鱼；右侧中部案面绘制一盘口、细长颈、圆肩、弧腹下收

---

① （元）郑太和：《郑氏规范》，丛书集成初编本，第16页。
② 北京市文物工作队：《北京南郊辽赵德钧墓》，《考古》1962年第5期。
③ 李明德、郭艺田：《安阳小南海宋代壁画墓》，《中原文物》1993年第2期。

的一白釉瓷酒壶；酒壶的内侧及右侧以红彩绘制出装满食物的盆、钵图案。案两侧以黑彩绘制出两侍女：左侧侍女，高耸发髻，系以丝巾，外着宽袖长衫，内着交领曳地长裙，双手腹前一黑色瓷盆，与右侧侍女说话；右侧侍女梳垂耳发髻，着宽袖长衫，曳地长裙，右手放在臀部，左手抬于胸前似持一物，呈身向外走，转回头向左侧侍女回话状①。

　　河南登封高村宋代壁画墓甬道西壁绘一幅"烙饼图"。三女子均头梳高髻，插步摇，身着褙子，下束长裙。南侧女子坐于鏊前，右手持铁条翻饼。鏊下炉火正旺，鏊右侧托盘内有烙饼。中间坐一女子，持杖在身前案上擀面饼。北侧女子双手托盘准备送饼到别处。②（图5）

图5　登封高村壁画墓"烙饼图"

　　河南省偃师县酒流沟水库宋墓北壁下半部有六块画像砖，刻杂剧、厨娘内容。③厨娘画像砖刻画逼真。在方桌上摆放着几条鱼，一

---

① 焦作市文物工作队：《河南焦作小尚宋冀闰壁画墓发掘简报》，《文物世界》2009年第5期。
② 郑州市文物考古研究所编著：《郑州宋金壁画墓》，第65页。
③ 董祥：《偃师县酒流沟水库宋墓》，《文物》1959年第9期。

把刀，厨娘在挽袖子准备跺一个圆形肉墩上的鱼。方桌一侧有一炉，一盆。盆内是活鱼。炉方形，一端有进风口，炉内火焰升腾，炉上置一个盛有水的双耳铁锅。厨娘可能正准备炖鱼。

山西汾阳东龙观宋金墓地五号墓是一座八角形单室砖墓，据买地券，墓主王立于金明昌六年预修了这座墓。墓室壁除砖雕斗栱部分之外，均白灰抹面并彩绘反映日常生活场景的壁画。其中西北壁自名"香积厨"，上绘两位女子相对做交谈状，右侧女子手端盒子，内盛一盒馒头状面食。左侧女子端一托盘，上置三个碗。壁画内容应是侍女在厨房中准备饮食的情景。东北壁自名"茶酒位"，所绘内容为两仆人备茶的情景。正中为一方桌，上置注子、茶碗，两名男子相对站在方桌的对角两侧，右侧男子手执茶筅，正在搅茶，左侧男子手捧茶碗似乎准备离开。[①] 桌上所置注子为长流形状看，其饮茶方式是宋金时期流行的"点茶法"。与煎茶法多用于二三知己的小聚清谈不同，点茶法多用于宴会场合。[②] 香积，指僧道的饭食。香积厨一般指寺院中的厨房。此壁画中的厨房自名"香积厨"，显然有宗教的意味，或许暗示了壁画所绘的是为众多僧道供应斋饭的场景。（图6）

图6 汾阳东龙观金墓"香积厨"（左）和"茶酒位"（右）壁画

---

① 山西省考古研究所、汾阳市文物旅游局：《2008年山西汾阳东龙观宋金墓地发掘简报》，《文物》2010年第2期，封2。
② 扬之水：《两宋之煎茶》，《中国历史文物》2002年第4期。

47

上篇　丧葬艺术与礼俗

与庖厨联系紧密的是备茶、备宴图，可以说是庖厨图的后续画面。上述山西汾阳东龙观金代王立墓东北壁"茶酒位"壁画，就是一幅备茶图。登封高村宋代壁画墓东北壁绘一幅"备宴图"。上悬黄色横帐，垂红色幔帐，帐下二侍女。左女梳高髻，双手端一茶炉，炉内炭火熊熊，炉上托一茶碗，眼视前方而行。身后紧随一人，提一长颈注子。描绘的可能是烧水备茶场面。①

登封黑山沟宋代壁画墓西南壁绘"备宴图"。帐下有一直足直枨方桌，桌上摆四个果盘，一托盘内置两茶盏；带盖罐、三盏托。左侧立一妇人，右手捧茶罐，左手持一茶匙在搅茶。桌后立一妇人，面向左妇人，抬手指点。②与登封高村壁画墓备茶场面描绘烧水场景不同，这幅壁画描述的是恰是烧开水后点茶的场景。（图7）

剑沟壁画墓东北壁绘一幅"家宴图"。帐下设一长案，上置大盘一，盘内一小盏；曲口碗一；葵口盘一；扣碗三；四葵口

图7　登封黑山沟壁画墓"备宴图"

盏托二；小黑盒六；小白盒二，内放桃子。案前左侧两人，案后至少有九个人物，女性居多，反映了大家庭中的妯娌们准备家宴的场景。③宋代家庭形式以核心小家庭为主，但和睦的大家庭，乃至数代同居共

---

① 郑州市文物考古研究所编著：《郑州宋金壁画墓》，第69页，图90。
② 同上书，第96页，图119。
③ 同上书，第151页，图187。

财的"义门",仍是士大夫理想中的家庭形式,也更符合儒家道德的期望。壁画中人数众多的"家宴图",可能也表达了墓主对子孙兴旺、家族和睦的期盼。

除了与饮食有关的主馈工作外,妇女还要照顾长辈的休息和日常生活,反映在壁画中,有侍寝图、侍洗图等。登封黑山沟壁画墓东壁绘侍寝图。上悬赭色幔帐、绿色横帐,帐下绘一罗汉床,床围上绘群山。床下有两贯钱,床上方垂挂一淡青色透明蝶花蚊帐,床前一女子,梳双垂髻,粉红绳扎束,着淡青色褶子,手捧衾被正要铺床。① 从其梳双垂髻这一特征看,其身份不是主人,应该是侍女。(图8)

图8 登封黑山沟壁画墓东壁侍寝图

登封黑山沟壁画墓东南壁绘一幅侍洗图。左侧立一盆架,搭脑呈三瓣蕉叶状,上搭白巾、菱纹白巾各一。一女子头梳包髻,插步摇,戴耳环,着淡赭色褶子,双手持水桶,正往盆中倒水。② 登封高村宋代壁画墓东壁也绘一幅侍洗图。上悬黄色横帐,垂红色幔帐,帐下左侧有一屏风,屏风前有一束腰、雕壶门的盆架,搭脑右侧搭白巾。右侧一女侍,左手端碗,右手提水桶走向盆架。③(图9)侍洗图中侍女或者用碗从桶中舀水,或者直接用桶向盆中倒水,画匠不拘泥于粉本,而在细节上有所变化,表现出对同一题材的不同表现手法。

---

① 郑州市文物考古研究所编著:《郑州宋金壁画墓》,第100页,图123。
② 同上书,第101页,图124。
③ 同上书,第69页,图84。

图9 登封高村壁画墓"侍洗图"

除了家庭内的活动，宋墓壁画中也有表现室外劳作的内容。1988年8月，在长治市北郊故漳乡故县村发掘了M1、M2两座仿木结构砖室墓。其中M2出土一方墓志，上有宋神宗元丰元年（1078）的纪年。M1为仿木结构砖室墓。墓室平面近方形，南壁中部墓门拱券上绘黑色卷草纹，中央为朱雀图。门左侧绘舂米图。画面上有二人，一男子身着黑袍，裤筒上卷，正在踏碓。男子前方坐一妇人，正在筛米。妇人身后绘一井，带有辘轳。门右侧绘碾米图。画面中央有一石磨盘，盘磨两端站一妇女和一男童，正在推磨。旁边坐一老妇人，正在筛米，身旁放一个篓筐。（图10）画面下部绘卷草纹和牲畜图，后者已漫漶不清。M2与M1的结构基本相同，墓内壁画也近似，只在具体做法上有所差别。墓门两侧绘有舂米图、牛羊图、推碾图、牵驼图、牵马图等。① 这些壁画明显是表现普通农民或者佃农的劳作情况。

壁画中从事家务劳动的妇女，一般都统称为侍女，但实际上，很多富裕家庭的女主人并不因为自己的主人身份而放弃劳动。正如《郑氏规范》中规定的诸妇轮流主馈一样，家庭中的妇女也要从事其他方面的劳动，因此，壁画中的劳动妇女中有一部分应该属于家庭主妇。

---

① 朱晓芳、王进先：《山西长治故县村宋代壁画墓》，《文物》2005年第4期。

图10 长治北郊M1南壁"碾米图"

四 家庭管理

宋代女性虽然身处内闱，但并非只是从事一些普通的家务劳动，她们中的一些聪明能干者，还能够参与家庭的管理，其中最重要的是财务的管理。在一个由几代人组成的复合型家庭中，由于女性成员众多，全部由男性管理显然不方便，更需要发挥女子的管理才能。正如伊佩霞所说："宋代理想的上层阶级的妻子不仅简单地献身于丈夫的家庭；她还有管理方面的能力及文学天才和人际关系中高超的技巧，使她可以保持家庭的繁荣昌盛。"[①]

士人或者富裕阶层的收入，很大一部分依靠土地租赁，也有的来自经商。有关交租题材的壁画中常常出现女性形象。钱帛作为财富的象征，从五代冯晖墓开始就出现在壁画中（图11）[②]；宋辽金墓壁画中更是频频出现钱贯、银铤乃至各种珍宝，这些题材的壁画中也不乏女性的身影。

---

① ［美］伊佩霞：《内闱——宋代的婚姻和妇女生活》，胡志宏译，江苏人民出版社2004年版，第116页。
② 冯晖墓南壁绘放置在案上的成串铜钱和成匹绢布，参见咸阳市文物考古研究所编《五代冯晖墓》，重庆出版社2001年版，第33页。

图 11　冯晖墓室南壁西侧钱帛图

白沙宋墓一号墓甬道东壁壁画绘三人，其中一人双手持一束筒囊，另一人左肩负钱贯。墓主是当地的富民，这些持筒囊和铜钱者可能是象征着墓主家的佃户，来向他缴纳钱帛。一号墓过道东壁下部壁画中，壁面正中竖砖作破子棂窗，窗下右侧所画似为黑色粮罐，左侧有斜倚束扎上端的三个白色粮袋，其中最前一个袋面上墨书"元符二年赵大翁布（？）"八字。粮袋内可能是佃户交来的租粮。白沙宋墓三号墓甬道东壁绘有两人，其中一人左腋下夹一筒囊，右手上持置于右肩上的筐篮，筐篮内置青色钱贯；另一人左手握钱贯，右肩负筒囊。[①]（图12）白沙宋墓二号墓甬道壁也绘有持筒囊和钱贯者。

白沙宋墓二号墓墓室东南壁阑额下绘悬帐，帐下绘三女子，左侧女子背后置一高足柜，柜面上画铤状物（银铤）二、青钱一贯、红色出焰明珠一枚等。[②] 出焰明珠的形状和五代冯晖墓室南壁右侧案上器物图中左下角两个珠状物相似，推测应是同一类宝物。财物画在柜子外面，应该是一种表现方法，暗示了柜子内存放了这些财物。宣化辽墓中韩师训墓（M4）后室西北壁壁画绘一方桌，桌上置一红色木箱，一女子正掀开箱盖查看。桌下椭圆形大木盆内置蓝色珠宝、银锭、犀角、铜钱，木盆前有两个筒囊，筒囊旁边站立一名妇女，腰微弯。另

[①] 宿白：《白沙宋墓》，文物出版社2002年版，第34、38、91页。
[②] 同上书，第73页。

图 12　白沙宋墓三号墓甬道东壁壁画

一红色方桌下有两贯铜钱，桌前一男子手捧一条玉带。这一男二女似乎在清点钱物（图13）。

图 13　宣化辽墓 M4 财富图

2002年4月，北京市大兴区青云店镇发现两座圆形穹隆顶单室砖

53

墓，墓室绘有壁画。其中 M1 墓室北壁两根立柱中间绘两扇门，门的西侧绘有一红边木箱，箱子正面有一横置的黑色锁具，箱子顶面放置一直口鼓腹容器，容器表面饰有垂环纹及折线，仿编织篓状，内盛满方孔圆钱，箱子后面有一高髻簪花、面部丰满、着浅色衣的女子坐于椅子上，肘部支撑于箱子顶部，右手托腮，右手中握着一支笔杆状物，似乎是在核算账目（图14）。[①]

图14　北京大兴区青云店辽墓"理财图"

大同地区和北京地区的辽墓，很多是汉人墓，宋辽边境地区的辽代汉人具有和宋朝人相似的经济生活和生活习惯，其墓葬也很容易受到宋墓的影响，使用宋墓常用的壁画题材。因此，在某些方面，这些辽墓壁画也可以视作宋墓壁画。

象牙、犀角、珊瑚，都是来自域外的珍宝，自古就是财富和身份的象征。此前只有皇室和贵族才能拥有和使用。从文献记载、台湾故宫博物院藏传为唐阎立本所画《职贡图》和巩义宋陵前捧象牙犀角的客使石像看，象牙、犀角也都是外国来朝时所献的贡品，象征着外邦对中国的朝贡，具有强烈的政治象征意义。而宋辽墓葬壁画中出现的

[①] 北京市文物研究所：《北京大兴区青云店辽墓》，《考古》2004 年第 2 期。

犀角、珊瑚等，与铜钱、丝帛、银铤等放在一起，明显是象征着普通地主阶层所拥有的财富。在这里，它们是纯粹的财富的象征，褪去了政治象征的色彩。普通的地主富民阶层，可以得到犀角等珍宝，这不是画家凭空的想象。宋代对打着朝贡旗号的外来贸易一般是来者不拒，交换所得的大量外来物品，除了供应皇室和赏赐外，有一部分也转赐或者说转手交易给其他国家，还有一部分在民间交易。《宋史》卷一八六《食货下》："天圣以来，象犀、珠玉、香药、宝货充牣府库，尝斥其余以易金帛、刍粟，县官用度实有助焉。"① 一部分宝货被用来交易金帛、刍粟，交易的对象可能是民间或者其他国家。在宋辽边境的互市贸易中宋朝就出售香药、犀角和象牙。"契丹在太祖时，虽听缘边市易，而未有官署。太平兴国二年，始令镇、易、雄、霸、沧州各置榷务，辇香药、犀象及茶与交易。"② 宣化辽墓壁画财富图中出现的犀角，可能反映了辽人通过宋辽边境贸易得到宝货的历史背景。

除了官方的交易外，民间也有宝货的贸易。"隆兴二年，臣僚言：'熙宁初，立市舶以通物货。旧法抽解有定数，而取之不苛，输税宽其期，而使之待价，怀远之意实寓焉。迩来抽解既多，又迫使之输，致货滞而价减。择其良者，如犀角、象齿十分抽二，又博买四分；珠十分抽一，又博买六分。舶户惧抽买数多，止买粗色杂货。若象齿、珠犀比他货至重，乞十分抽一，更不博买。'"③ 博买，即官府收买外来商品。官府博买之余，才允许民间交易。具有一定经济实力的士人和富民家庭，也有机会获得这些外来的奢侈品。

除了以上的几例外，宋辽墓葬壁画中还有不少生活场景中出现了银铤、钱贯，可能是作为一种装饰背景出现的。在绘有钱帛财物的场景中，常有女性出现，她们或者参与清点计算财物，或者在箱柜中保存财物，显示出一副女管家的姿态。

宋代女性在家庭中的地位，很大程度上取决于她们的经济地位。

---

① （元）脱脱等：《宋史》，中华书局1977年点校本，第4559页。
② 《宋史》卷186，第4562页。
③ 同上书，第4566页。

宋代妇女有一定的财产继承权和财产所有权。① 妻子可以用自己的名义购置田产，并在改嫁时带走；妇女出嫁，可以分得一份财产作为陪嫁；父亲死后，在室女（未出嫁女）可以分得一份财产，如无儿子和未出嫁的女儿，已出嫁的女儿也可以分得一份，即所谓"户绝田产，于法当给三分之一与其出嫁女"②。

比阳富人王八郎在与其妻离婚之时，县官判其妻得到他的一半资产。由于王八郎的妻子善于经营，后来到她的女儿出嫁方城田氏时，"所蓄积已盈十万缗"，她把这份家产全部陪嫁给了女儿。③ 王八郎的妻子短时期内就积累了十万的财产，足见宋代女性具有在经营管理方面的才能。

宋代重文官，尤其重进士出身者。司马光说"国家用人之法，非进士及第者不得美官"。当时，进士出身的官员升迁迅速，以至于形成了"满朝朱紫贵，尽是读书人"的局面。如果不是读书人，不是进士出身，在官场上就会受到歧视。在中古的贵族制崩溃后，宋代普通百姓也可以通过科举考试获得出仕机会，甚至达到高位，读书应举被认为是振兴家门的最好途径。稍有积蓄的家庭，一般都愿意让男子通过读书走上仕途。男人首先要专心于学业，学业有成后又专注于仕途，很少能够顾及得到烦琐的日常家务管理，这些事务就落到女性身上。南宋韩元吉《南涧甲乙稿》卷二二《太恭人李氏墓志铭》记载了李氏帮助丈夫持家之事：

> 夫人姓李氏，其先盖上党人。而家开封。七世祖崇矩，为皇朝开国勋臣，任枢密使，赠太师，封河东王，谥"元靖"。高祖讳遵勉，尚太宗第八女献穆大长公主，任镇国军节度使，亦赠太师，谥"和文"。曾祖讳端懿，任镇国军节度观察留后，

---

① 参见朱瑞熙《宋代社会研究》第 8 章"宋代妇女的社会地位"，中州书画社 1983 年版，第 124—126 页。

② 参见张邦炜《宋代妇女再嫁问题探讨》，载《宋代婚姻家族史论》，人民出版社 2003 年版，第 175 页。

③ （宋）洪迈撰，何卓点校：《夷坚志》丙志卷 14《王八郎》，中华书局 1981 年版，第 484 页。

赠侍中。祖讳说，任感德军节度使。考讳宗，任奉直大夫，直徽猷阁。妣王氏，封恭人，故集贤校理安国之女。夫人生世族，袭富贵，其清俭好礼出天性，而外家本儒学，见闻有典型。初适符宝郎钱端义，生一女子矣，而寡。为朝请大夫、秘阁修撰韩公继室。公名球，字美成。出入中外有名声。而一意官事，未尝问家有无。夫人曰："治家吾职也。"尽发其积与己资送之，具以置良田，筑室临川，为寓居计。一旦有负米输于庭者，修撰惊问之。夫人笑曰："此吾家租也。"乃谢："夫人真助我者。"①

李夫人出身世族，儒学传家，清俭好礼，又能以治家为职责，使丈夫专心于公事，是宋代"贤内助"的代表。而关于"负米输于庭者"的记载，也不禁让人联想到，白沙宋墓壁画中手持筒囊、肩扛钱贯的佃户，是否也是将财物缴纳给管家的女主人呢？

李友直述其妻史氏行状云："吾游太学，久乃得仕，未尝屑意家事。凡出入有无，丰约之调度，皆吾嫔处之，不以累我。然至于阃外事，则未尝预焉。"② 史氏专心照顾家庭，解除丈夫的后顾之忧，无疑也是符合儒家传统道德要求的女性。宋墓壁画中指挥调度仆人侍女、清理计算财务的女性，正是这些主妇的形象。

五代辽宋墓葬壁画中出现的财富图，是此前的汉唐墓葬壁画中没有出现过的新题材。汉唐墓葬壁画，或重在宗教氛围，或重在等级礼仪，对世俗的财富追求未曾有明确的表达；而五代辽宋的墓葬壁画往往绘制布匹、钱贯、银铤、珠宝乃至犀角等珍贵财物，象征着墓主家境的殷实和富民阶层对财富坦率的追求。这种细微的变化，实际上反映着唐宋社会变革的一个侧面。

---

① （宋）韩元吉：《南涧甲乙稿附拾遗》，丛书集成初编本，第460—461页。
② （宋）孙应时：《烛湖集》，文津阁《四库全书》，商务印书馆2005年版，第389册，第704页。

五　文化活动

宋墓壁画中不仅有表现女性劳动的场景，也有表现她们从事文化活动的场景，这些活动包括阅读、书写、赏画、弈棋、弹琴等内容，涉及琴棋书画等文人的基本技艺。

新密平陌宋代壁画墓西北壁绘一幅"书写图"。一妇人头梳团髻，包以白巾，外着绿色褙子，内露黄襦之裾，下着白裙，足着凤头履，低头坐在靠背椅上，左臂搭有卷轴，左手按纸，右手握笔写字。妇人对面跪一侍童，双手捧砚台。两人身后有屏风、桌子各一，桌上置书函。[①]从童子捧砚的细节看，妇人的书写似乎非常匆忙，当是临时在卷轴上添写某种内容（图15）。

图15　新密平陌宋代壁画墓书写图

平陌壁画墓东南壁还绘有一幅"读写图"。绿色幔帐下为一长方形书案，上置笔、砚等，女主人头梳团髻，包铁锈红巾，穿绿色褙子，端坐靠背椅上，双手抚案，身微前倾，正在欣赏案侧一侍女手中展开的书卷或画卷。侍女头梳双垂髻，着绿色褙子，似坐在交椅上，身右侧尚有一机，上放展开一半的卷轴。女主人右侧立一侍女，双手斜抱一卷轴。画面左侧绘一直棂窗。[②]这两幅壁画中描绘的女主人应为同一人，壁画用不同的场景，表现了她写作或绘画以及欣赏作品的情景。从家具摆设和直棂窗的设

---

① 郑州市文物考古研究所编著：《郑州宋金壁画墓》，第44页。
② 同上书，第45页，图60。

置看，壁画描绘的应该是室内活动。

陕西甘泉金代壁画墓 M4 坐北朝南，墓室平面呈方形，边长 1.85 米。墓室中壁画绘于墓室四壁中部的方砖上，方砖平嵌于墓壁，每幅壁画周围用条砖围成边框。墓内共有壁画 11 幅，除南壁为 2 幅外，其余三面墓壁均为 3 幅。墓室西壁绘行旅图、牡丹图、荷塘图，南壁绘菊花图、山水图。东壁北侧一幅为"听琴图"。画面中三个装束相同的女子席地而坐。头梳高髻，上挽红巾。上身穿对襟短襦，内着抹胸，下身穿长裙。其中左侧女子双手抚琴；中间女子左手倚地，右手抚膝，作听琴状；右侧女子侧身而坐。（图16）

图16 陕西甘泉金代壁画墓听琴图

北壁三幅壁画。东侧一幅为"弈棋图"。画面两侧有山石、竹子，中间三女子绕一围棋盘席地而坐，装束与听琴图中女子相同。其中右边女子一手执棋盒，一手前伸，向棋盘布子；对面女子一手执棋盒，一手探入盒中；中间女子抄手而坐，凝神观棋。（图17）

图17　陕西甘泉金代壁画墓弈棋图

中间一幅为诵书图，画面上方及两侧绘竹子，竹下为三女子，装束也与听琴图同。中间女子席地而坐，双手执一书卷展于胸前。女子面前地面上放砚台两方，砚上置毛笔，左边女子侧身向右而跪，一手微抬，昂首启唇，似在诵读；右边女子席地而坐，身体微左倾。（图18）

图18　陕西甘泉金代壁画诵书图

西侧一幅为赏画图。画面竹下有三女子，装束与上图同，唯髻上不挽巾。中间女子正面而立，双手执一挑杆，杆头挂石树图一幅。女子前方地面放砚台一方，上置毛笔两支；左边女子侧身而跪，双手执画边，似在欣赏；右侧女子侧身而坐，双手抚膝。[①]（图19）从画面中所置笔、砚来看，女子所诵之文、所赏之画，应皆是刚刚做成，或许正在考虑如何修改润色。

图19　陕西甘泉金代壁画赏画图

根据墓葬题记，甘泉县金代壁画墓M4建于金世宗大定二十九年（1189）。墓内11幅壁画中，没有宴饮、备宴、孝行故事等常见内容，却出现了体现文人情趣的听琴图、弈棋图、诵书图和赏画图，表现墓主生前的情趣和修养。简报因此推测M4的墓主应是当地有一定文化修养的富有乡绅。该墓早年被盗扰，清理中除在棺床表面发现一块木板残片外，未发现任何遗物，但从壁画对女性文化生活的关注来看，墓主人也许是一位女性。

[①] 王勇刚：《陕西甘泉金代壁画墓》，《文物》2009年第7期。

像壁画中描绘的那样，现实生活中宋代女性也同样重视文化教育。宋代的才女很多，也得益于这种重视女性教育的社会氛围。南宋周必大在其妻王氏的墓志铭中说她自幼"聪敏高洁，女工儒业，下至书算，无不洞晓，然非所好，惟以孝友静顺为心"。十九岁嫁给周必大后，"簿书米盐，躬自料理"。"迨为学官馆职，相与商论古今，手抄经史，夜则教儿读书，稍倦，对席博弈，或至丙夜。"[①] 王氏自幼就受到了良好的教育，因此在后来的生活中不但能亲自料理簿书米盐之类琐事，还能协助丈夫抄写经史，教育后代，陪同丈夫博弈娱乐，成为一个称职的妻子。由此也可以推测，宋金墓葬壁画中女性的琴棋书画技能，不但是增加自身修养的需要，也是成为士人心目中的理想妻子的重要条件。

铁爱花通过墓志资料对宋代女性阅读进行了研究，她认为：宋代重文教的社会风气、书籍的普遍流通以及士人的提倡等推动了女性群体的阅读。宋代女性阅读的内容主要包括儒家经典、佛道经典、女教典籍、家训、史书、诗词文、音乐、诸子小说、医药数术等，其阅读具有多元性、自主选择性及持续性的特点。宋代女性通过阅读，提高了认识社会的能力，并以自己所学作用于社会，为社会的文明与进步做出了贡献。但她同时还指出："利用墓志资料所作统计的女性读者大多生活于中产或中产以上之家，其不足是缺乏下层女性的内容。事实上，在知识尚无普及的传统社会，广大下层百姓之家的女子是很难享受读书的乐趣的。"[②]

宋代使用砖雕壁画墓的人群主要是富民阶层，这一阶层是宋代财政赋役的支柱，也是流动性较大的阶层。富民阶层具有一定的经济实力，能够给后代提供一定的教育，使其通过科举考试进入士人

[①] （宋）周必大：《周益公文集》卷36《益国夫人墓志铭》，明澹生堂抄本，收入四川大学古籍研究所编《宋集珍本丛刊》，线装书局2004年版，第49册，第392页。

[②] 铁爱花：《宋代社会的女性阅读——以墓志为中心的考察》，《晋阳学刊》2005年第5期。

阶层。[①] 他们在墓葬壁画中描绘的是理想的生活画面，其中对女性的描绘，反映了他们这一阶层的女性观。他们对女性品性的要求，不仅有勤劳贤惠，而且还有聪敏高洁，知书达理。只有具备一定文化的女性，才能成为合格的妻子，这也是宋代社会整体文化氛围浓厚的反映。

宋代士人大多主张让女子学习，但主要目的不是培养她们的聪明才智，而是为了让她们明礼义，成为符合儒家道德要求的女性。司马光在《家范》中说："凡人不学则不知礼义，不知礼义则善恶是非之所在皆莫之识也，于是乎有身为暴乱而不自知其非也，祸辱将及而不知其危也。然则为人皆不可以不学，岂男女之有异哉？是故女子在家不可以不读《孝经》、《论语》及《诗》、《礼》，略通大义，其女功则不过桑麻织绩制衣裳为酒食而已，至于刺绣华巧管弦歌诗皆非女子所宜习也。古之贤女无不好学，左图右史以自儆戒。"[②] 司马光的观点可以作为宋代士大夫阶层思想的代表。

但墓葬壁画中的女子，并没有士大夫要求的那么严肃认真，他们以琴棋书画来娱乐消遣，显得自由轻松，甚至有一丝慵懒的气息，尚存留着唐代仕女图的余韵。甘泉金墓"赏画图"中女子欣赏的画并非作为道德榜样的古代列女，而是树石风景。现实生活中女子教育显然并非严格按照司马光理想的模式来进行的。

文人活动题材的壁画在五代就存在。北京南郊赵德钧夫妇墓左中室东侧一幅壁画上绘九个人，左三人着红袍，戴展脚幞头，正在欣赏一幅画，画上绘有类似凤凰的形象。右六人为僮仆。[③] 宋代也有"文会图"等表现文人雅集的绘画。此类表现文人趣味的绘画可能对描绘女性文化活动的墓葬壁画产生一定的影响。

---

① 关于富民阶层的特征和社会地位，参见林文勋《唐宋的"富民"阶层及其在乡村社会中的地位》，载朱瑞熙、姜锡东、戴建国主编《宋史研究论文集》，上海人民出版社2008年版，第3页。
② （宋）司马光：《家范》卷6《女》，文津阁《四库全书》，商务印书馆2005年版，第231册，第518页。
③ 北京市文物工作队：《北京南郊辽赵德钧墓》，《考古》1962年第5期。

六　梳妆打扮

喜爱装扮是女性的天性，因此梳妆图也是最具女性特征的图画。传为东晋顾恺之所绘《女史箴图》中就有女性对镜梳妆的画面。西晋惠帝皇后贾氏独揽大权，为人善妒忌，荒淫放恣，朝臣张华"惧后族之盛，作《女史箴》以为讽"[1]。后来顾恺之据之绘成《女史箴图》，分段为画，每段有箴文与画面对应。今大英博物馆藏《女史箴图》为唐代摹本，原有十二段，现存九段。其中第四段绘两女相对妆容，左侧女子坐在镜架前，由侍者梳头；右侧女子独坐，执镜照容，镜中映出面容。插图箴文为："人咸知修其容，莫知饰其性……"[2] 可知其重点不在于描述妆容，而在于劝诫。

描绘仕女对镜梳妆的绘画在北宋依然流行，但已淡化了劝诫意味，而更多地表达了文人的一种审美情趣。北宋王诜所绘的《绣栊晓镜图》，描绘了一位晨妆已毕的妇人站在案前，正对镜审视容颜，镜中映出她的面容。桌案另一侧有两位侍女，一个垂髻侍女手捧茶盘递给另一红衣侍女。画面有一种略带哀怨的闲适格调。[3]

两宋之际的宫廷画家苏汉臣所绘《妆靓仕女图》，是一幅团扇面绢画，现藏美国波士顿艺术博物馆。画面左上角雕栏内为一座假山，假山外侧有一株桃树，桃花凋零殆尽。画面左下角有两盆花草置于几案上。画面正中绘一仕女坐在长榻上对镜梳妆打扮，阔圆的镜面中映出她的面容，神情娴静而略带忧伤。仕女身前为一张摆放铜镜和妆奁用具的大床，床后为一高大的屏风。仕女身后，一梳垂髻侍女躬身而立。[4]（图20）

---

[1]　《晋书》卷36《张华传》，中华书局1974年点校本，第1072页。
[2]　参见《中国美术全集》编辑委员会《中国美术全集·绘画编一》，人民美术出版社1993年版，第123页。
[3]　参见扬之水《古诗文名物新证》，紫禁城出版社2004年版，第231页，图12—3。
[4]　同上书，第232页，图12—4。

图20　苏汉臣《妆靓仕女图》

对镜梳妆的仕女形象是宋代文人喜欢的一种绘画题材，这一题材的绘画也影响到壁画的绘制。宋墓壁画中的梳妆图，可能就是以此类世俗绘画为粉本的。

新密平陌宋代壁画墓西南壁绘一幅"梳妆图"。画面上部绘绿色幔帐，正中绘一直腿直枨花牙长方几，几上置一镜架，架上放一圆镜。一妇女侧坐几旁，头梳团髻，包以白巾，戴耳环，上穿绿色褙子，左手抚髻，右手拈笄，正往头上插戴，面前镜中映出她的面容。几上置一装饰物的黑色圆盒（奁）。[1]（图21）

---

[1]　郑州市文物考古研究所编著：《郑州宋金壁画墓》，第43页，图55。

上篇　丧葬艺术与礼俗

图 21　新密平陌宋代壁画墓西南壁梳妆图

平陌壁画墓东北壁对镜梳妆图。上绘绿色幔帐，垂赭色、绿色组绶。画面右侧为一桌案，一女子坐于桌前，身体左倾，上穿白色褙子，一束青丝自脑后经肩部垂于体侧，左手握发，右手持一把红齿梳子轻梳发缕，神态优雅。身后一侍女，发总梳脑后，分成两缕，手中似持一方盒，正侍奉主人梳妆。①

登封城南庄宋代壁画墓，墓室为八边形，西南壁绘一幅梳妆图。上悬横帐，帐下左侧砖砌丁字形灯檠，右侧砌三曲足下带托泥圆形盆架，上置一盆。盆架旁两侍女，左女头梳高髻，身着红色交领窄袖襦，下着白裙，右手垂于体侧，左手前探，仰面注视右侧侍女。右侧女头梳高

---

① 郑州市文物考古研究所编著：《郑州宋金壁画墓》，第 44 页，图 58。

髻，鬓系丝带，着白色窄袖褙子，左手接左侧侍女递过之物，右手抬至额际，作理鬓状，似以盆水为镜照容。①

白沙宋墓一号墓西南壁绘一幅"临镜戴冠图"。上设幔帐，帐下左侧立一女，高髻上簪花等饰物，髻后编髻饰，着蓝衫绛裙，裙下露尖鞋，面北，双手捧绛色圆盒。其前置一淡赭色镜台，台端画七枚蕉叶饰，最上蕉叶饰下系一面圆镜。右侧立四女：前面一女着窄袖绛衫、卷云纹裙、尖鞋，面南，双手捧白团冠，欠身临镜作着冠状，冠下前后插簪饰；其后左侧立一女，右手指着镜台后女子作申斥状；此女之右立一女，高髻上簪花，编髻饰，着窄袖淡绛色小团花衫，白裙、尖鞋，双手捧一白盘，盘中盛二盏及托子；其前一少女，垂双髻，着窄袖淡蓝色小团花衫，淡绛裙，双手捧一绛缘黑底盘，盘中似为梳妆用具，躬身侍立临镜戴冠女子之后。四女身后右侧画一赭色巾架，上搭方胜纹蓝巾。巾架之右为一绛色曲足盆架，上置蓝色白缘盥盆。②（图22）

图22 白沙一号宋墓"临镜戴冠图"

---

① 郑州市文物考古研究所编著：《郑州宋金壁画墓》，第123页，图155。
② 宿白：《白沙宋墓》，文物出版社2002年版，第42页，图版6。

67

在世俗画中，仕女常常在花树环绕的庭院中梳妆；而墓葬壁画中，女性梳妆的场所均在室内。墓葬壁画比世俗画少了一些触景伤情的文人情调，更增添了几分日常生活气息。女主人清晨起床后，在侍女的服侍下对镜梳妆打扮，应该是她一天中最惬意、最专注自我的时刻。一幅幅梳妆图画面中充满了恬静安适的美感。然而，从白沙宋墓一号墓"临镜戴冠图"中，我们仍能察觉到一点焦虑的气氛，对镜戴冠的妇女动作似乎有点匆忙，而她身后的女子伸出二指，指向镜台后捧盒的侍女，似乎在交代事情，或者低声训斥。整个画面给人一种感觉，好像女主人匆匆装扮，准备去做什么重要的事情。《女孝经·事舅姑章》曰："女子之事舅姑也，敬与父同，爱与母同，守之者义也，执之者礼也。鸡初鸣，咸盥漱衣服以朝焉。冬温夏凊，昏定晨省。"[1] 或许，女主人要正准备去向她的父母或公婆问安吧。

七　乐舞演奏

乐舞内容是自汉代以来墓葬壁画中长盛不衰的题材。辽宋墓中的乐舞人物壁画，一般称为"散乐图"，是直接继承自唐和五代的壁画题材。隋唐墓葬中有大量的乐舞壁画和线刻画。如唐李寿墓石椁内壁伎乐图，表现了一群女子或坐或立，演奏各种乐器的场面。[2] 唐太宗韦贵妃墓壁画中绘弹琴、敲磬、吹排箫、舞蹈等女伎形象。[3] 在陕西彬县五代冯晖墓的甬道中出土了一套54块浮雕彩绘画像砖，加上被盗的两块，一共56块画像砖，组成28个人物，东壁男性，西壁女性，各14人。除了前面两人作舞蹈状外，其余诸人均演奏各种乐器，所持乐器有方响、箜篌、拍板、腰鼓、曲颈琵琶、答腊鼓、横笛、笙篥、芦笙、排箫。[4] 河北曲阳五代王处直墓后室西壁也镶嵌一幅散乐图汉白玉浮雕，

---

[1] （唐）郑氏撰，严衡平叔辑：《女孝经》，筑波大学藏本。
[2] 陕西省博物馆、陕西省文管会：《唐李寿墓发掘简报》，《文物》1974年第6期；王学敏：《唐"坐部伎"和"立部伎"考略》，《中原文物》1983年第4期。
[3] 昭陵博物馆：《昭陵唐墓壁画》，文物出版社2006年版，第137—141页。
[4] 咸阳市文物考古研究所：《五代冯晖墓》，重庆出版社2001年版，第13—22页。

乐队由15人组成，右边第一人为男装女子，横握一棒，似为乐队指挥。右下角两男性侏儒在表演，其余两排12人演奏者皆为女性。①

白沙宋墓一号墓东壁绘有女乐11人。右侧5人分前后两排而立：后排2人，右者双手各持小杖击鼓，左者双手击拍板。前排3人，右者双手拍击腰鼓。当中者侧身吹横笛，左者吹筚篥。左侧也立5人：后排2人皆吹箫；前排3人，左者吹笙，当中者吹十二管排箫，右者执拨弹曲颈五弦琵琶。左右侧四排女乐之间，一女子头戴硬角花额幞头，着圆领窄袖紫袍，宽腿裤，尖鞋，扬袖起舞。墓葬西壁绘夫妻对坐欣赏乐舞。②

宋墓壁画中的乐舞图也有非常简单的。如登封黑山沟宋代壁画墓西壁伎乐图，帐下绘三女子，均梳包髻，插步摇，戴耳环、手镯，着褙子，团领衫，抹胸。右边两人为女乐，前一人吹笙，后一人击拍板。身后一侍女站在火炉后，炉内盛炭，插铜箸两根，上置两个温酒注子。（图23）

乐舞壁画一般与墓主人夫妇像相对，共同组成墓主人欣赏乐舞的画面。李清泉先生在对宣化辽墓散乐图的研究中指出，散乐图用乐具有"酬神"与民间娱乐表现的两重性。散乐壁画"以绘画的形式将乐舞演出的场面搬进墓葬，其目的应是使祭祀祖先的仪式在一个属于死者的空间当中永久

图23 黑山沟宋代壁画墓伎乐图

---

① 河北省文物研究所等：《河北曲阳五代壁画墓发掘简报》，《文物》1996年第9期；河北省文物研究所、保定市文物管理处：《五代王处直墓》，文物出版社1998年版。
② 宿白：《白沙宋墓》，文物出版社2002年版，第35—36页，图版4、图版5。

地固定下来"①。(图24)

图24 宣化辽墓十号墓前室西壁散乐图

考虑到乐舞是专门的技艺,乐舞图中的女性应该主要是伎乐人物,而不是家庭成员。姜伯勤先生在《敦煌艺术宗教与礼乐文明》一书中指出:"唐宋之际,中国音乐发展的历史经历了一次重要的转折:音乐从皇家教坊、贵族家伎的狭小天地,走向市井庶民社会。音乐从业人员从著籍贱口音声人逐渐演变为勾栏瓦舍的行会成员。"② 民间的专业音乐从业人员的出现丰富了广大庶民地主的文化生活。宋墓壁画中这些伎乐人物形象一方面象征着在人世间为墓主夫妇提供表演的专门乐队;另一方面在墓葬中则为墓主夫妇的"神位"服务,在另一个世界娱乐墓主。

隋唐墓葬壁画的特征是严格的等级制度和浓厚的贵族气息。唐墓壁画中的女性形象,也是皇室和贵族阶层的妇女及其侍女。宋代壁画墓的使用者主要是属于富民阶层的地主和商人,宋墓壁画中的女性代

---

① 李清泉:《宣化辽墓:墓葬艺术与辽代社会》,文物出版社2008年版,第155页。
② 姜伯勤:《敦煌艺术宗教与礼乐文明》,中国社会科学出版社1996年版,第509页。

表的也是这一阶层的家庭妇女和侍女的形象。唐代的社会开放度较高，墓葬内反映的女性生活也丰富多彩，不但有日常生活中的侍奉、乐舞内容，还有仕女游园，甚至有不少女扮男装的仕女。据荣新江先生的研究，唐代早期至盛唐时期流行女扮男装的现象，唐代中晚期，传世图像和考古资料都再也找不到女扮男装的妇女形象了。① 实际上宋墓壁画中仍有许多女性乐舞人戴各式幞头，应该也属于女扮男装，但这种现象仅限于伎乐题材壁画。

从晚唐五代开始，即使是身份很高的墓主也不再使用表现仪仗出行等贵族活动内容的壁画，壁画内容开始走向家内化。辽代早期和五代时期汉人墓葬壁画以宅内生活为主，许从赟为大同军节度使，其墓葬壁画的题材仍不离宅内生活。② 王处直为河北地区藩镇武人，他的墓葬壁画也以宅内生活为主。赵德钧墓更是以赏画和庖厨图作为表现内容。其壁画内容也已经逐渐摆脱了唐代壁画的特征，而与宋代壁画特征一致。宋代妇女以家庭生活为主，以写实著称的张择端《清明上河图》中也没有出现几个女性，③ 与唐代女性骑马出游的情景形成鲜明对比。宋代壁画也表现了女性在家内的各种活动，缺少家庭以外的生活内容，女性角色定位于内闱。

杨果先生通过对传世宋代绘画的研究，发现虽然女性经常出现的场所有庭院楼阁、户外旷地、郊外林间和繁华的街市，但女性户外活动折射出来的是女性角色"内职"的定位，本质上呈现的仍是"男外女内"的性别格局。绘画中无论是场景的选择还是小品的摆设，都表达了宋人对女性角色的定位和期许。④ 这种女性的内职角色，在墓葬壁画中表现得更为明显。如果说传世绘画中如杨果先生所推测，可

---

① 荣新江：《女扮男装——唐代前期妇女的性别意识》，载邓小南主编《唐代女性与社会》，上海辞书出版社2003年版，第743页。

② 王银田等：《山西大同市辽代军节度使许从赟夫妇壁画墓》，《考古》2005年第8期。

③ ［日］佐竹靖彦：《〈清明上河图〉为何千男一女》，载邓小南主编《唐宋女性与社会》，上海辞书出版社2003年版，第791页。

④ 杨果：《空间的意义：宋人画作中的女性角色定位》，载邓小南、杨果、罗家祥主编《宋史研究论文集（2010）》，湖北人民出版社2011年版，第451页。

能类似《虢国夫人春游图》的画作未能保存下来,墓葬壁画则明确没有这种题材。

唐代出现过不少女教著述,其中流传下来的仅有宋若昭姐妹的《女论语》和郑氏的《女孝经》两种。《女论语》创作于中唐时期,仿论语体例,原作已佚,仅剩四言韵文形式的释文。其内容不重义理,只讲述女性日常生活、言行的具体礼仪规则,便于效仿学习。《女论语》描述的对象是普通农家劳动妇女的生活,文字通俗易懂,开平民化通俗女教之端,反映了中唐以后儒学、礼教逐渐复兴的势头。此外,更值得注意的是《女论语》显现了中古以后女子礼教逐渐平民化的趋势,它与唐以后士庶阶层逐渐混同,文化日渐下移的趋势一致,是历史的进步。① 宋墓壁画中的女性形象和女性生活,也是这种礼教平民化趋势的产物。

墓葬壁画并没有反映出女性生活的全部内容,只是反映了她们的家庭活动。无论劳作、娱乐,都是在家内进行的。这大概和墓葬壁画题材的目的性有关。壁画自古以来就有惩恶劝善的目的性。墓葬壁画,主要目的不是满足于人们的视觉享受,而是承担了一定的教育劝导功能,具有道德感化的目的。宋墓壁画中表现的女性生活,都是社会道德规范要求下的典范。这些女性,孝敬翁婆,和睦妯娌,鞠养幼儿,勤于家务,具有勤劳贤惠的美德。不仅如此,她们还注意自身的文化修养与形象举止。她们闲暇时从事琴棋书画的文化活动,具有相当高的文化素质。她们还擅长梳妆打扮,表现出女性婉约动人的一面。所有这些,都是当时以使用壁画墓的富民阶层为代表的民众心目中塑造出来的最理想的女性形象。也许就某个特定的墓主人来说,墓葬壁画描述的内容并非他实际经历过的生活,但总体来看,却反映了他所在阶层的理想生活。

西汉刘向编撰的《列女传》,是我国最早的一部妇女专史。"向睹俗弥奢淫,而赵、卫之属起微贱,逾礼制。向以为王教由内及外,自近者始。故采取《诗》《书》所载贤妃贞妇,兴国显家可法则,及孽

---

① 参见高世瑜《宋氏姐妹与〈女论语〉论析——兼及古代女教的平民化趋势》,载邓小南主编《唐宋女性与社会》,上海辞书出版社 2003 年版。

孽嬖乱亡者，序次为《列女传》，凡八篇，以戒天子。"① 刘向编《列女传》的主要目的是鉴戒天子，其中所列不仅有贤妃贞妇和才识过人的女子，也有孽嬖乱亡的反面女性，收罗范围广泛。此后范晔受刘向影响，在《后汉书》中设《列女传》，开正史设《列女传》的传统。汉画像石中也有很多女性形象，她们都是按照儒家的道德标准挑选出来的女性典型，其中很多就是取材于刘向《列女传》。如山东嘉祥武氏祠中的"梁节姑姊""楚昭贞姜"等九个故事，皆本于《列女传》。宋代墓葬壁画中的女性，主要出现于家庭生活环境中，她们的行为虽然已经淡化了鉴戒的意味，但仍然反映了儒家道德的要求，可以说是一种地下的列女图。

(未刊稿)

---

① （汉）班固撰，（唐）颜师古注：《汉书》卷36《刘向传》，中华书局1962年点校本，第1957—1958页。

变革中的唐宋丧葬礼俗

墓葬本身属于丧葬礼俗的一部分，是埋葬过程的终结点。丧葬仪式复杂而冗长，要使用到多种器具，仪式结束后，仅有一部分成为墓葬中的随葬品，很多承载仪式的用具，都没有进入墓中。因此我们从墓葬中可以看到埋葬仪式结束后的静止状态，但墓葬不能表现丧葬仪式的全部动态内容。墓葬研究不能仅关注墓葬形制、装饰及随葬品本身，还要追溯这些要素的来龙去脉，这就要求我们进一步了解与之相关的丧葬礼俗的内容。从唐代到宋代，社会经济、政治、文化等各方面都发生了一定程度的变化。在丧葬方面，不仅墓葬本身产生了新的变化，丧葬礼俗也发生了变化，其中某些变化和墓葬的变化也有关系，能够从墓葬实物中得到验证。研究丧葬礼俗，除了研究墓葬外，还要结合文献进行考察。

凶礼是儒家五礼之一，其中除了一小部分涉及水旱虫灾疾病等内容外，其余均为丧礼。丧礼包括丧服制度、丧葬礼仪和祭祀礼仪等，其中葬礼的部分与墓葬考古发掘联系最密切。礼主要指官方规定的行为规范，俗则是民间传承的习惯，礼俗之间也是可以互相影响，互相转化的。本文通称为丧葬礼俗。唐宋之间丧葬礼俗的变化也是多方面的，本文对几种丧葬用具的研究，表现了丧葬礼俗变化的某些侧面。

一 祭奠用具的变化

（一）从设重到设魂帛

古代丧礼中，祭祀死者要为之立神主，象征其神位。在木主未及雕制之前，则用重代替木主受祭。《礼记·檀弓下》："重，主道也。"

郑玄注："始死未作主，以重主其神也。"《释名·释丧制》："重，死者之资重也。含余米以为粥，投之甕而悬之。比葬未作主，权以重主其神也。"重的作用只是在丧礼过程中临时代替神主，附着死者的神魂。掩圹后，丧礼进入虞祭的阶段。虞祭，是安魂的祭祀。死者尸体葬入墓中，神魂无所归依，故以虞祭安之。先用桑木造虞主，长一尺，方四寸，上圆下方。虞祭之后，"掌事者埋重于门外道左"①。至此，重便完成了它的使命。

《通典》卷八四叙述了自周代到唐代悬重制度的沿革。

　　周制，士丧重，木刊凿之，甸人置重于中庭，三分庭一，在南。（自注：木也悬物焉曰重。刊，斫治。凿之，为悬簨孔。）士三尺，差而上之，卿大夫五尺，诸侯七尺。夏祝鬻余饭，用二鬲于西墙下。鬲则大夫四鬲，诸侯六鬲。（自注：与簨数同差故也）幂用疏布，久之，系用靲，悬于重。幂用苇席，北面，左衽，带用靲，贺之，结于后。（自注：久读为灸，谓以盖塞鬲口。靲，竹篾也。以席覆重，辟屈，而反两端交于后。左衽，西端在上。贺，加也。）祝取铭置于重。重，主道也。殷主缀重焉。（自注：缀犹联也。殷人作主而联其重悬诸庙也，去明考乃埋之。孔颖达云："殷人始殡，置重于庙庭。作主讫，即缀重，悬于新死者所殡之庙。"）周主重撤焉。（周人作主，撤重埋之也。孔颖达云："殷人缀而不即埋，周人即埋，不悬于庙。"）将遣奠，甸人抗重出自道，道左倚之。重既虞而埋之。

　　宋崔凯云："凿木为重，形如札，有簨，设于中庭近南以悬之。士重高三尺，差而上之，天子当九尺矣。鬲以苇席南向横覆之，辟屈两端于南面以蔑之。今丧家帐门，其遗象也。古者丧家无幕，盖是倚庐栋耳。今人倚庐于丧侧，因是为帐焉。按蔡谟说，以二瓦器，盛始死之祭，系于木，裹以苇席，置庭中近南，名为重。今之凶门，是其遗象也。礼，既虞而作主，未葬未有主，故以重当之。礼称为主道，此其义也。范坚又曰：凶门非

---

① （唐）杜佑：《通典》卷79，中华书局1988年版，第3547页。

礼,礼有悬重,形似凶门,后人出门外以表丧,俗遂行之,簿帐吊幕之类也。"

隋文帝开皇初,定典礼。太常卿牛弘奏曰:"诸重,一品悬鬲六,五品以上四,六品以下二。"

大唐元陵仪注:"设重于殿庭近西南。其制,先刊凿木长丈二尺,横者半之。取沐之米为粥,盛以八鬲,幂以疏布,悬于重内横木上。以苇席北向屈两端交于上,缀以竹篾。"其三品以上至六品以下,悬重降杀如开元礼。①

唐代品官丧礼用重制度如《通典》卷一三八《开元礼纂类三十三·凶礼五》"三品以上丧(四品以下至庶人附)"所载:

重木,刊凿之,为悬孔也,长八尺,(自注:四品五品长七尺,六品以下六尺。)横者半之,置于庭三分庭一在南。以沐之米为粥,实于鬲,既实以疎布盖其口,系以竹箆,悬于重木。覆用苇席,北向,屈两端交于后,西端在上,缀以竹箆。祝取铭置于重。②

根据以上关于重的描述,可以推知重的形制为由立木和横木构成一个木构架,立木长度为横木的两倍,横木上悬挂盛粥的陶鬲。陶鬲用稀疏的布蒙口,并用首尾两端缝合的苇席罩住。不同等级的死者使用的重的高度和悬挂的鬲的数目也不同。唐代天子使用的重高一丈二尺,横木长六尺,悬挂八个鬲。悬鬲的数目是模仿周礼用簋制度。天子用八簋,故用八鬲。

重的形状究竟是怎样的,立木和横木如何连接,各家所说都不十分明了。由于重在立虞主后要埋掉,木质极易腐烂,考古中也很难发现重的实物。《宋书·礼志二》:"案蔡谟说,以二瓦器盛死者之祭,系于木表,裹以苇席,置于庭中近南,名为重。今之凶门,是其遗象

---

① (唐)杜佑撰,王文锦等点校:《通典》卷84《礼四十四》,第2275—2277页。
② (唐)杜佑撰,王文锦等点校:《通典》卷138,第3513页。

也。"① 瓦器，即鬲，内盛饭以祭祀死者，系在"木表"之上。表是柱状的标识物。《汉书·淮南厉王刘长传》："又阳聚土，树表其上曰'开章死，葬此下'。"颜师古注："表者，竖木为之，若柱形也。"② 则重的立木应是柱状。宋聂崇义《三礼图集注》卷一七绘出了重图，是一根立木上凿孔插入四根横木，每根横木两端各悬挂一个鬲，共悬挂八个鬲，③（图1）应是天子之重。然而文献中并没有提到重有几根横木。《通典》载后汉山陵制度曰："以木为重，高九尺，广容八鬲，裹以苇席。"④ 既然说"广容八鬲"，则八鬲应在同一横木上为宜。聂崇义之书广为后来学者所诟病，他绘的悬重图未必可信。但他生活在五代宋初，去古未远，"其书抄撮诸家，亦颇承旧式，不尽出于杜撰"⑤，因此仍有参考价值。

宋代丧葬令式继承唐代，保存了用重的制度。皇家丧礼中依然使用重。《宋会要辑稿》礼三七徽宗永祐陵："绍兴五年四月二十一日，道君太上皇帝崩于金……八年十一月

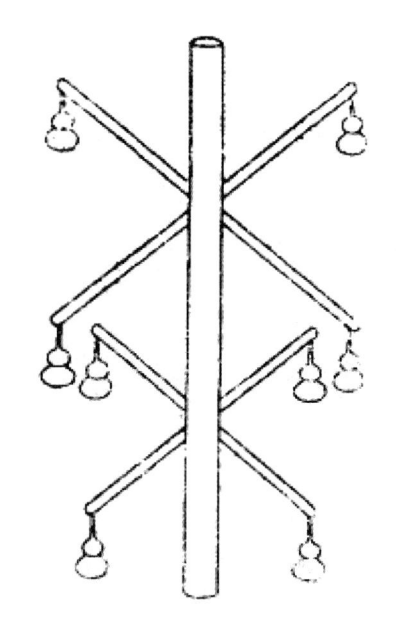

图1 聂崇义《三礼图集注》中的重

十三日，太常寺言：'检会山陵故事，梓宫发引日，皇帝于宣德门外奉辞，百僚于板桥奉辞。其掩皇堂日，奏请神灵上虞主讫，埋重于皇

---

① （梁）沈约：《宋书》卷15，中华书局1974年点校本，第405页。
② （汉）班固撰，（唐）颜师古注：《汉书》卷44，中华书局1964年点校本，第2141—2142页。
③ （清）陈梦雷编，蒋廷锡校订：《古今图书集成》经济汇编礼仪典第78卷引宋聂崇义《三礼图集注》"重"图，第710册，第59页。
④ 《通典》卷79，第2137页。
⑤ 《四库全书》研究所整理：《钦定四库全书总目》，中华书局1997年版，第277页。

堂隧道。'"①

但北宋时民间已经不知道重为何物,用来依神的是魂帛。《司马氏书仪》卷五"魂帛"条曰:"魂帛,结白绢为之。设椸于尸南,覆以帕。置倚卓其前,置魂帛于倚上。设香炉杯注酒果于桌子上,是为灵座。倚铭旌于倚左。侍者朝夕设栉颒奉养之具,皆如平生。俟葬毕有祠板,则埋魂帛洁地。"司马光在自注中引述了周礼的用重制度后说:"开元礼重木仿此。今国家亦用之。《丧葬令》:诸重,一品柱鬲六,五品以上四,六品以下,亦然。士民之家,未尝识也,皆用魂帛。魂帛亦主道也。礼,大夫无主者,束帛依神。今且从俗,贵其简易。"②

椸即衣架,倚即椅子,卓即桌子,都是宋人日常陈设家具。普通的士民之家,使用魂帛代替重。魂帛是放在椅子上的一束白绢。又设香炉杯注酒果于桌子上,便为灵座。此前立于重旁的铭旌,现在也倚在椅子左边。魂帛与灵座相结合,象征着死者神魂所在。与悬重相比,魂帛简单易行,又符合宋代的生活习惯。

朱熹《朱子家礼》也采用了司马光《书仪》的规定。"置灵座,设魂帛,设椸于尸南,覆以帕,置倚卓其前。结白绢为魂帛,置倚上。设香炉、香合、珓杯、注、酒、果于桌子上。侍者朝夕设栉颒奉养之具,皆如平生。"祭祀陈设是模仿生前的生活。

从文献记载看,从商周到隋唐,丧礼中一直有悬重制度,然而崔凯"今之凶门,是其遗象也"之语,仍透露出在刘宋时悬重可能就已经衰落,而被"凶门"取代了。所谓凶门,又称"凶门柏历",是东晋南北朝时期丧礼中常用的一种设施,因为制作费时费工,被视为丧葬奢靡的标志。《宋书》卷一五《礼志二》:"(东晋)成帝咸康七年,杜后崩……有司奏:'大行皇后陵所作凶门柏历,门号显阳端门。'诏曰:'门如所处,凶门柏历,大为烦费,停之。'"③

《晋书》卷六四《琅邪悼王焕传》,琅邪王焕年二岁而薨,将葬,

---

① (清)徐松辑:《宋会要辑稿》,中华书局1957年版。
② (宋)司马光:《司马氏书仪》卷5,丛书集成初编本,第54页。
③ (梁)沈约:《宋书》,中华书局1974年点校本,第405页。

元帝诏立凶门柏历，备吉凶仪服，营起陵园，功役甚众。琅邪国右常侍会稽孙霄上疏谏曰："……棺椁舆服旐之属，礼典旧制，不可废阙。凶门柏历，礼典所无，天晴可不用，遇雨则无益，此至宜节省者也。若琅邪一国一时所用，不为大费，臣在机近，义所不言。今天台所居，王公百僚聚在都辇，凡有丧事，皆当供给材木百数、竹薄千计，凶门两表，衣以细竹及材，价直既贵，又非表凶哀之宜，如此过饰，宜从粗简。"① 按孙霄所说，"凶门两表，衣以细竹及材"，则凶门有两根立柱，与重仅一根立柱不同。

虽然不断遭到反对，但凶门柏历在丧礼中一直使用，而且北齐还将其正式吸纳到丧礼中。《隋书·礼仪志三》："后齐定令……干、郡公主、太妃、仪同三司已上及令仆，皆听立凶门柏历。"② 从唐代以后，就没有了使用凶门柏历的记载，可能唐代重新确立了重的地位，凶门柏历就退出了凶礼。

无论悬重还是凶门，都是专门的丧葬用具，而魂帛则是将白绢置于椅子上作为祭祀对象。与魂帛结合的灵座，也只是放置祭品的桌子。宋代以后桌子和椅子成为祭祀仪式中的重要用具。《司马氏书仪》卷一〇《丧仪六》"祭"：

> 凡祭用仲月，主人及弟子孙皆盛服，亲临筮日于影堂外，主人西向立，众男在其后，共为一列。以长幼为叙，皆北上。置桌子于主人之前。设香炉香合及箸于其上。……前期一日，主人帅众丈夫及执事者洒扫祭所，涤濯祭器，设桌椅，考妣并位，皆南向西上。③

《司马氏书仪》卷六《丧仪二》"闻丧、奔丧"条："若未得行，须应过三日以上者，则为位，不奠。"注曰：

---

① （唐）房玄龄等：《晋书》，中华书局1974年点校本，第1729—1730页。
② （唐）魏征：《隋书》卷8《礼仪志三》，中华书局1973年点校本，第155页。
③ （宋）司马光：《司马氏书仪》，第113—114页。

《奔丧》曰："闻丧不得奔丧，乃为位。"注（笔者按：此言《仪礼·奔丧》郑玄注）："谓以君命有事者。位，有鄼列之处，如其家朝夕哭位矣。"又注："无君事，又无故而以已私未奔者，父母之丧，则不为位。其哭之，不离闻丧之处。齐衰以下，更为位而哭，皆可行乃行。"又曰："凡为位不奠。"注："以其精神不在乎是。"今仕宦他方者，始闻丧，比至治装挈家而归，鲜有不过三日者，安得不为位而哭？既无鄼列，当置椅子一枚，以代尸柩，左右前后设哭位，皆如在尸柩之旁，而不设朝夕饮食之奠者。丧侧无子孙，则此中设朝夕奠，如在丧侧。道中亦设位，朝奠而行，既就馆，至夕设位而奠。①

《朱子家礼》也承袭了《书仪》的内容。《朱子家礼》卷四"闻丧、奔丧"条："后四日成服，若未得行，则为位不奠。"注曰："设椅子一枚，以代尸柩，左右前后设位哭如仪。但不设奠。若丧侧无子孙，则此中设奠如仪。"②

身在他乡闻丧后不能马上奔丧者，须设"位"，用椅子一枚代尸柩，在椅子左右前后设哭位。代尸柩的椅子，仍有依神的作用。宋代祭祀仪式中屡屡使用桌椅，与宋代起居习惯有关。唐代以前，汉人的起居方式是席地而坐，或者坐于矮榻上，故生活器物也都是摆在地上或较矮的几案上，器形一般也比较高大，以方便使用。祭祀仪式中设灵座，也是用当时几筵之类。《通典》述周制"大殓奠"曰："牲牢如小殓之奠，布席而未有几。人君礼尊则有几……大夫士葬前，下室无几，降于人君也。"③梁顾宪之临终敕其子曰："不须常施灵筵，可止设香灯，使致哀者有凭耳。朔望祥忌，可权安小床，暂设几席，唯下素馔，勿用牲牢。"④梁刘歊遗言："勿设祭飨，勿置几筵。"⑤而唐

---

① （宋）司马光：《司马氏书仪》，第62页。
② （宋）朱熹著，王燕均、王光照校点：《朱子家礼》，载朱杰人、严佐之、刘永翔主编《朱子全书》第7册，上海古籍出版社、安徽教育出版社2002年版，第914页。
③ （唐）杜佑撰，王文锦等点校：《通典》卷85，第2305页。
④ （唐）姚思廉：《梁书》卷52，中华书局1973年标点本，第760页。
⑤ 《梁书》卷51，中华书局1973年标点本，第750页。

代丧礼则"既殡，设灵座于下室西间，东向；施床、几案、屏障、服饰，以时上膳羞及汤沐皆如平生。"① 宋代以后，席地而坐变为坐在椅子等高坐具上，② 面前的几案也变为桌子。桌椅是人们生活中必备的家具，用于祭祀陈设最能体现"皆如平生"的精神。

（二）画影祭祀

宋代丧礼中，祭祀仪式中用来象征死者神位的不仅有魂帛，还有死者的肖像。帝、后的肖像则称为御容。《司马氏书仪》卷五"魂帛"条注曰：

> 又世俗皆画影，置于魂帛之后。男子生时有画像，用之，犹无所谓。至于妇人，生时深居闺闼，出则乘辎軿，拥蔽其面，既死，岂可使画工直入深室，揭掩面之帛，执笔望相，画其容貌，此殊为非礼，勿可用也。③

司马光在其《书仪》中，对世俗行为一贯表现出宽容的态度，凡与古礼不符者往往从俗。对于世俗将影像置于魂帛之后，司马光也报以理解的态度，只是出于男女之防，认为妇人无法使用画像。但"世俗皆画影"一语，已经表明使用画像祭祀已经是整个社会的普遍情况。

中国的人物肖像画出现很早。据研究，春秋时期，肖像画就已经具有相当写实的水准。两汉时代，在宫殿、庙堂、馆阁等墙面常常绘上功臣勋将、先贤圣哲的画像，旨在歌功颂德，发挥"成教化，助人伦"之功用。隋唐五代时期肖像画获得了进一步发展。壁画中有宫廷殿阁表彰业绩的功臣像和墓室内的墓主人像，佛教石窟中还出现了供养人像，卷轴画更有长足进步，不仅宫廷中有专职的肖像画家，许多

---

① （唐）杜佑撰，王文锦等点校：《通典》卷138，第3517页。
② 参见杨泓《考古发现与中国古代家具史的研究》，载《庆祝苏秉琦考古五十五年论文集》，文物出版社1989年版。
③ （宋）司马光：《司马氏书仪》，第54页。

士大夫画家也兼擅此技，民间亦有不少职业画家。两宋肖像画延续唐五代传统，创作也很兴盛，文人士大夫亦有不少论述。但北宋末至南宋，随着文人画的倡起和山水、花鸟画的勃兴，人物画包括肖像画的发展受到一定遏制，士夫文人画家逐渐不屑于写真，肖像画创作开始走向民间。①

肖像画虽然出现很早，但肖像一直都不用于祭祀，中国古礼中祭祀使用的是被祭者孙辈扮的尸和木主。唐代丧葬礼制详载于《大唐开元礼》《通典》、两《唐书》等文献，祭祀的对象有重、灵座、神主，没有使用画像的情况。唐开元年间大明宫别殿供奉太宗、高宗、睿宗圣容，唐玄宗日日具服朝谒，②但唐代并没有形成祭拜先朝御容的制度。尚刚先生认为御容制度的确立始于宋真宗时代，景德四年（1007）神御殿、大中祥符五年（1012）景灵宫的创制可视作制度确立的标志。宋真宗以来，皇家制作先朝御容并在敕建的专门殿堂中如期祭祀，不仅历代相沿，而且被列为家国大事，御容制度遂成为宗庙制度的重要内容。元代还出现了用缂丝法织造的御容。③

宋代，与帝后神御殿相对应，大臣家有影堂。影堂相当于唐代的家庙，因其中供奉祖先遗像而有此名。司马光《涑水记闻》卷一六："安国尝力谏其兄，以天下恟恟，不乐新法，皆归咎于公，恐为家祸。介甫不听，安国哭于影堂，曰：'吾家灭门矣！'"④《司马氏书仪》卷一〇《丧仪六》"祭"："凡祭用仲月，主人及弟子孙皆盛服，亲临筮日于影堂外，主人西向立，众男在其后，共为一列。以长幼为叙，皆北上。"⑤皆是其例。

从史料上看，五代时期画像可能就已经用于丧葬了。《宋史》卷一二四《凶礼三》载：

---

① 单国强：《肖像画历史概述》，《故宫博物院院刊》1997年第2期。
② （宋）王钦若等：《册府元龟》卷37《帝王部·颂德》，中华书局1960年版，第413页。
③ 尚刚：《蒙元御容》，《故宫博物院院刊》2004年第3期。
④ （宋）司马光撰，邓广铭、张希清点校：《涑水记闻》，中华书局1989年版，第318页。
⑤ （宋）司马光：《司马氏书仪》，第113页。

乾德三年六月，中书令、秦国公孟昶薨，其母李氏继亡，命鸿胪范禹偁监护丧事，仍诏礼官议定吉凶仪仗礼例以闻。太常礼院言："检详故事，晋天福十二年葬故魏王，周广顺元年葬故枢密使杨邠、侍卫使史弘肇、三司使王章例，并用一品礼。墓方圆九十步，坟高一丈八尺，明器九十事，石作六事，音声队二十人，当圹、当野、祖明、祖思、地轴、十二时神、蚊厨帐、暖帐各一，辒车一，挽歌三十六人；拂一、纛一、翣六、辒车、魂车、仪椁车、买道车、志石车各一；方相氏、鹅毛纛、铭旌、香舆、影舆、盖舆、钱舆、五谷舆、酒醢舆、衣物舆、庖牲舆各一；黄白纸帐、园宅、象生什物、行幕，并志文、挽歌词、启攒启奠祝文，并请下有司修制。"①

影舆唐代尚未见。影为画像。五代时一品礼吉凶仪仗中有专门的影舆，应该是置画像的。虽然有五代的故事在先，但宋初改葬宣祖并没有使用影舆。《宋史》卷一二二《凶礼一》载：

有司言："改卜陵寝，宣祖合用哀册及文班官各撰歌辞二首。吉仗用大驾卤簿。凶仗用大升舆、龙輴、鹅茸纛、魂车、香舆、铭旌、哀谥册宝车、方相、买道车、白幰弩、素信幡、钱山舆、黄白纸帐、暖帐、夏帐、千味台盘、衣舆、拂纛、明器舆、漆梓宫、夷衾、仪椁、素翣、包牲、仓瓶、五谷舆、瓷甒、瓦甒、辟恶车。进玄宫有铁帐覆梓宫，藉以棕榈褥，铁盆、铁山用然漆灯。宣祖衮冕，昭宪皇后花钗、翚衣，赠玉。十二神、当圹、当野、祖明、祖思、地轴及留陵刻漏等，并制如仪。"②

可能宣祖早亡，没有留下画像，画工也无法凭空追绘。宋太宗崩后，不但写御容，而且专门在陵寝内建殿安放御容。同卷载：

---

① （元）脱脱等：《宋史》，中华书局1977年点校本，第2910页。
② 同上书，第2848页。

至道三年三月二十九日，太宗崩于万岁殿。真宗散发号擗，奉遗诏即位于殿之东楹……

六月，诏翰林写先帝常服及绛纱袍、通天冠御容二，奉帐坐，列于大升舆之前，仍以太宗玩好、弓箭、笔砚、琴棋之属，蒙组绣置舆中，陈于仗内。……置卫士五百人于陵所，作殿以安御容，朝暮上食，四时致祭焉。①

真宗崩后，契丹曾遣使于诣神御坐前祭奠。神御，即先帝御容。据《宋史》卷一二四《凶礼三》载：

乾兴元年，真宗之丧，契丹遣殿前都点检崇义军节度使耶律三隐、翰林学士工部侍郎知制诰马贻谋充大行皇帝祭奠使、副，左林牙左金吾卫上将军萧日新、利州观察使冯延休充皇太后吊慰使、副，右金吾卫上将军耶律宁、引进使姚居信充皇帝吊慰使、副。

所司预于滋福殿设大行皇帝神御坐，又于稍东设御坐。祭奠吊慰使、副并素服，由西上阁门入，陈礼物于庭。中书、门下、枢密院并立于殿下，再拜讫，升殿，分东西立。礼直官、阁门舍人赞引耶律三隐等诣神御坐前阶下，俟殿上帘卷，使、副等并举哭，殿上皆哭。再拜讫，引升殿西阶，诣神御坐前上香、奠茶酒。②

同卷又载：

又按《会要》：勋戚大臣薨卒，多命诏葬，遣中使监护，官给其费，以表一时之恩。凡凶仪皆有买道、方相、引魂车，香、盖、纸钱、鹅毛、影舆，锦绣虚车，大舆，铭旌；仪棺，行幕，

---

① 《宋史》，第2850—2851页。
② 同上书，第2899—2900页。

各一；挽歌十六。其明器、床帐、衣舆、结彩床皆不定数。①

宋代大臣死后，其凶杖中有影舆，显然丧葬中也使用画像祭奠。五代、宋以后，丧葬中使用画像祭奠的传统被继承下来，直至现代社会，丧葬中仍然有死者遗像。甚至随着神主等传统的依神用具的消失，遗像成了唯一的依托死者神魂的祭奠用具。

至迟从战国时期开始，南方地区楚墓中就出现绘有墓主画像的帛画，此后汉墓中也保留了这一传统。东汉时期壁画墓与画像石墓中也有描绘墓主形象的图像，东汉晚期至魏晋十六国时期，东北地区壁画墓中多见有正面墓主像，仍是继承了北方汉墓的传统。北朝至隋代墓中绘正面墓主像也成为固定的做法，而唐代墓葬壁画中墓主画像不多见。② 早期的宋代仿木构砖室墓中经常出现一桌二椅装饰，在墓内某一壁面用砖砌出一张桌子，桌子两侧各砌一把椅子，约从北宋中期开始，桌面上出现碗、盘、盏托、注子等饮食器。约从神宗朝开始，椅子上出现墓主人夫妇像，墓主夫妇身后还常立有侍者或子女。在其上方常有帷幕，似在厅堂之中。此后，这种题材成为中原北方最流行的一种装饰。金代时，这种装饰进一步发展，在晋南地区出现了墓主夫妇正面并坐场景。学者们在很长时间内都将这种墓主夫妇对坐的场景称为"开芳宴"。但在山西侯马的一座金天德三年（1151）墓中，北壁龛内刻有一尊男墓主像坐椅子上，前置一长方桌子，东侧龛柱上方书写着"香花供养"四字。③ 由此推测，这些一桌二椅组合和墓主人夫妇对坐、并坐的场景，似乎是在墓中设置的墓主人夫妇的灵位。④

蒲城县东阳乡洞耳村元代壁画墓，是一座八边形穹窿顶砖砌墓，由墓道、墓门、甬道和墓室四部分组成。墓室北壁绘一幅夫妻"堂中对坐图"，图中墓主夫妇对坐于一座屏风前方，男主人头戴折沿带披

---

① 《宋史》，第2909—2910页。
② 汉唐时期墓主画像相关研究参见郑岩《墓主画像研究》和《墓主画像的传承与转变》两文，均载其《逝者的面具——汉唐墓葬艺术研究》，北京大学出版社2013年版。
③ 山西省考古研究所侯马工作站：《侯马两座金代纪年墓发掘报告》，《文物季刊》1996年第3期。
④ 秦大树：《宋元明考古》，文物出版社2004年版，第145—146页。

缨帽，身穿淡蓝色长衣，腰系红色包肚，足着红色筒靴，坐黑色圈背交椅，双足踏板。女主人头顶"姑姑冠"，身着红色左衽罩袍，足下置有脚踏。墓主身后立一黄色单扇大屏，屏风顶部勾出一方形粉色板框，上书墨字款志，顶端一横行自右至左为"大朝国至元六年岁次巳巳"（当为己巳之误，至元六年为1269年），其余4列纵行从左至右分别为"娘子李氏云线系河中府人"，"张按答不花系宣德州人"，"祭主长男闰童悉妇"，"二月清明日闲穴蹑个真"①。很明显，这幅墓主夫妇像也有祭祀画像的含义，可能象征着对墓主进行祭祀时的神位。和丧仪及太庙、家庙中使用的写实画像相比，墓葬壁画中的墓主像虽然也有受祭祀的功能，但并不是写实作品，而是画工根据粉本绘制的，往往流于形式化。

实际上，即使到了墓主夫妇像盛行后，仍然有省略掉墓主夫妇像，只雕出一桌二椅组合的情况。考虑到桌椅在祭祀礼仪中的作用，这种省略的图像，应该也有祭祀的内涵。与地面祭祀礼仪中使用的写实性肖像不同，墓葬中的墓主画像往往是非写实的、象征性的，是画工根据粉本绘制的，质量不精。

（三）丧礼中香与茶的使用

宋代丧礼中祭奠经常要焚香和酹茶酒。如小敛奠：

> 祝帅执事者，盥手举馔，升自阼阶。至灵座前，祝焚香，洗盏斟酒奠之。卑幼者皆再拜。侍者巾之。②

成服之后朝夕哭奠均焚香斟酒。《朱子家礼》卷四《丧礼》"朝夕哭奠"条："朝奠。"注曰：

---

① 陕西省考古研究所：《陕西蒲城洞耳村元代壁画墓》，《考古与文物》2000年第1期。
② （宋）朱熹著，王燕均、王光照校点：《朱子家礼》卷4《丧礼》，载朱杰人、严佐之、刘永翔主编《朱子全书》，上海古籍出版社、安徽教育出版社2002年版，第7册，第907页。

每日晨起，主人以下皆服其服入就位。尊长坐哭，卑者立哭。侍者设盥栉之具于灵床侧，奉魂帛出就灵位，然后朝奠。执事者设蔬果脯醢。祝盥手焚香斟酒。主人以下再拜，哭尽哀。

"食时上食。"注曰："如朝奠仪。""夕奠。"注曰："如朝奠仪。毕，主人以下奉魂帛入就灵床，哭尽哀。"

宾客吊丧致奠也焚香奠茶酒。《司马氏书仪》卷七"亲宾奠"条：

宾客欲致奠于其家者，以饭床设茶果酒馔于其庭，暑则覆之以幄，将命者入白主人，主人经杖，降自西阶，待于阼阶下，西向。宾入，家人皆哭。宾叙立于馔南，北向东上。置卓子于宾北，炷香浇茶，实酒于注，洗盏斟酒于其上。上宾进烧香，退复位，与众宾皆再拜。上宾进，跪酹茶酒，俯伏兴。宾祝执祝辞，出于上宾之右，西向读之，曰："维年月日，某官某，谨以清酌庶羞，致祭于某官之灵，尚飨！"祝兴，宾再拜，进诣主人前，东向北上。上宾止主人哭，主人稽颡再拜，宾答拜。主人哭而入。护丧延宾坐于他所，茶汤送出如常仪。祝纳酒馔及祝辞于丧家。若奠于舆所经过者，设酒馔于道左右，或有幄，或无幄。望柩将至，宾烧香酹茶酒，祝拜哭。柩至，少驻，主人诣奠所拜，宾哭，从柩而行，余如上仪。奠于墓所皆如在其家之仪。①

宾客可以到丧家祭奠，也可以在路旁和墓所祭奠。在丧家祭奠，先设茶果酒馔祭品于庭。祭祀中，在桌子上烧香浇茶斟酒。上宾先烧香，与众宾再拜后，再跪酹茶酒。在路上和墓所祭奠的仪式相同，均为先设酒馔祭品，次烧香酹茶酒拜哭。

除了在丧礼中外，在家庙祭祀中也用香、茶、酒。《司马氏书仪》卷一〇《丧仪六》"祭"：

---

① （宋）司马光：《司马氏书仪》，丛书集成初编本，第84—85页。

主人主妇帅执事者诣祭所，于每位设蔬果，各于卓子南端，酒盏匕筯茶盏托酱楪于卓子北端。执事者设元酒一瓶、酒一瓶于东阶上，西上，别以卓子设酒注酒盏刀子拭布于其东。设香卓于堂中央，设香炉香合于其上。装灰饼，设火炉汤瓶香匙火筯于西方，对饼，实水于盥盆。质明，庖者告馔具，主人主妇共诣影堂。二执事者举祠版笥。主人前导主妇，主妇从后，众丈夫在左，众妇女在右。从至祭所，置于四阶上火炉之西向。主人主妇盥手帨手，各奉祠版，置于其位，先考，妣后。主人帅众丈夫共为一列。长幼以叙，立于东阶下。北向西上。主妇帅众妇女，如众丈夫之叙，立于西阶下，北向东上。执事者立于其后，共为一列，亦西上，位定，具再拜。主人升自阼阶，立于香卓之南，搢笏焚香。再拜，降复位。祝及执事者皆盥手帨手执事者一人升，开酒，拭瓶口。实酒于注子。取盏斟酒。西向酹。……主人升自东阶，脱笏，执注子，遍就斟酒盏，皆满，执笏退，立于香卓之东南，北向。主妇升自西阶，执匕扱黍中，西柄，正筯，立于香卓西南，北向。主人再拜，主妇四拜。执事者一人执器沥去茶清，一人随以汤斟之，皆自西始，毕皆出。①

袁泉对元代墓葬中"奉茶进酒"题材的壁画进行了研究。指出其具有丧祭功用。宋元时期，"香茶酒果""茶酒时撰"是丧祭中的重要荐奉品，同时"奉茶"与"进酒"亦并行存在，成为丧祭中的重要仪节。这种礼仪规定历经宋元，直至明清礼书中仍得以完整保留。在葬式明确的夫妇合葬墓中，奉茶和进酒壁画作为两个系列，在墓葬空间位置的选择上和墓主人夫妇的性别存在"男酒女茶"的对应关系。② 实际上，在辽宋金壁画墓中，"奉茶进酒"的题材广泛存在，正是元代壁画同类题材的源头，也是当时社会丧葬习俗的真实反映。

《司马氏书仪》卷一〇《丧仪六》"祭"："主人升自阼阶，立于

---

① （宋）司马光：《司马氏书仪》，丛书集成初编本，第115—117页。
② 袁泉：《从墓葬中的"茶酒题材"看元代丧祭文化》，《边疆考古研究》第6辑，科学出版社2007年版。

香卓之南，揩笏焚香。"注曰：古之祭者，不知神之所在，故灌用郁鬯。臭阴达于渊泉。萧合黍稷，臭阳达于墙屋。所以广求其神也。今此礼既难行于士民之家，故但焚香酹酒以代之。① 古人祭祀的理论根据是鬼尚臭，所以荐馨香以气味招致神魂。司马光也是以此解释焚香酹酒的用意，认为是代替古礼中的郁鬯黍稷。郁为芳草。鬯为古代宗庙祭祀用的香酒，以郁金香合黑黍酿成。郁鬯即以郁金香等调制的香酒。

如果说茶酒之香与食物之臭，皆为饮食的气味，可以相类比的话，焚香烧的是香料，就与茶酒完全不同了，也难以完全代替郁鬯黍稷。烧香习俗是否另有原因，也值得考虑。

酒的祭祀功用一直存在，茶和香用于祭祀的时间较晚。查礼典，唐代之前无香、茶祭祀者，② 祭用香、茶可能最早来自民间俗礼。据史料记载，在六朝时期就使用香和茶祭祀了。

《南齐书》卷三《武帝本纪》载萧赜遗诏曰：

> 我识灭之后，身上著夏衣画天衣，纯乌犀导，应诸器悉不得用宝物及织成等，唯装复袷衣各一通。常所服身刀长短二口铁环者，随我入梓宫。祭敬之典，本在因心，东邻杀牛，不如西家禴祭。我灵上慎勿以牲为祭，唯设饼、茶饮、干饭、酒脯而已。天下贵贱，咸同此制。未山陵前，朔望设菜食。③

《南齐书》卷二二《豫章文献王传》载萧嶷临终，召子子廉、子恪曰：

> 三日施灵，唯香火、盘水、干饭、酒脯、槟榔而已。朔望菜食一盘，加以甘果，此外悉省。葬后除灵，可施吾常所乘舆扇

---

① （宋）司马光：《司马氏书仪》，丛书集成初编本，第116页。
② 域外和边疆非汉民族有用香料祭神的情况，如西亚、中亚的祆教徒等。参见拙稿《"刻毡为形"试释——兼论突厥的祆神祭祀》，《敦煌学辑刊》2010年第3期。
③ （梁）萧子显：《南齐书》，中华书局1972年点校本，第62页。

伞。朔望时节，席地香火、盘水、酒脯、干饭、槟榔便足。虽才愧古人，意怀粗亦有在，不以遗财为累。主衣所余，小弟未婚，诸妹未嫁，凡应此用，本自茫然，当称力及时，率有为办。事事甚多，不复甲乙。棺器及墓中，勿用余物为后患也。朝服之外，唯下铁镮钚刀一口。作冢勿令深，一一依格，莫过度也。后堂楼可安佛，供养外国二僧，余皆如旧。与汝游戏后堂船乘，吾所乘牛马，送二宫及司徒，服饰衣裘，悉为功德。①

《梁书·顾宪之传》载顾宪之遗言：

不须常施灵筵，可止设香灯，使致哀者有凭耳。朔望祥忌，可权安小床，暂设几席，唯下素馔，勿用牲牢。蒸尝之祠，贵贱罔替。备物难办，多致疏怠。祠先人自有旧典，不可有阙。自吾以下，祠止用蔬食时果，勿同于上世也。②

以上三段史料，祭品中出现茶饮、香灯、香火，其中香灯、香火应该与焚香有关。三段史料都令祭祀用蔬食时果，不用牲牢，值得注意。南朝祭祀往往去牲牢，用蔬果，应是受到了佛教的影响。《梁书》卷二《武帝本纪》："（天监十六年）夏四月甲子，初去宗庙牲。……冬十月，去宗庙荐修，始用蔬果。"③ 又《梁书·刘勰传》："时七庙飨荐已用蔬果，而二郊农社犹有牺牲。勰乃表言二郊宜与七庙同改，诏付尚书议，依勰所陈。"④ 上揭豫章文献王萧嶷还专门要求"服饰衣裘，悉为功德"，显然也与其佛教信仰有关。

梁武帝崇佛，因此宗庙用牲改用蔬果。一般认为中国佛教自梁武帝开始断肉食，但梁武帝之前，佛教素食的观念应该已经存在，并有一定的影响了。齐武帝萧赜奉佛虔诚，从其遗诏用佛教用语"识灭"

---

① 《南齐书》，第417页。
② （唐）姚思廉：《梁书》卷52，中华书局1973年标点本，第760页。
③ 《梁书》卷2，第57页。
④ 《梁书》卷50，第710页。

代称死即可知，故遗诏不以牲祭，只设饼、茶饮、干饭、酒脯。"脯"为干肉，还可以指干果，此处或许也是干果之意。以上诸人断祭祀用牲，可能与当时社会佛教素食观念的影响有关。而用茶、香也是佛教修行和供养中常用的。茶有助于僧人修行时保持头脑清醒，祛除困乏；香多用于佛事活动中的烧香供养。我们无法判断南朝祭祀用茶、香是否直接和用蔬果一样因佛教而致，但说其受到佛教氛围的影响，应该是可以成立的。

宋代社会佛教对民众生活的影响很深，丧葬活动中也可以见到佛教的影响。如墓葬中绘制的僧人和"泗州大圣渡翁婆"题材壁画，[①] 模仿佛塔的多角形砖室墓等，地上的丧葬仪式中有请僧人诵经超度亡灵等佛事。烧香祭祀虽然不见于礼典记载，但在佛教氛围浓厚的社会生活中，是很容易被人们接受的。宋人饮茶成风，茶成了日常生活中不可或缺之物，用茶祭祀可能是"事死如事生"的表现。烧香祭祀则可能是平日佛事活动耳濡目染影响的结果。

二　丧葬用具的变化

唐宋之间，诸多丧葬用具也发生了变化，其中既有实用葬具的变化，又有明器的变化。本文仅选择几种进行论述，以窥唐宋丧葬礼俗变化之一斑。

（一）灵柩运输工具的变化

棺是直接容纳死者尸体的葬具，椁是在棺外的葬具，象征着生前的居室。椁有木椁，也有石椁。体量巨大的石椁，整体高度、宽度超过墓门，必须先将部件分开运进墓室，在墓室中拼装。一般来说，比较厚重的椁都是事先放置在墓室中的，从殡处运往葬地的是棺柩。载尸之棺为柩。把灵柩运往葬地，唐代以前都是用车。载柩的车有辒车、辌车。辒车是天子和诸侯殡葬时载柩的车，也用于把灵柩从殡所

[①] 见新密平陌壁画墓上部西北壁壁画，参见郑州市文物考古研究所编著《郑州宋金壁画墓》第45页，图62。

运至辀车上、载柩朝庙以及从辀车上把灵柩运至墓内的短途运输。

1. 辀车与辁车

《礼记·檀弓上》："天子之殡也，菆涂龙辀以椁。"郑玄注："菆木以周龙辀如椁而涂之。天子殡以辀车，画辕为龙。"① 天子使用的辀车在车辕上画龙纹，故曰龙辀。

《礼记·丧大记》："君殡用辀，攒至于上，毕涂屋；大夫殡以帱，攒置于西序，涂不暨于棺；士殡见衽，涂上。帷之。"郑玄注曰："攒，犹菆也。屋，殡上覆如屋者也。帱，覆也。暨，及也。此《记》参差，以《檀弓》参之，天子之殡，居棺以龙辀，攒木题凑象椁，上四注如屋以覆之，尽涂之。诸侯辀不画龙，攒不题凑象椁，其他亦如之。大夫之殡废辀，置棺西墙下，就墙攒其三面。涂之不及棺者，言攒中狭小，裁取容棺。然则天子、诸侯差宽大矣。士不攒，掘地下棺，见小要耳。帷之，鬼神尚幽闇也。士达于天子皆然。"孔颖达正义曰："君，诸侯也。"② 此处所言是殡葬时诸侯、大夫、士三个等级的差别。诸侯和天子一样将棺殡于辀中，但辀不画龙。大夫和士则殡不能用辀。

《礼记·丧大记》："君葬用辀，四绋，二碑，御棺用羽葆。大夫葬用辀，二绋，二碑。御棺用茅。士葬用国车，二绋无碑，比出宫，御棺用功布。"郑玄注："大夫废辀，此言'辀'，非也。辀，皆当为'载以辁车'之辁，声之误也。辁，字或作团，是以又误为国。辁车，柩车也，尊卑之差也。"孔颖达正义曰："四绋二碑者，此诸侯也。天子则六绋四碑。"《礼记训纂》引《隐义》（梁·何胤《礼记隐义》）云："天子殡用龙辀，至圹去蜃车，载以龙辀。以此约之，则诸侯殡以辀，葬则用辀明矣。大夫唯朝庙用辀，殡葬时亦无辀。士殡不用辀，朝庙得用辁轴。若天子元士，葬亦用辁轴，与大夫异。"③

蜃车，即载棺的辀车。《周礼·地官·遂师》："共丘笼及蜃车之

---

① （清）朱彬撰，饶钦农点校：《礼记训纂》卷3《檀弓上》，中华书局1996年版，第121页。
② （清）朱彬撰，饶钦农点校：《礼记训纂》卷22《丧大记》，第684页。
③ 同上书，第687页。

役。"郑玄注："蜃车，柩路也，柩路载柳，四轮迫地而行，有似于蜃，因取名焉。"大夫、士丧礼可使用辁车、辁轴，等级低于辅车。但因其用途相同，技术原理应也是相同的。辁轴由辁和轮轴两部分组成。辁是床状的承载体，与辅的区别是没有四周。轴在辁下，两轴四轮，可以牵挽而行。《仪礼·士丧礼》："升棺用轴。"郑注曰："轴，辁轴也。辁状如床，轴其轮，輓而行。"① 《仪礼·既夕礼》："迁于祖，用轴。"郑注曰："轴，辁轴也。轴状如转辚，刻两头为轵，辁状如长床，穿程。前后著金而关轵焉。大夫诸侯以上，有四周，谓之辅。天子画之以龙。"②

唐开元礼仍然有辅车之制。唐代三品以上官员，可比拟为上古之诸侯。辅车在周用于天子和诸侯，在唐代则用于天子和三品以上官员的梓宫和灵柩的殡葬。天子用龙辅制度见于《大唐元陵仪注》。元陵是唐代宗李豫的陵名，在今陕西省富平县西北15公里的檀山。《大唐元陵仪注》是详细记载代宗葬礼过程的传世文献，其原文散见于《通典》中。

《通典》卷八五"殡"条引《大唐元陵仪注》："既大殓，内所由执龙辅右左绋，引梓宫就西间。将监引所由并柏墾等升自西阶。"③ 大殓之后，将梓宫殡于殿西间。梓宫置于龙辅上而殡，与周礼相同。

《通典》卷八六"荐车马明器及饰棺"条引《大唐元陵仪注》："侍中当龙辅南，跪奏'请龙辅降殿'。太常卿帅执翣者升，以翣障梓宫。中官高品等侍奉其侧。司徒帅挽士升，奉引龙辅降殿。礼仪使引近臣及宗子三等以上亲，进捧梓宫。少府、将作、所由并挽士奉梓宫登于龙车上，遂诣帐殿，下素幄。"④

"祖奠"条引《大唐元陵仪注》："于是侍中进龙辅南，跪，奏称'请龙辅进发'，俛伏，兴，退。司徒帅挽士奉引次出。"⑤

---

① （汉）郑玄注，（唐）贾公彦疏，龚抗云整理：《仪礼注疏》卷37，北京大学出版社1999年版，第699页。
② （汉）郑玄注，（唐）贾公彦疏，龚抗云整理：《仪礼注疏》卷38，第725—726页。
③ （唐）杜佑撰，王文锦点校：《通典》卷85《礼四十五·凶礼七》，中华书局1988年版，第2307页。
④ （唐）杜佑撰，王文锦点校：《通典》卷86《礼四十六·凶礼八》，第2327页。
⑤ 同上书，第2331页。

"葬仪"条引《大唐元陵仪注》："发引，至南神门，将作监进龙辅于灵驾之后。礼官赞侍中进辒辌灵驾前，跪，奏称'请降灵驾，御龙辅'，俛伏，兴，退昪梓宫。所由乃奉迁梓宫至龙辅，舁梓宫官左右捧从。司空以巾拭梓宫，并拂夷衾。少府属绋于龙辅。礼官赞侍中进龙辅前，跪奏称'请引龙辅即玄宫'，俛伏，兴，退。挽郎执绋，奉引龙辅，左迴北首。礼官赞司徒前导，白幰弩、素信幡、大旂及翣，皆依次而引，近伏近侍夹进如礼官导。通事舍人引太尉先导于龙辅之左。主节官帅持节者脱节在太尉之前，差退。代哭者及挽歌皆序立于门外之西，重行东向，押官排比以俟。皇亲、诸亲、群官等哭从。公主、王妃及内官等障以行帷。龙辅至羡道，停于帷下，南首以俟。时妃主内官以下，于羡道西南帷内就位，东向哭。通事舍人分引群官、皇亲、诸亲各就奉辞位，所由各赞哭，在位者皆哭。其吉卤簿侍奉官少前，序立于门外之东，西向北上，哭。皆三十举音，止，再拜奉辞。至时，内官以下吉服，奉迁梓宫入自羡道，奉接安于御榻褥上，北首，覆以御衾。龙辅退出。……凶仪卤簿，解严退散。辒辌车、龙辅之属，于柏城内庚地焚之。其通人臣用者则不焚。"①

《通典》卷一三九《开元礼纂类三十四·凶礼六》详载了三品以上丧使用辅车的制度。"引辅"（自注：四品以下举柩，下皆如此。）条曰："将引辅，执铎者俱振铎，引辅降就阶间，南向。初辅动及进止，执铎者皆振铎，每振者先摇之，摇讫，三振之。其持翣者常以翣障于辅，辅降阶，执蠹者却行而引，辅止则迴北面立，执旌者亦渐而南，辅止，迴北向立。主人以下以次从辅而降，主妇又次其后降。"②

"辅出升车"条曰："执披者执前后披，执绋者引辅出。辅车动，旌先蠹次，主人以下哭从于辅车后。辅出，到辒车，执绋者解绋，属于辒车，设帷幛于辅车后，执绋执披者如常，遂升柩。"③ 辒车，即辅车。此处是以辅车将灵柩载到辒车前，并升柩到辒车上，原来系于辅

---

① （唐）杜佑撰，王文锦点校：《通典》卷86，第2347—2348页。
② （唐）杜佑撰，王文锦点校：《通典》卷139《开元礼纂类三十四·凶礼六》，第3537页。
③ 同上书，第3533—3539页。

车上的绋也解下来系到了辂车上。

"下柩哭序"条曰:"进辂车(自注:四品以下布席。)于柩车之后,张帷,下柩于辂。丈夫柩东,妇人柩西,以次进凭柩哭,尽哀,各退复位。内外卑者再拜辞决。"① 此处是到墓之后,将灵柩从辂车上卸下时的仪式。三品以上官员的灵柩卸下后仍置于辂车上,四品以下者无辂车,只能置于席上。

"入墓"条曰:"施席于圹户内之西。执绋者属绋于辂,遂下柩于圹户内席上,北首,覆以夷衾。"② 执绋者又将绋从辂车上解下来系在辂车上,用辂车将灵柩运到墓中。辂车下有轮,可以靠人牵挽而行。唐代西安地区的高等级墓葬多带有长斜坡墓道,正适合辂车的运行。而四品以下和庶人级别的灵柩,没有辂车,礼书中也没有提到其他的运载工具,可能就要靠人抬到墓内了。

又据"墓中置器序"条曰:"辂出。持翣者入,倚翣于圹内两厢,遂以下帐张于柩东,南向。米、酒、脯陈于下帐东北,食盘设于下帐前,苞牲置于四隅,醯醢陈于食盘之南,藉以版,明器设于圹内之左右。"③

辂车的作用是短距离运输棺柩。将棺柩运入墓室后,辂车就退出墓室。四品以下官员相当于上古之大夫和士,没有资格使用辂车。只是直接举柩,下柩时停于席上。从礼文上看,辂车的使用制度基本上模仿周礼。

唐代皇帝丧礼,梓宫殡于龙輴上。而据《通典》卷一三八《三品以上丧上》"奠"条:"掘殡堉于西阶之上,乃敛。""大敛"条:"将大敛,棺入,内外皆止哭,升棺于殡所。"④ 三品以上虽然葬用辂车,但殡于堉,不能殡于辂车上,与周礼诸侯殡于辂不同。

唐代皇帝丧礼,载梓宫之车为辒辌车。辒辌车本为古代的安车,亦用作丧车。《汉书·霍光传》:"载光尸柩以辒辌车。"颜师古注:"辒辌本安车也,可以卧息。后因载丧,饰以柳翣,故遂为丧车耳。辒者密

---

① (唐)杜佑撰,王文锦点校:《通典》卷139《开元礼纂三十四·凶礼六》,第3543页。
② 同上。
③ 同上书,第3543—3544页。
④ (唐)杜佑撰,王文锦点校:《通典》卷138《开元礼纂类三十三·凶礼五》,第3515—3516页。

闭。辌者旁开窗牖,各别一乘,随事为名。后人既专以载丧,又去其一,总为藩饰。而合二名呼之耳。"《北史·李穆传》:"赐以石椁、前后部羽葆鼓吹、辒辌车,百僚送之郭外。"可见汉至北朝,辒辌车作为高等级的丧车,大臣也可以使用。而在唐代,辒辌车已经成为皇帝的专用丧车,与龙辀一样,不通人臣使用,用过后要"于柏城内庚地焚之"。而大臣使用的辌车,应该是由将作监左校署提供的,用过后还要收回,以供下一次丧礼使用。《唐六典》卷二三《将作监》"左校署"条载:"凡乐县簨虡、兵杖器械,及丧葬仪制,诸司什物,皆供焉。"自注曰:"丧仪谓棺椁、明器之属。"① 辌车应该是"丧仪"中的一种。

《古今图书集成》经济汇编礼仪典第七十八卷所收宋聂崇义《三礼图集注》有"輁轴"图和"龙辀"图。② 此二图没有轮子,明显与文献描述不符(图2)。

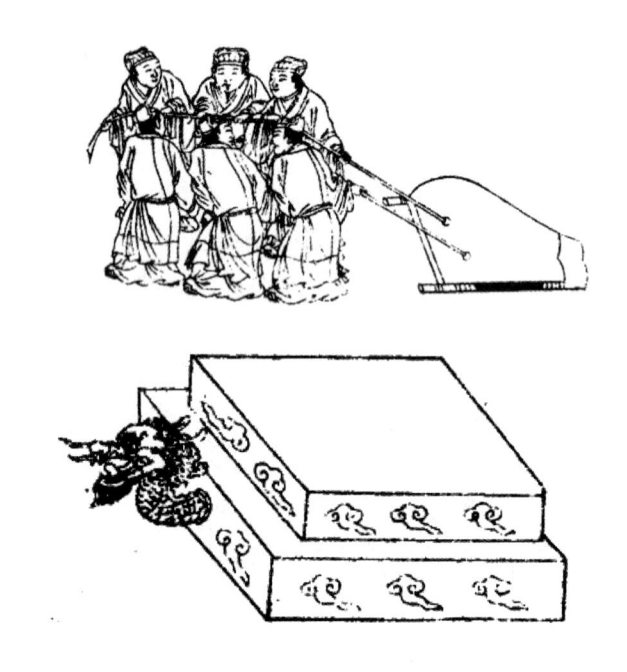

图2 聂崇义《三礼图集注》中的輁轴(上)和龙辀(下)

---

① (唐)李林甫等撰,陈仲夫点校:《唐六典》,中华书局1992年版,第596页。
② (清)陈梦雷编,蒋廷锡校订:《古今图书集成》第710册,第60页。

变革中的唐宋丧葬礼俗

考古材料中尚未发现辒车的实物，但汉墓中曾发现过軼轴的部件。江苏省扬州市邗江县郭庄汉墓是一座男女合葬木椁墓，南北向，椁室长4.20米、宽2.85米、高1米。墓门留于南壁，上下有门轴。从残迹看，椁内分为棺室和头厢两部分。两棺东西并列，内外皆髹棕色漆。女棺长2.37米、宽0.77米、高0.60米。在女棺的底部，四角各有一只铜制的轮盘，轮盘固定在长30厘米、宽8厘米、高8厘米的方木上，然后分置于棺底四角，似便于推动棺木。轮盘上涂棕色漆，直径为6.8厘米、厚1.8厘米。中间有一圆孔，孔径1.7厘米。孔中插有方头圆轴一根，轴长7.4厘米、径1.6厘米，与孔径吻合隙度只有0.1厘米，加工精密，可载重约300公斤。①（图3，上）孙机先生认为这四件铜轮盘就是贯铜轴的軼轮。②

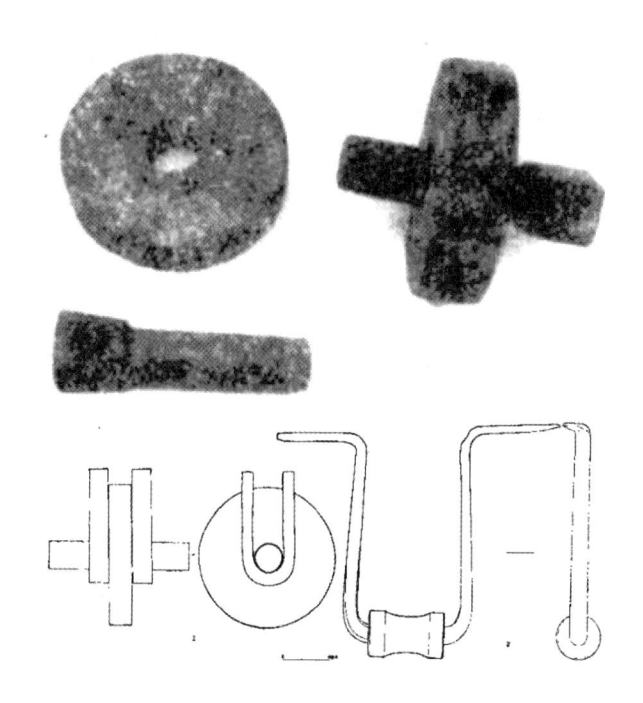

图3 扬州汉墓出土的铜轮盘（上） 满城汉墓出土的铜轮和铁架铜滑轮（下）

---

① 印志华：《扬州邗江县郭庄汉墓》，《文物》1980年第3期。
② 孙机：《汉代物质文化资料图说》，上海古籍出版社2008年版，第473页。

满城汉墓一号墓为中山靖王刘胜之墓。主室北侧棺床上置棺椁,在棺椁中部发现了"金缕玉衣",在玉衣的周围出土了金铜环、衔环铺首等棺椁饰物以及同运载棺椁有关的铜轮和铁架铜滑轮。其中出铜轮4副,作长方形四角排列,东西间距约2米,南北间距约0.8米。铜轮中心贯圆轴,两侧各有一马蹄形铜轴架。大小相同。轮径14.6厘米、厚2.7厘米;轴长15.2厘米、径2.9厘米;轴架长11.8厘米、宽5.7厘米。棺床东端还发现铁架铜滑轮2件,间距1米,滑轮作束腰圆柱形,中心贯穿铁架,铁架两端弯曲,上有朽木痕迹。大小相同。滑轮长8.2厘米、径4.7厘米、孔径1.8厘米。(图3,下)

《说文·车部》载:"有辐曰轮,无辐曰辁。"又载:"轒,藩车下庳轮也。"考古报告认为这些铜轮无辐,轮径仅14.6厘米,远比一般车轮为小,应属于"辁"一类的"庳轮"。出土的铜轮和铁架铜滑轮应为低轮载柩车遗留下来的构件。铁架铜滑轮当系安装在载柩车前端,用来系绳索(绋)拉车的。①

曹操高陵二号墓内出土了很多标识随葬品的石牌,其中一块六边形石牌,上刻"輴车上广四尺长一丈三尺五寸漆升帐构一具",(M2:361),②(图4)说明丧葬仪式的輴车上有升帐构覆盖灵柩,下葬完毕,輴车退出墓室后,帐构留在墓中。

图4 曹操高陵M2出土石牌

---

① 中国社会科学院考古研究所、河北省文物管理处:《满城汉墓发掘报告》,文物出版社1980年版,第35—36页。

② 河南省文物考古研究院编著:《曹操高陵》,中国社会科学出版社2016年版,彩版90。

葬礼中辒车入墓后还要退出。但所发现的棺下铜轮轴实物，都是随棺埋葬在墓内的，与辒车的用法有别。辒车虽然指天子和诸侯的丧葬用具，但民间有时也通用此名。《吕氏春秋·节丧》："世俗之行丧，载之以大辒。"① 《梁书》卷五二《顾宪之传》："入棺之物，一无所须。载以辒车，覆以粗布，为使人勿恶也。"② 《新唐书》卷一一四《崔融传附崔从传》："李儑以崇得京兆尹，为庄宪太后山陵桥道使，务以减末徭费为功，至不治道，辒车留渭桥，久不得进，从三劾之无少贷。"③ 又后周太祖郭威诏有司择日为故主举哀，有司上言："皇帝为故主举哀日，服缟素、直领深衣、腰绖等。成服毕祭奠，不视朝七日，坊市禁音乐。文武内外臣僚成服后，每日赴太平宫临，三日止，七日释服。至山陵启攒涂日，服初服，辒车出城，班辞释服。"④ 辒车四轮而低矮，只能在平整的路面短距离牵挽，不适合长途运输，很难从长安行驶到"渭桥"，这种辒车应该不是礼制意义上太子和诸侯使用的辒车，而是泛指载柩车。

辀，又作陾、輀，是载运棺柩的车。《释名·释丧制》："舆棺之车曰辀。辀，耳也，悬于左右前后铜鱼摇绞之属耳耳然也。其盖曰柳，柳聚也，众饰所聚亦其形偻也。亦曰鳖甲，似鳖甲亦然也。"辀车四周有铜鱼等装饰物，行动时可以摇动发声。因其上有鳖甲状的盖，又称鳖甲车。辀车和辒车、輁轴的区别是辒车和輁轴用于在庭院和墓地短距离牵挽灵柩，辀车则是用于把灵柩从发引之地运送到墓地。

中国古代的车一般是两轮车，大量的各时代车马坑中出土的实用车以及车明器都可证明。但丧葬中使用的辒车和辀车都是四轮车。《汉书》卷九九下《王莽传下》："或言黄帝时建华盖以登仙，莽乃造华盖九重，高八丈一尺，金瑵羽葆，载以秘机四轮车，驾六马，力士三百人黄衣帻，车上人击鼓，挽者皆呼'登仙'。莽出，令在前。百官窃言：'此似陾车，非仙物也。'"颜师古注曰："陾车，载丧车，音而。"⑤ 百官之

---

① （汉）高诱注，王利器疏：《吕氏春秋注疏》卷10，巴蜀书社2002年版，第982页。
② 《梁书》卷52，中华书局1973年标点本，第760页。
③ （宋）欧阳修、宋祁：《新唐书》卷114，中华书局1975年点校本，第4197页。
④ （宋）薛居正等：《旧五代史》卷110《周太祖本纪》，中华书局1976年标点本，第1461页。
⑤ 《汉书》卷99下，中华书局1962年版，第4169—4170页。

所以议论王莽所造的仙车似辒车，就是因为此车是四轮车。

辒车的形象在考古资料中也曾发现。山东微山县微山岛发现的一座画像石椁上，第三石中央画框内是送葬图。画面中右部，一辆四轮有篷大车由排成两列的十个人用绳索牵拉着向右行进，车篷前的车舆中立有一柄很高的伞盖，伞盖柄上系着一面玉璧，舆中立乘两名御者，车篷顶部前后各立一面建鼓。在十个牵车人的上方即稍远处，最右面一人披发向左跪拜在地，似在迎接迎面走来的四个人。大车之后，十二个人排成三列随车右行。图中的四轮大车车篷形如龟甲，装饰奇特，车体巨大，与汉代画像中常见的载人轺车、軿车以及载物的大车截然不同。（图5）

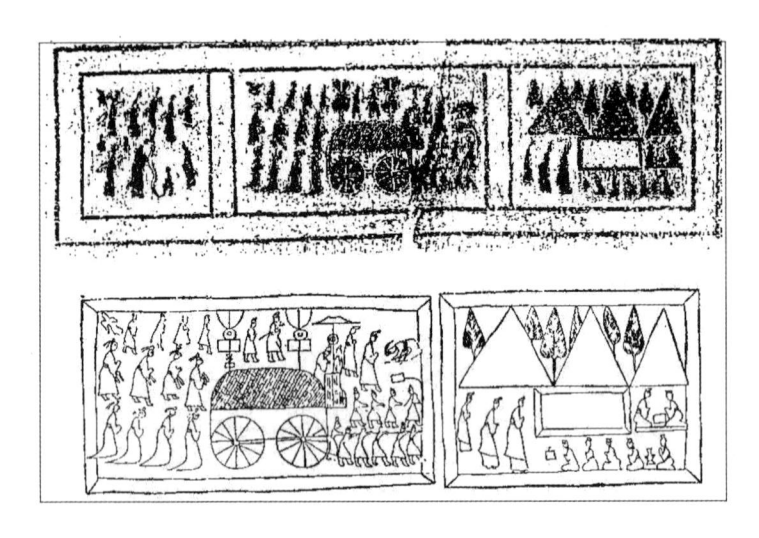

图5　山东微山沟南村出土第三石画像（上）及
第三石中、右画框画像摹本（下）

信立祥先生指出：图中的大车篷似鳖甲，与《释名·释丧制》的记载相同，无疑就是当时送葬用的车，篷顶后部的建鼓柄上挂的饰件应就是铜鱼摇纹。整个画像形象地再现了汉代民间的殡葬场面，送葬行列以装载棺柩的辒车为中心，辒车右上方的左向伏地跪拜者应为丧主即孝子，辒车之后的人众为丧者的子孙家人，由助丧者牵拉的辒车正在众人的拥簇下向墓地走去。右面画框中画的是墓地图，画面上方左右并排耸立着三座高大的坟丘，坟丘后面隐映露出六株桃形树冠的高大树木；坟丘前的画面正中，是一个刚刚掘好的长方形墓穴，墓穴右边二人相对面坐，二人中间放置一个酒樽；墓穴下方，地上放置着壶、樽，五个人面左而坐，似在对左方来的三个人物施礼；墓穴左侧，三个人物似刚刚到达墓地，正躬身向坐在墓穴旁的人表示感谢。从画面中人物的动作表情看，坐在墓穴旁的七个人应是刚刚掘好墓穴的民工，左面的三个冠服人物当为死者家人，画面上虽然没有出现辒车，但可以推想三个死者家人后面就是以辒车为中心的殡葬行列。①

也有不用辒车，而用普通的车载柩的。北周时，李纲"仕周为齐王宪参军事。宣帝将杀宪，召僚属诬左其罪，纲矢死无桡辞。及宪诛，露车载尸，故吏奔匿，纲抚棺号恸，为瘗讫，乃去。"② 唐代李勣遗令薄葬，"惟以布装露车，载我棺柩，棺中敛以常服，惟加朝服一副，死倘有知，望著此奉见先帝"③。露车，是无盖无帷的车，常指民家载物之车。使用露车载柩是在特殊情况下的行为。

2. 舁的使用

从前揭《通典》所载唐代凶礼中便可知，唐代丧礼中依然使用辒车。但在五代时期，除了使用辒车运载棺柩外，还出现了抬棺运丧的情况。《旧五代史》卷九六《郑阮传》载：郑阮，洺州人也，后唐末帝时为赵州刺史，性贪浊，"尝以郡符取部内凶肆中人隶其籍者，遣于青州，舁丧至洺，郡人惮其远，愿输直百缗以免其行，阮本无丧，即受直放还"④。凶肆，是指出售、租赁丧葬用品，提供丧葬服务的店铺。从青州舁丧至洺州，路途遥远，故凶肆中人不愿应役，可知此时已经出现用人舁丧的现象，但一般仅限于近处。

五代以后，长途舁丧就比较常见了。宋人郭彖《睽车志》卷一载：

左贲字彦文，有道术，游京师依段氏，甚礼重之。段氏母病，贲为拜章祈福，乙夜羽衣伏坛上，五鼓始苏，怆然不怿久之。段氏

---

① 信立祥：《汉代画像石综合研究》，文物出版社2000年版，第217—218页。
② 《新唐书》卷99《李刚传》，中华书局点校本1975年版，第3907页。
③ 《旧唐书》卷67《李勣传》，中华书局点校本1975年版，第2489页。
④ 《旧五代史》卷96《郑阮传》，中华书局1976年标点本，第1274页。

甚惧,诘之,贲曰:"太夫人无苦,三日当愈,禄箓尚永。"段问:"先生何为不怿?"贲曰:"适出金阙,忽遇先师,力见邀,已不可辞,后五日当去。贲本意且欲住世广行利益,今志不遂,故不乐耳。"既而段母如期而疾良已。越二日,贲竟卒。段氏悲悼,具棺衾敛之。贲兄居洛,段命凶肆数人舁棺送之,既举棺,辞不肯往,云:"棺必无尸。某等业此久矣,凡人之肥瘠大小,若死之久近,举棺即知之。今此甚轻,是必假致他物,至彼或遭训诘。"段与之约曰:"苟为累,吾自当之。"既至,兄果疑,发视,衣衾而已。段言其故,乃悟其尸解。①

凶肆中有舁棺者,长期从业,经验丰富,棺内尸体大小甚至死亡时间,举棺便知。京师开封府,距洛阳甚远,凶肆之人只是担心棺内无尸而遭训诘,并不是因路途遥远而拒绝舁送,自然是早已习惯了此类业务。此时长途舁棺应该已经非常普遍了。《司马氏书仪》卷八《丧仪四》"陈器"条:"大舆旁有翣,贵贱有数。"自注曰:"按今人不以车载柩,而用舆,则引披无所施矣。舆夫聚众,乃为行止之节,多用钲鼓,可以代铎。"②可知在北宋司马光的时代,以舆载柩就完全取代了以车载柩。运送棺柩,五代以前均用车,五代以后用人抬棺运送增多,甚至长途舁丧,一直到近代仍是如此,这是古代葬俗一个重大变化。近人尚秉和在《历代社会风俗事物考》中,也根据唐白行简《李娃传》对凶肆的描述,认为"唐时仍挽灵车,而非若今日之抬杠"③。

舁棺并非直接抬棺柩本身,而是以舆为载体,将棺置于舆上抬行。五代时期凶肆中有丧葬行业组织"葬作行",其成员为"行人"。据《五代会要》卷九《丧葬下》载,后唐长兴二年(931)十二月二十六日,御史台奏:

---

① (宋)郭彖:《睽车志》,《宋元笔记小说大观》第4册,上海古籍出版社2007年版,第4078页。
② (宋)司马光:《司马氏书仪》,丛书集成初编本,第88页。
③ 尚秉和著,母赓才、刘瑞玲点校:《历代社会风俗事物考》,中国书店2001年版,第262页。

今台司准敕追到两市葬作行人白望、李温等四十七人，责得状称：一件，于梁开平年中，应京城海例，不以高例及庶人使锦绣车舆，并是行人自将状于台巡判押。一件，至同光三年中，有敕著断锦绣，只使常式素车舆。其舆，稍有力百姓之家，十二人至八人，魂车、虚丧车、小舆子不定人数。或是贫下，四人至两人。回使素紫白绢带额遮帏，舆上使白粉堽木珠节子，上使白丝，其引魂车、小舆子使结麻网幕。后至天成三年中有敕，条流庶人断使舆，只令别造鳖甲车载，亦是紫油素物，至今行内见使者。今台司按葬作人李温等通到状，并于令内及天成四年六月敕内详，稳便制置，定到五品至八品升朝官，六品至九品不升朝官等，及庶人丧葬仪制，谨具逐件如后。①

此段奏文之后，又按五品至六品升朝官、七品至八品升朝官、六品至九品不升朝官、庶人四个等级，分别叙述了各等级可使用的人数物色，即舁舆车的人数，威仪用具和随葬品的种类、数量和尺寸等内容。

奏文中提到两状，一件曰"梁开平年中，应京城海例，不以高例及庶人使锦绣车舆"，一件曰"同光三年中，有敕著断锦绣，只使常式素车舆。其舆，稍有力百姓之家，十二人至八人"，"或是贫下，四人至两人"，又曰"后至天成三年中有敕，条流庶人断使舆，只令别造鳖甲车载"。其中车舆并称，后面又专门讲到舆的用人数，说明车、舆不同，不可误为一物。十二人、八人或四人、二人，都是成对出现，应是抬舆人数。又天成三年断庶人使舆，只令用鳖甲车，可知五代时抬舆载棺和鳖甲车载棺并用，而舆比鳖甲车的规格更高。鳖甲车即辌车，但至迟自隋代以后，就用来指等级较低的辌车。颜之推遗嘱薄葬："载以鳖甲车，衬土而下，平地无坟。"②《隋书·礼仪志》："辒车……八品以下，达于庶人，鳖甲车，无幰襈旐苏画饰。"③"舆上使白粉堽木珠节子，上使白

---

① （宋）王溥：《五代会要》卷9《丧葬下》，上海古籍出版社1978年版，第142页。
② （北齐）颜之推撰，王利器集解：《颜氏家训集解》卷7《终制》，上海古籍出版社1980年版，第536页。
③ 《隋书》卷8《礼仪志》，中华书局1973年标点本，第156页。

丝",则相当于辎车上的铜鱼等装饰物,奢侈者使用的锦绣车舆,必定装饰更为繁缛。

莫高窟盛唐第148窟西壁壁画有一幅属于"涅槃经变"内容的佛陀出殡图,画面中心为运送佛陀灵柩的豪华辇舆,辇四角竖杆撑起盝顶帐形华盖,四周挂垂幔。辇中置灵柩,辇底部两杆前后伸出,前后共六人抬辇前行。这幅壁画无疑是根据现实送葬场面绘制的。[①]（图6）

图6 莫高窟第148窟六抬柩辇图

莫高窟五代时期第61窟北壁有一幅四柩辇壁画,所绘内容为抬运释迦牟尼遗体的柩辇,于长方形榻辇上设盝顶华盖,四周持黑白两色相间的挽幛。前后共有轿夫四人及随从多人。[②]（图7）莫高窟五代第454

[①] 马德主编:《敦煌石窟全集·交通画卷》,上海人民出版社2001年版,第188页。
[②] 同上书,第186、187页。

窟北壁也有一幅佛陀四抬柩輦。从敦煌壁画图像可以知，盛唐时期已经出现了抬柩輦送葬的情况。敦煌壁画可能反映了现实中丧葬的情况，但也不能排除佛教中抬柩輦的画面影响了世俗丧葬的可能。

图7　莫高窟61窟四抬柩輦图

宋代诸帝后丧礼，均用龙辀载梓宫升于大升舆。《宋会要辑稿》礼三七《宋宣祖安陵》："凶仗用大升舆、龙辀……"[①]《太宗永熙陵》："帝启奠于梓宫，群臣入临，升梓宫于龙辀。祖奠撤，帝徒步恸哭，与亲王、宗室从至乾元门幄次。梓宫升舆，设遣奠。"[②]《哲宗永泰陵》："御史中丞丰稷、殿中侍御史龚夬奏：'哲宗皇帝大升舆至巩县，陷泥

---

① （清）徐松辑：《宋会要辑稿》第2册（原第31册），礼三七之一，中华书局1957年版。
② （清）徐松辑：《宋会要辑稿》第2册，礼三七之五。

淖中不能出，次日方至幄殿。'"①

《续资治通鉴长编》卷一七六，（仁宗）"至和元年"："（春正月）乙酉，上成服于殿幄，百官诣殿门进名奉慰。是日，殡温成皇后于奉先寺，辌车发引，由右升龙门出右掖门，升大升舆，设遣奠。"② 可知宋代帝后丧礼中仍用辌车，但载梓宫的辌辒车已经为大升舆所取代。

舆的形制，未见出土实物，但《司马氏书仪》卷八《丧仪四》"陈器"条："次大舆。"自注曰：

> 载柩者也，宜用轻坚木为格，尽能容柩，上施鳖甲盖。舆竿则宜强壮，多用新绲缠束，巨绲数道，撮角楼底缚于竿上，则可保无虞……略设帷荒花头等，不必繁华高大。若柩远行，则多以柿单覆籍舆之上下四旁，以御雨湿，绕以画布帷。龙虎舆，更无它饰。今世俗信舆夫之言，多以大木为舆，务高盛大其华饰，至不能出入大门。纸为幡花，缤纷塞路，徒欲夸示观者。殊不知舆重，大门多触碍，难进退，遇峻隘有倾覆。彼舆夫但欲用人多，取厚直，岂顾丧家之利害耶。③

大舆用轻坚木为框架，舆竿强壮，并缠以新绳索，既要求轻便，又保证牢固安全。长途抬柩还覆盖"柿单"防雨。舆有简单实用的，也有高大华丽的。舆夫为了取得较多的报酬，多用高大的舆，以便增加抬舆人数，则各种舆用人数不同，正如前揭《五代会要·丧葬下》御史台奏文中所说，有用十二人、八人、四人、二人等不同人数的舆。

《朱子家礼》卷四《丧礼》"治丧"条："大舆。"注曰：

> 古者柳车制度甚详，今不能然，但从俗为之，取其牢固平稳而已。其法用两长杠，杠上加伏兔附杠处，为圆凿别作小方床以载柩，足高二寸，旁立两柱，柱外施圆枘，令入凿中，长出其外，枘

---

① （清）徐松辑：《宋会要辑稿》第2册，礼三七之一五。
② （宋）李焘：《续资治通鉴长编》，中华书局1995年点校本，第4250页。
③ （宋）司马光：《司马氏书仪》，丛书集成初编本，第87—88页。

凿之间须极圆滑，以膏涂之，使其上下之际柩常适平，两柱近上，更为方凿加横扃，扃两头出柱外者更加小扃，杠两头施横杠，横杠上施短杠，短杠上或更加小杠，仍多作新麻大索以备扎缚，此皆切要实用，不可阙者。但如此制，而以衣覆棺，亦足以少华道路。或更欲加饰，则以竹为之格，以彩结之，上如撮蕉亭，施帷幔，四角垂流苏而已。然亦不可太高，恐多罣碍，不须太华，徒为观美。若道路远，绝不可为此虚饰，但多用油单裹柩，以防雨水而已。①

柳车即辁车。朱熹虽知柳车制度甚详，但也知其已不可行，只能从俗用大舆。在他看来，使用大舆的好处是牢固平稳。他对用舆的规定，同司马光相似，都是强调简单实用，杜绝虚饰，而在细节上说得更详细。舆由两长杠、伏兔、小方床、两柱、横杠、小杠等主要部件组成，有竹做的格（罩子），使用时还要配以捆缚的绳索，防雨的油单等物。

《古今图书集成》第711册《礼仪典》第八十卷所收《文公家礼丧礼图》有一幅"舆图"②，状如一个无罩的轿子，则是无格的舆。（图8）

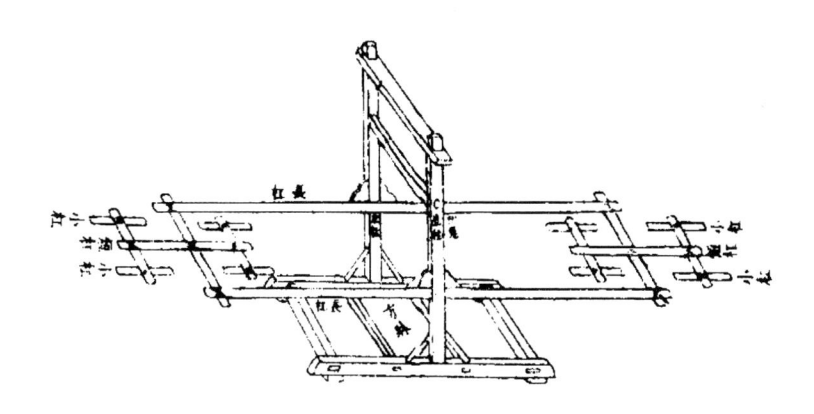

图8　《文公家礼丧礼图》中的舆图

---

① （宋）朱熹著，王燕均、王光照校点：《朱子家礼》，载朱杰人、严佐之，刘永翔主编《朱子全书》第7册，上海古籍出版社、安徽教育出版社2002年版，第917—918页。
② （清）陈梦雷编，蒋廷锡校订：《古今图书集成》，中华书局、巴蜀书社1985年影印本，第86479页。

《文公家礼》即《朱子家礼》。此舆图随《文公家礼》为朱熹门人和后世士人所继承。明唐铎《文公家礼会通》卷六"大舆"条附"大舆之图",还带有一个格。① 明丘濬《文公家礼仪节》卷五附有《大舆旧图》《大舆新图》《新制远行舆图》三种舆图,可见舆一直在使用中改进。该卷又附有《柩》图,描绘了十六人抬一个载柩的舆行进的场景。(图9)舆上均罩"竹格",朱格也列出旧式和新式两种图式。② 清徐乾学《读礼通考》卷九六《丧具二》"大升舆"条后也附有"大舆""邱琼山(即丘濬)大舆新图""邱琼山新制远行舆图"三幅舆图,其"图说"全引前揭朱熹《家礼》"大舆"条注文。③ 而《明集礼》卷三七"大舆"条,也全用《家礼》之说。④ 可见《司马氏书仪》及《朱子家礼》之后,大舆之制已经成为定制,完全取代了唐代之前的辒车之制。

图9　丘濬《文公家礼仪节》所附柩图

---

① (明)唐铎:《文公家礼会通》,景泰元年(1450)金陵汤氏执中堂刊本。
② (明)丘濬:《文公家礼仪节》,正德十三年(1518)常州府重刻本。
③ (清)徐乾学:《读礼通考》,光绪七年江苏书局本。
④ (明)徐一夔等撰:《明集礼》,文津阁《四库全书》,商务印书馆2005年版,第216册,第693页。

虽然宋代以后诗、文中也常使用辆车一词，但多是用典，并不是古代的四轮辆车。宋梅尧臣《随州钱相公挽歌三首》之二曰，"昔日伤归国，今朝叹举辆"①，使用了举辆一词，而不是挽辆，仍透露出抬棺的习俗。

清末民初，由于照相机传入中国，慈禧太后、光绪帝、隆裕太后、黎元洪等社会最上层人物的丧礼场面已经有了照片记录，为我们提供了难得的图像史料。光绪帝于光绪三十四年（1908）病逝，宣统元年（1909）葬崇陵。一组拍摄于宣统元年三月十二日的照片，记录了光绪帝梓宫从北京奉移西陵梁各庄行宫时北京城内的送殡情景，其中有三张盖有纪念戳的光绪帝大葬明信片，显示了光绪皇帝用的皇杠为128人，四角各用32名杠夫。②（图10）抬皇杠的场面与《柩图》中抬舆的方式相同，唯更豪华宏大而已。

图10　清光绪帝皇杠

---

① （宋）梅尧臣：《宛陵集》卷3，文津阁《四库全书》，商务印书馆2005年版，第367册，第310页。
② 中国国家博物馆编：《中国国家博物馆馆藏文物研究丛书·历史图片卷》，上海古籍出版社2006年版，第127页。

上篇 丧葬艺术与礼俗

光绪帝皇后叶赫那拉氏·静芬,在宣统即位后,被尊为皇太后,上徽号"隆裕",民国二年(1913)病逝。隆裕太后梓宫于1913年4月3日奉移梁各庄行宫暂安,1913年12月崇陵竣工后与光绪帝合葬。一组照片记录了1913年4月3日隆裕太后梓宫从紫禁城皇宫奉移河北梁各庄行宫时的情景,其中的一张记录了停丧时的场景,梓宫下一侧露出的两个轮子,另一侧应还有两个轮子,据照片上文字说明为辀车。(图11)梓宫奉迁使用了九十六人的皇杠,四角各用二十四名杠夫。梓宫用皇杠抬至前门火车站,乘专列运往梁各庄。另一张照片记录了梓宫到达梁各庄后从专列上卸下的场景,也是靠带轮子的辀车沿站台斜桥引出。[①]图片中的辀车,从其用途上看,实际上相当于辀车,辀车的功能已经被皇杠取代。

图11 清隆裕太后梓宫

① 中国国家博物馆编:《中国国家博物馆馆藏文物研究丛书·历史图片卷》,第132、135页。

（二）从车到轝变化的原因

从辌车载柩到异棺的变化，主要可能因为抬棺比较方便稳妥，也不太受道路的影响。以人抬棺和以车载棺相比，更容易掌控棺柩的平衡。尤其是轝的小方床"旁立两柱，柱外施圆枘，令入凿中，长出其外，枘凿之间须极圆滑，以膏涂之，使其上下之际柩常适平"，即轝的双长杠和两柱的连接是活动的，如同轴承，不管上坡下坡，由于重力作用，棺柩都能自动调整到水平状态。这样的效果体现出了对尸体的尊重。抬轝时棺柩不着地，即使遇见崎岖不平或者泥泞的路面，人都容易走过去。而辌车以轮着地而行，就比较容易受道路影响。《五代会要》卷九《丧葬下》载：

> 后唐长兴二年十二月二十六日，御史台奏：
> 先奉敕，前守亳州谯县主簿卢茂谦进策内一事。窃见京城内偶遭凶丧者，身不居于爵禄，葬有碍于条流，须使鳖甲车葬送者，事虽该于往制，敕已著于前文。或值炎郁所拘，偶缘留驻，利便须期于时日，贫穷旋俟于告投。停日既多，茔园又远，伏讫特伏所司，别令详定，权免鳖甲车送葬者。
> 奉敕："送葬之仪，虽防越制；令文之设，亦许便时。其或候历炎天，事从远日，停留既久，迁送有期，车中便苦于撼摇，陌上可量于凶秽。人情所病，物议佥同，宜在酌中，庶成恻隐，应丧葬自五品以下至庶人，自春夏秋，宜并许第等置轝，其余仪式，一切仍旧。兼丧车亦不全废，如要令陈于灵舆之前。其轝大小制度及结络遮蔽，所使匹帛颜色并擎舁人数次第，仍令御史台详核，据品秩等级，士庶高低，各定规制施行。兼空城内，旧制比无居人，近日许人户逐便居止，或有丧死，旋须迁送。其出时并舆遣次第，亦可稳便制置，务在得宜者。"①

可知，使用鳖甲车送葬，不但车中"苦于撼摇"，不利于茔园较远

---

① （宋）王溥：《五代会要》，上海古籍出版社1978年版，第141—142页。

之家，如果遇见天气炎热的季节，相对密闭的鳖甲车更不方便。了解下情的前守亳州谯县主簿卢茂谦进策，请权免鳖甲车送葬，才使统治者下敕，令春夏秋三季五品以下至庶民有丧葬者可按等级置舆送葬。但即使如此，丧车仍然没有完全废除，需要象征性地摆在送葬队伍的灵舆之后。而冬季送丧者，也许还要使用鳖甲车。

  从心理上来说，人们都希望亲友的灵柩能够稳妥地到达墓地入葬，因此逐渐选择了抬棺送葬的方式。和北宋以后人们对墓葬和棺椁的密闭性要求一样，抬舆出殡表现了近世社会人们对丧葬的更深入的思考，更能体现孝道的不再是丰厚的随葬品，而是对亲人遗体的关心和严密保护。

  另外，从辒车载柩到人舁棺的变化，可能跟古人的出行方式的变化也有关系。唐宋之际，正是出行工具从乘车变为骑马和乘檐子（轿子）的时期。魏晋之后，士人多有乘肩舆出行者。如《晋书·王导传》："会三月上巳，帝亲观禊，乘肩舆，具威仪。"[①]《晋书》卷八〇《王献之传》："尝经吴郡，闻顾辟强有名园。先不相识，乘平肩舆径入。时辟彊方集宾友，而献之游历既毕，傍若无人。"[②] 肩舆之外又有腰舆，靠舆夫臂力抬起，抬起高度仅及腰部。早期的肩舆和腰舆没有罩，出行时可以左右观看。隋唐以后多有檐子，上有封闭的罩子。唐代新城长公主墓道壁画中绘有檐子图，为庑殿顶建筑形式，前后共四个舁夫。[③] 李茂贞夫人墓"庭院"东西壁分别有砖雕"二人轿子图"和"八人轿子图"，表现了二人抬和八人抬的两种不同类型的轿子。二人抬轿子仅有一根杠，穿过轿子上部中央。八人抬的轿子有两根长杠，分别固定在轿子两侧上部。[④] 至唐代中期，檐子的使用已经制度化了。《新唐书》卷二四《车服志》："初，妇人施冪䍦以蔽身，永徽中，始用帷冒，施裙及颈，坐檐以代乘车。……文宗即位，以四方车服僭奢，下诏准仪制令，品秩勋劳为等级。……外命妇一品、二品、三品乘金铜饰犊车，檐

[①] 《晋书》卷65《王导传》，中华书局1974年点校本，第1745页。
[②] 《晋书》卷80《王献之传》，中华书局1974年点校本，第2105页。
[③] 陕西省考古研究所等：《唐新城长公主墓发掘报告》，科学出版社2004年版，第75—77页。
[④] 宝鸡市考古研究所：《五代李茂贞夫妇墓》，科学出版社2008年版，第45—47页。

舁以八人，三品舁以六人；四品、五品乘白铜饰犊车，檐舁以四人；胥吏、商贾之妻老者乘苇軬车，兜笼舁以二人。……开成末，定制：宰相、三公、师保、尚书令、仆射、诸司长官及致仕官，疾病许乘檐，如汉、魏载舆、步舆之制，三品以上官及刺史，有疾暂乘，不得舍驿。"①《新五代史》卷二八《卢程传》："程、革拜命之日，肩舆导从，喧呼道中。庄宗闻其声以问左右，对曰：'宰相檐子入门。'"②到宋代以后檐子不再是上层社会的专利，平民出行也可以乘坐。现实生活中的出行方式的变化，影响到丧葬礼仪中载棺丧具，因而舆逐渐取代了辀车。

三　宋儒之礼的传统

宋代儒家士大夫所定之凶礼，大致仿照古礼并结合现实情况而简化，不固守古礼条文，通达时变，礼俗结合，既能继承古礼的精神，又能适应社会变化。以招魂的"复"为例。唐代"复"的仪式很复杂。《通典》卷一三八《开元礼纂类三十三·凶礼五》载"三品以上丧（四品以下至庶人附）"：

> 复于正寝。复者三人（四品五品则二人）。皆常服，以死者之上服左荷之，升自前东霤，（六品以下则升自前东荣）。当屋履危，北面西上。左执领，右执腰，招以左。每招，长声呼某复。三呼而止，以衣投于前，承之以箧，（六品以下以箱）升自阼阶，入以覆尸。复者撤舍西北厞，降自后西霤。（六品以下西荣，余同）复衣不以袭敛。乃设床。③

复者将死者上服从屋上抛下，另有人盛以箧箱，入以覆尸。而《司马氏书仪》卷五《丧仪一》"复"则简化为："侍者一人，以死者上服，

---

① （宋）欧阳修、宋祁：《新唐书》，中华书局1975年点校本，第541—532页。
② （宋）欧阳修撰，徐无党注：《新五代史》，中华书局1974年点校本，第304页。
③ （唐）杜佑：《通典》，中华书局1988年版，第3508页。

左执领，右执腰，就寝庭之南，北面招以衣，呼曰某人复。凡三呼，毕，卷衣入，覆于尸上。"① 复礼由一人完成，甚至不需要升上屋顶，只在寝庭之南面向北而复，省去了升降屋顶，投衣于前及承衣以箧、箱的过程。

朱子家礼卷四《丧礼》："复。"注曰："侍者一人，以死者上服尝经衣者，左执领，右执腰，升屋中霤，北面招以衣，三呼曰'某人复。'毕，卷衣，降，覆尸上。"② 虽然与司马光《书仪》之复礼相比，恢复了升屋中霤，但依然是由一个侍者完成，省去了投衣于前及承衣以箧的内容。

唐代官员分三品以上、四品五品、六品以下三个等级，按照唐代崇尚当朝冠冕的原则，"皇朝得五品官者皆升士流"③。五品官，是士庶的分界线，只有五品以上才能享受包括恩荫、免除赋役、子弟入国子学或太学等特权。《大唐开元礼》叙述唐代官员凶礼，也是分为三品以上、四品五品、六品以下三个等级，三个等级享用的葬具及明器数量、大小都不同。五品以上官员一般有爵位，有爵则有国。虽然不是实有其国，但丧礼中依然有"国门""国官"的存在。六品以下丧礼则无国官。如"卜宅兆"，三品以上丧和四品五品丧均为"出国门止哭"；六品以下丧为"出郭门止哭"。又如虞祭，三品以上丧和四品五品丧均为国官僚佐归修虞事，六品以下丧是祝先归修虞事。这些区别体现了唐代等级制度的严格。

宋代丧礼中丧主、护丧，多是亲人子弟为之，更多了一些家礼的因素，不但适合仕宦之家，也适合庶民之家。从《司马氏书仪》和《朱子家礼》中看不到唐代那种严格的等级制度存在，也看不到国官僚佐的参与，更多的是主人、主妇率家庭众丈夫、妇女的家庭礼仪活动。

《大唐开元礼》反映的是盛唐时代的礼仪，其礼文对后世礼制影响深远，已是众所周知的事实。而宋代官方所修礼书多不存，至今仍存的

---

① （宋）司马光：《司马氏书仪》，第48页。
② （宋）朱熹著，王燕均、王光照校点：《朱子家礼》，载朱杰人、严佐之，刘永翔主编《朱子全书》第七册，上海古籍出版社、安徽教育出版社2002年版，第902页。
③ 《旧唐书》卷82《李义府传》，中华书局1975年点校本，第2769页。

宋徽宗时所修《政和五礼新仪》就是在开元礼的基础上修订的。《政和五礼新仪》卷二一五至二一七为品官丧仪，卷二一八至二二〇为庶人丧仪①。通观《政和五礼新仪》的品官凶礼，可见其基本结构与《通典·开元礼纂类》的凶礼相同，而又在《通典》的基础上进行简化。开元礼凶礼分三品以上、四品五品、六品以下三个等级，《政和五礼新仪》中品官丧仪主要是沿袭其中四品五品以下的凶礼。从其专门为庶民制作丧礼，且分量与品官丧礼相同这一点看，《政和五礼新仪》反映了宋代庶民地位相对提高的现实。但唐宋之间发生了一些巨大的变化，如起居方式的变化导致的桌椅等高家具的使用，死者画像的使用，舆的使用等，《政和五礼新仪》基本没有体现这些变化，仍然在重复着开元礼中的一套名词。因此政和礼只是一部停留在纸面上的礼典，实用价值不大。而宋儒所定的家礼如《司马氏书仪》和《朱子家礼》等，才是真正有生命力和影响力的礼书。

《朱子家礼》卷四"治丧"："三月而葬，前期择地之可葬者。"注曰：

> 司马公曰："古者天子七月，诸侯五月，大夫三月，士逾月而葬。今五服年月，敕王公以下，皆三月而葬。然世俗信葬师之说，既择年月日时，又择山水形式，以为子孙贫富贵贱，贤愚寿夭，尽系于此，而其为术又多不同，争论纷纭，无时可决，至有终身不葬，或累世不葬，或子孙衰替，忘失处所，遂弃捐不葬者，正使殡葬实能致人祸福，为子孙者，亦岂忍其亲臭腐暴露，而自求其利耶？悖礼伤义，无过于此。然孝子之心，虑患深远，恐浅则为人所抇，深则湿润速朽，故必求土厚水深之地而葬之，所以不可不择也。"或曰：家贫乡远，不能归葬，则如之何？公曰："子游问丧具，夫子曰：称家之有无。子游曰：有亡乌乎齐？夫子曰：有，亡过礼。苟亡矣，敛手足形，还葬，悬棺而窆，人岂有非之者哉。昔廉范千里负丧，郭原平自卖营墓，岂待丰富然后葬其亲哉？在礼，

---

① 参见（宋）郑居中《政和五礼新仪》，文津阁《四库全书》，商务印书馆2005年版，第216册，第316—325页。

未葬不变服,食粥,居庐,寝苫枕块,盖闵亲之未有所归,故寝食不安,奈何舍之出游,食稻衣锦,不知其何以为心哉。世人又有游宦没于远方,子孙火焚其柩,收烬归葬者。夫孝子爱亲之肌体,故敛而藏之,残毁他人之尸,在律犹严,况子孙乃悖谬如此。其始盖出于羌胡之俗,浸染中华,行之既久,习以为常,见者恬然,曾莫之怪,岂不哀哉!延陵季子适齐,其子死,葬于嬴博之间,孔子以为合礼。必也不能归葬,葬于其地可也,岂不犹愈于焚之哉!"程子曰:"卜其宅兆,卜其地之美恶也,非阴阳家所谓福祸者也。地之美,则其神灵安,其子孙盛。若培拥其根而枝叶茂,理固然美。地之恶者则反是。然则曷谓地之美者?土色之光润,草木之茂盛,乃其验也。父祖子孙同气,彼安则此安,彼危则此危,亦其理也。而拘忌者惑于择地之方位,决日之吉凶,不亦泥乎?甚者不以奉先为计,而专以利后为虑,尤非孝子安厝之用心也。惟五患者不得不谨,须使它日不为道路,不为城郭,不为沟池,不为贵势所夺,不为耕犁所及也。"一本云"所谓五患者,沟、渠、道路、避村落,远井窖"。愚按,古者葬地葬日皆决于卜筮,今人不晓占法,且从俗择之可也。①

关于择葬地,朱熹继承了司马光和程颐之说。世俗信葬师之说,择葬日葬地,至有终身不葬,或累世不葬,甚至遂弃捐不葬者。司马光认为"悖礼伤义,无过于此"。但他又同意孝子选择"土厚水深之地"葬其亲,理由是"孝子之心,虑患深远,恐浅则为人所抇,深则湿润速朽"。显然司马光纯粹是从保护尸体的角度,而不是从世俗之"子孙贫富贵贱,贤愚寿夭,尽系于此"的角度考虑的。程颐也不同意阴阳家所说的卜宅兆关系子孙福祸的观点,而是认为父祖子孙同气,土色光润、草木茂盛的美地可以使死者神灵安稳,神灵安则子孙安。他又提出择葬地须防"五患",也是从保护尸体安稳的角度考虑的。朱熹则认为今人不懂古代卜筮之法,择地从俗即可。

---

① (宋)朱熹著,王燕均、王光照校点:《朱子家礼》,载朱杰人、严佐之,刘永翔主编《朱子全书》第7册,上海古籍出版社、安徽教育出版社2002年版,第914—916页。

宋代受到佛教影响，加上无地贫民的增多，选择火葬的丧家很多。也有"游宦没于远方，子孙火焚其柩，收烬归葬者"。对此司马光站在儒家立场上持批判态度，认为孝子应该爱亲之肌体，施行土葬。对于确实不能归葬者，可以葬于当地，而不应该火焚后归葬。

魏晋南北朝时期，是士族占统治地位的社会。士族的政治地位由九品官人法保证，选举由乡里，故士族最重郡望。士族死后，一般葬入祖茔。如果因故死于外地不能马上归葬，也可以葬于当地，但称权厝，表示将来仍要归葬祖茔。西晋五胡乱华之后，中原士民流播江南，建立政权。在很长一段时间内，东晋士族仍不忘恢复故土，他们死后葬于当地，多称为权厝。隋唐时期，国家统一，士人出仕的地域范围更广。从出土墓志资料来看，死于外地者基本上仍然坚持归葬祖茔。宋代人口的流动性增加，且有出仕避本籍的规定，异地仕宦成为常态，故葬俗也不得不适应现实而变化。司马光提出"必也不能归葬，葬于其地可也"，显示了宋朝士人归葬观念的变化。宋代科举制度已经比较成熟，士人可以经过个人努力，通过科举进入仕途，对于家族的依赖也相对减弱了。归葬观念的变化是否与此有关，也值得考虑。

司马光、程颐、朱熹三人对于择葬地的看法，可以说代表了宋代士人的观点。其重要的特征是从俗、理性和重视尸体的保护。

明代丘濬在《文公家礼仪节·序》中说：

> 汉魏以来，王朝郡国之礼虽或有所施行，而民庶之家则荡然无余矣。士夫之好礼者，在唐有孟诜，在宋有韩琦，诸人虽或有所著述，然皆略而未备，驳而未纯。文公先生因温公《书仪》，参以程张二家之说，而为《家礼》一书，实为万世人家通行之典也。……询其所以不行之故，咸曰礼文深奥，而其事未易以行也。是以不揆愚陋，窃取文公家礼本注，约为仪节，而易以浅近之言，使人易晓而可行，将以均诸乡浅学之士。①

---

① （明）丘濬：《文公家礼仪节》，正德十三年（1518）常州府重刊本。

明代士大夫认为朱熹上承司马光,二程、张载,而下影响于当时。明代士大夫又对朱子家礼以浅近之文进行注解,推广于乡间,推进了礼制向下层社会的普及。清人徐乾学《读礼通考》卷一〇一《变礼一》列《礼记》至《明会典》奔丧礼文,最后论曰:

> 乾学案:古之仕者不出本国,故闻丧得以即奔,其或奉使他国而闻丧,则《聘礼》篇末特有他国遭丧之礼,亦未能即奔也。后世仕宦之人,非京师则四方,或苦于办装之不时,或苦于官守之拘系,则经月逾时而不奔者,比比有之。若是,则始闻丧之时不得不设位矣。既设位,则不得不致奠矣。既设位致奠,则不得不成服矣。此理之必然,而情之不容已也。虽又哭、三哭诸节,未能如古人之具备,而擗踊号泣之时,其可无所凭依以致哀哉?或曰:"古之为位非死者之神位也,且礼明言,为位不奠,而今欲设位致奠,不亦大远于礼乎?"曰:为位而哭,愚固知生者之哭位,而非死者之神位也。然张子,大儒,谓亦有神位,而温公、文公之书,皆设椅以代尸柩,则今之闻丧而设位者,亦何害于礼与?古不设神位,愚固知无致奠之礼矣。然张子又言:"为位不奠,谓之不祭,则不可,但不如丧之久奠。"温公、文公亦谓丧侧无人则设奠,是先儒固许其奠矣。今之闻丧而致奠者,亦何害于礼与。盖礼有先王之礼,有先儒之礼。先王之礼久不行于后世矣,先儒之礼犹可行于今日。则设位致奠诸事未始非守先儒之礼也。①

闻丧而不能奔丧者设位祭奠,固守古礼者认为是违礼之举。徐乾学虽知古无致奠之礼,但引北宋张载、司马光、南宋朱熹等先儒之论,认为闻丧设位祭奠无害于礼。并指出礼有先王之礼,有先儒之礼。先王之礼已不可行,而先儒之礼仍可行,设位致奠是守先儒之礼。先儒之礼,即宋儒制定的礼。徐乾学尊崇司马光、程朱、张载,与明代士大夫一脉相承。可见从司马光至朱熹而形成的宋代礼学,对

---

① (清)徐乾学:《读礼通考》,光绪七年江苏书局本。

后世影响之深。

宋儒所定之礼，基于古礼的框架，融入生活的细节，能够被士庶各阶层接受，并传承下去，因而形成后世所称道的先儒之礼的传统。宋儒这种不迷信古礼，结合现实情况制礼的立场，也正是宋学的特征。宋代丧葬礼仪上承唐代，但与唐代的区别又相当明显，下影响到明清，而与明清礼仪基本相同。日本史学家内藤湖南已降的京都学派将宋代以后至明清，称为中国的近世社会，从丧葬礼仪的角度来看，是基本符合实际情况的。

（未刊稿）

唐五代时期的凶肆与丧葬行业组织

　　丧葬礼仪非常复杂，需要很多相关的葬具、明器和仪仗用具，凶肆就是适应这种需求而产生的。凶肆，是指出售、租赁丧葬用品，提供丧葬服务的店铺，通常既可指单个的店铺，又可指同类店铺聚集之处。虽然"凶肆"一词始见于唐代，但出售丧葬用品的店铺出现得很早。东周时期商品经济发达，城中出现了市。①。从春秋中晚期开始，很多地区的中小型墓葬普遍随葬大量的仿铜陶礼器，②这些仿铜陶礼器很多规格一致，可能是从市中购买的商品，市中可能已经存在出售丧葬用品的肆。在传世的秦汉陶文中常常可见到一种"某亭""某市"的戳记，1994年后发掘的东周至秦汉时期的遗址和墓葬中，也发现许多带有同类戳记的陶器和陶片，如三门峡市秦汉墓所出印"陕亭"与"陕市"戳记的绳纹陶罐，这种戳记当为某地之"亭""市"制品的标记。③ 据《汉书·原涉传》载："涉乃侧席而坐，削牍为疏，具记衣被棺木，下至饭含之物，分付诸客。诸客奔走市买，至日昳皆会。"④《后汉书·梁冀传》载：袁著为避梁冀追捕，"乃变易姓名，后托病伪死，结蒲为人，市棺殡送"⑤。《后汉书·方术列传上》载：

---

① 参见裘锡圭《战国文字中的"市"》，《考古学报》1980年第3期。
② 刘兰华：《从墓葬出土陶器的变化看商周两汉时期丧葬文化的演变》，《景德镇陶瓷》1994年第1期。
③ 俞伟超：《秦汉的"亭"、"市"陶文》，载《先秦两汉考古学论集》，文物出版社1985年版，第132页。
④《汉书》卷92《原涉传》，中华书局1962年标点本，第3716页。
⑤《后汉书》卷34《梁冀传》，中华书局1965年标点本，第1184页。

郭凤"先自知死期，豫令弟子市棺敛具，至其日而终"①。以上史料说明，至迟在秦汉时期，从棺椁葬具，到殓葬、饭含、随葬用品，都可以在市中买到了。

凶肆性质的聚落，在北魏就已经存在。据《洛阳伽蓝记》卷四载：北魏洛阳城西阳门外四里御道南，有洛阳大市，周回八里。"市北有慈孝、奉终二里，里内之人以卖棺椁为业，赁輀车为事。有挽歌孙岩，娶妻三年，妻不脱衣而卧，岩因怪之，伺其睡，阴解其衣，有毛长三尺，似野狐尾，岩惧而出之"②。慈孝、奉终二里内之人经营丧葬行业，不仅有出售棺椁和租赁輀车者，还有专门唱挽歌者，与唐代凶肆内的情况已经很相似。北魏慈孝、奉终二里可以说是唐代凶肆的前身。

一 唐五代时期凶肆概况

关于唐代凶肆，最为人熟知的是唐白行简《李娃传》中所载的长安城凶肆。据《太平广记》所收《李娃传》，唐天宝年间，郑生到长安应举，居住在位于皇城西的布政坊，一次访友途中，在平康坊鸣珂曲见到李娃，为其美色吸引，与其同居了一年，钱财荡尽后被设计抛弃，只好回到布政坊的邸店中借宿，由于心生怨愤，绝食三日，遘疾甚笃。"邸主惧其不起，徙之于凶肆之中。绵缀移时，合肆之人，共伤叹而互饲之。后稍愈，杖而能起。由是凶肆日假之，令执绋帷，获其直以自给。"后来郑生因善唱挽歌，在东西二凶肆之争中助东肆取胜。③

丰邑坊是长安城西墙南门延平门内大街北第一坊，位于西市西南。宋敏求《长安志》卷一〇"丰邑坊"条注曰："南街西出通延平门，此坊多假赁方相、輀车、送丧之具。"④ 太平广记卷二六〇《房姓

---

① 《后汉书》卷82上《方术列传上》，中华书局1965年标点本，第2715页。
② （魏）杨衒之撰，周祖谟校释：《洛阳伽蓝记校释》，中华书局1963年版，第160页。
③ （宋）李昉等编：《太平广记》卷484，中华书局1961年版，第3985—3991页。
④ （宋）宋敏求：《长安志》，中华书局1991年版，第140页。

人》引《启颜录》曰:"唐有房姓人,好矜门第,但有姓房为官,必认云亲属,知识疾其如此,乃谓之曰:丰邑公相(注曰:丰邑坊在上都,是凶肆,出方相也)是君何亲?曰:是某乙再从伯父。人大笑曰:君既是方相侄儿,只堪吓鬼。"①则长安丰邑坊有凶肆。清人徐松认为《李娃传》中的西肆就是丰邑坊。他在《唐两京城坊考》中注道:"按《李娃传》:凶肆有东肆、西肆。传言各阅所俑之器于天门街,则西肆在街西,东肆在街东,西肆当即丰邑,未知东肆是何坊,俟考。"②

日本学者妹尾达彦认为,天门街西有两个凶肆,一个在丰邑坊,另一个在西市内。③ 1975年,在发掘长安城西市西大街遗址中部时,发掘者发现了唐后期的残陶俑和陶俑头部,宿白先生推测该处可能属于凶肆遗址。④ 西市位于布政坊西南,与布政坊隔街斜对。郑生在布政坊病倒,被邸主送到凶肆,邸主应该不会舍近求远,绕过西市将其送到西市西南的丰邑坊,因此该凶肆可能是西市内的凶肆。虽然东肆的位置不明,但应与西肆相似,也位于东市内或东市附近。

由于史籍对凶肆的记载往往语焉不详,其内部的经营方式和组织模式只能大略推知。唐、五代的凶肆主要从事三个方面的经营:商品出售、器具租赁和提供劳动力服务。

凶肆向丧葬之家出售的商品有棺椁葬具、随葬明器及其他一次性的丧葬用品。棺是墓葬中不可缺少的葬具。《清异录》载:"天成、开运以来,俗尚巨棺,有停之中寝,人立两边不相见者,凶肆号布漆山。"⑤ 天成(926—930)为后唐明宗李嗣源的年号,开运(944—946)为后晋出帝石重贵的年号,巨棺高可过人,可见五代时期凶肆

---

① (宋)李昉等编:《太平广记》卷260,第2027页。
② (清)徐松撰,张穆校补,方严点校:《唐两京城坊考》卷4,中华书局1985年版,第126页。
③ [日]妹尾达彦著,宋金文译,周蕴石校:《唐代后期的长安与传奇小说——以〈李娃传〉的分析为中心》,载刘俊文主编《日本中青年学者论中古史(六朝隋唐卷)》,上海古籍出版社1995年版,第530页。
④ 宿白:《隋唐长安城和洛阳城》,《考古》1978年第6期。
⑤ (宋)陶谷:《清异录》,《宋元笔记小说大观》第1册,上海古籍出版社2007年版,第137页。

出售的葬具规格之高。

墓葬中除了随葬墓主生前使用的物品外，还根据墓主地位高下，随葬数量和尺寸不等的明器，如镇墓兽、人物俑、模型明器。唐代负责丧葬器物制造的官署有将作监的左校署和甄官署，其中左校署主管棺椁等木质葬具和明器，甄官署主管石、陶质料的地面石刻和随葬陶器、陶俑等。《唐六典》卷二三《将作监》"左校署"条载："凡乐县篅虡，兵杖器械，及丧葬仪制，诸司什物，皆供焉。"文后又自注曰："丧仪谓棺椁、明器之属。"[1]同卷"甄官署"条载："甄官令掌供琢石、陶土之事；丞为之贰。凡石作之类，有石磬、石人、石兽、石柱、碑碣、碾硙，出有方土，用有物宜。凡砖瓦之作，瓶缶之器，大小高下，各有程准。凡丧葬则供其明器之属。"文后自注曰："别敕葬者供，余并私备。"[2]可见只有"别敕葬者"才能享受朝廷提供明器的待遇，其余官员丧葬使用的明器也要在凶肆中购买。长安西市遗址发现的陶俑，应该就是凶肆出售的商品。长安醴泉坊曾发现过烧造随葬品的唐三彩窑址，[3]应是为凶肆供货的陶瓷窑之一。棺椁葬具的使用也是如此，只有少数敕葬的高官由朝廷赐给左校署制造的棺椁，大部分官民仍要到凶肆中购买棺椁。五代时期凶肆中出售的巨棺"布漆山"，绝非普通平民所能购买，主要是为官宦富商之家制作的。

《新五代史·姚凯传》载："晋高祖立，罢凯为户部尚书。卒，年七十五，卒之日家无余赀，尸不能殓，官为赗赠乃能殓，闻者哀怜之。"[4]姚凯卒后，靠朝廷赗赠才得以殓葬。赗赠是赠予谷物钱帛，姚凯的家人要持朝廷赗赠的财物到凶肆上购买凶器才能终其丧事。

除了一次性的丧葬用品外，丧礼中还需要不少威仪用具，如运送棺椁明器的车舆、代表威仪的翣扇等。这些器具有的可以重复使用，不需埋于墓中，凶肆的业务之一是出租这种威仪用具。《李娃传》记载长安东西"二肆之俑凶器者互争胜负，其东肆车舆皆奇丽，殆不

---

[1] （唐）李林甫等撰，陈仲夫点校：《唐六典》，中华书局1992年版，第596页。
[2] 同上书，第597页。
[3] 呼林贵、尹夏清、杜文：《西安新发现唐三彩作坊的属性初探》，《文物世界》2000年第1期。
[4] 《新五代史》卷55《姚凯传》，中华书局1974年版，第631页。

敌，唯哀挽劣焉"。后来两肆展示各自所俑之器于天门街，以较优劣，"自旦阅之，及亭午，历举轝舆威仪之具"。这些轝舆威仪之具，即是凶肆用来出租盈利的。至北宋时，凶器租赁市场已经非常成熟。《东京梦华录》卷四"杂赁"条载："若凶事出殡，自上而下，凶肆各有体例。如方相、车舆、结络、彩帛，皆有定价，不须劳力。"① 唐五代凶肆中不同的威仪用具，也应有相应的租赁价格。

除了出售商品和租赁器具，凶肆还为丧家提供抬棺、执器、挽丧车及唱挽歌的人力。《李娃传》中，郑生被邸主送到凶肆中，病稍愈后，"凶肆日假之，令执绋帷获其直以自给"。长安东、西二凶肆展示的项目中除了车舆等威仪用具外，还有挽歌。唱挽歌者，一般是以挽丧车者兼任。郑生因唱挽歌"曲尽其妙，虽长安无有伦比"，才被东肆长发现并高薪聘请。

唐代的丧葬仪式，基本上与古礼相似，起殡之后，要将棺柩抬到辒车上，运至墓地。抬棺仅限于在家中把棺柩从殡处抬上辒车和在墓地把棺柩从辒车上抬下，② 不存在直接用人抬棺长途运送的情况。这种情况到五代时似乎有所改变。《旧五代史》卷九六《郑阮传》载：郑阮，洺州人也，后唐末帝时为赵州刺史，性贪浊，"尝以郡符取部内凶肆中人隶其籍者，遣之青州，舁丧至洺，郡人惮其远，愿输直百缗以免其行，阮本无丧，即受直放还"③。从青州至洺州，路途遥远，故凶肆中人不愿应役，可知此时已经出现用人舁丧的现象，但一般仅限于近处。

五代以后，长途舁丧就比较常见了。前揭宋人郭彖《睽车志》卷一载：

  越二日，贲竟卒。段氏悲悼，具棺衾敛之。贲兄居洛，段命

---

① （宋）孟元老撰，伊永文笺注：《东京梦华录》，中华书局2006年版，第410页。
② 参（唐）杜佑《通典》卷139《凶礼六》"引辒""辒出升车""到墓""下柩哭序"诸条（中华书局1988年版，第3538—3543页）。辒车形制为鳖甲形四轮车，山东微山县微山岛沟南村出土的汉代石椁画像石第三、四石上有一幅送葬图，图中有辒车形象。参见信立祥《汉代画像石综合研究》，文物出版社2000年版，第218页。
③ 《旧五代史》卷96，中华书局1976年标点本，第1274页。

凶肆数人舁棺送之，既举棺，辞不肯往，云："棺必无尸。某等业此久矣，凡人之肥瘠大小，若死之久近，举棺即知之。今此甚轻，是必假致他物，至彼或遭训诘。"段与之约曰："苟为累，吾自当之。"既至，兄果疑，发视，衣衾而已。段言其故，乃悟其尸解。①

凶肆中有舁棺者，长期从业，经验丰富，棺内尸体大小甚至死亡时间，举棺便知。京师开封府，距洛阳甚远，凶肆之人只是担心棺内无尸而遭训诘，并不是因路途遥远而拒绝舁送，自然是早已习惯了此类业务。运送棺柩，五代以前均用车，五代以后用人抬棺运送增多，甚至长途舁丧，一直到近代仍是如此，这是古代葬俗一个重大变化。

从《李娃传》的描述看，凶肆内部的组织结构中，有肆长、师，②有挽歌者及其前辈耆旧，有执缞帷、翣、扇、铎者等。凶肆中的主体应是各店铺的店主，即"二肆之赁凶器者"，他们是拥有资产的商人。师与挽歌者、执缞帷者等可能是技艺相传的师徒关系，他们是靠出卖劳动为生的阶层，统称"同党"。由于财力和经营品种的限制，不可能每个店铺都有一套人力班子。凶肆内的运作方式应该是根据各店铺的业务情况，调配劳动力，而统合商人和劳动力的是肆长。肆长可能是从财力雄厚的商人中产生的，负责凶肆的日常管理，代表凶肆组织活动等。

肆长在凶肆中扮演了重要的角色，需要对凶肆的管理和公共活动负起责任，这在《李娃传》描写的长安东西凶肆之争中表现得很明显：

其东肆长知生妙绝，乃醵钱二万索顾焉。其党耆旧，共较其

---

① （宋）郭彖：《睽车志》，《宋元笔记小说大观》第4册，第4078页。
② 郑生与其父相认后，其父以其混迹凶肆，有辱家门，在曲江杏园中将其鞭至数百而毙，幸其同党前往相救而得存活。《太平广记·李娃传》作："其师命相狎昵者阴随之，归告同党，共加伤叹，令二人赍苇席瘗焉。"（宋）曾慥《类说》卷28"汧国夫人传"条作："其凶师告同党往瘗焉。"（王汝清等：《类说校注》，福建人民出版社1996年版，第836页）可知"师"又称"凶师"。

所能者，阴教生新声，而相赞和，累旬，人莫知之。其二肆长相谓曰："我欲各阅所傭之器于天门街，以较优劣，不胜者，罚直五万，以备酒馔之用，可乎？"二肆许诺，乃邀立符契，署以保证，然后阅之。①

唐长安城内二凶肆大会是经常举行之事，双方都相互了解，故西肆之挽歌者"恃其夙胜"，以为东肆仍然不可能压倒己方。而东肆长知道郑生在歌唱方面的天赋，悄悄以高薪将他从西肆挖到东肆，请能者教其新声，并封锁消息，使"人莫知之"，最后将其作为秘密武器掷出，出奇制胜。这一过程中，东肆长因平时了解到郑生的才能，从而"索顾焉"，类似今日之"猎头"。雇用郑生的二万巨资靠"醵钱"得到。醵钱，即众人集资，出资方当然是东肆的各店铺。而西肆长在输掉比赛后"为众所消，益惭耻，密置所输之直于前，乃潜遁焉"。西肆长留下的五万钱应该也是在西肆醵集而来。

二市之争不仅是争一时之胜，更是长远的市场之争。胜出者能扩大自己的影响，争取到份额更大的丧葬业市场，获得更多的经济利益。肆长为了本肆的利益，平时要注意发现本行业潜在的优秀人才，并不惜巨资雇用。为了集体活动，肆长还有权向本肆店铺摊派费用和使用公共资金。可见，唐代凶肆内部的组织和运作已经非常成熟了。

二 凶肆中的丧葬行业组织与"行人"

至迟在晚唐时期，凶肆中出现了丧葬业的行业组织，称为"供作行"或"供造行"。据《唐会要》卷三八《葬》：

> 会昌元年（841）十一月，御史台奏请条流京城文武百寮及庶人丧葬事："……伏乞圣恩，宣下京兆府，令准此条流，宣示一切供作行人，散榜城市及诸城门，令知所守。如有违犯，先罪

---

① （宋）李昉等编：《太平广记》卷484，第3988页。

供造行人贾售之罪，庶其明器并用瓦木，永无僭差。"①

"供造行人"从事贾售明器，显然是凶肆中的店主。该奏文将"供作行人"与"供造行人"并称，似乎称呼尚不固定，然凶肆内出现了"行"和"行人"是可以肯定的。

《李娃传》中对凶肆的描述相当详细，尚无"行"的名称，而会昌元年奏文中已经出现"供作行人"和"供造行人"，那么供作行或供造行出现的时间，大约应在《李娃传》产生后至会昌元年之间。《李娃传》是一部9世纪初以长安街头艺人说唱的长篇故事《一枝花》为基础，经过文人压缩编写而成的文学作品，改写的时间一般认为是在9世纪初，②张政烺先生则认为白行简作《李娃传》的时间是在贞元十一年（795）。③那么，凶肆中可能在8世纪末至9世纪中期，产生了"行"。

五代时期有"葬作行"，应该是唐代"供作行"及"供造行"的延续。据《五代会要》卷九《丧葬下》载，后唐长兴二年（931）十二月二十六日，御史台奏：

> 今台司准敕追到两市葬作行人白望、李温等四十七人，责得状称：一件，于梁开平年中，应京城海例，不以高例及庶人使锦绣车舆，并是行人自将状于台巡判押。一件，至同光三年中，有敕著断锦绣，只使常式素车舆。其舆，稍有力百姓之家，十二人至八人，魂车、虚丧车、小舆子不定人数。或是贫下，四人至两人。回使素紫白绢带额遮帏，舆上使白粉埽木珠节子，上使白丝，其引魂车、小舆子使结麻网幕。后至天成三年中有敕，条流庶人断使舆，只令别造鳖甲车载，亦是紫油素物，至今行内见使

---

① （宋）王溥：《唐会要》卷38《葬》，上海古籍出版社1991年版，第816—817页。
② ［日］妹尾达彦著，宋金文译，周蕴石校：《唐代后期的长安与传奇小说——以〈李娃传〉的分析为中心》，载刘俊文主编《日本中青年学者论中古史（六朝隋唐卷）》，上海古籍出版社1995年版，第517页。
③ 张政烺：《一枝花话》，历史语言研究所集刊第20本下册，中华书局1987年版，第86页。

者。今台司按葬作人李温等通到状,并于令内及天成四年六月敕内详,稳便制置,定到五品至八品升朝官,六品至九品不升朝官等,及庶人丧葬仪制,谨具逐件如后。①

此段奏文之后,又按五品至六品升朝官、七品至八品升朝官、六品至九品不升朝官、庶人四个等级,分别叙述了各等级可使用的人数物色,即舁舆车的人数,威仪用具和随葬品的种类、数量和尺寸等内容。奏文中"海例""高例"之意殊难理解,推测"海例"可能是某种规定或惯例,"高例"当指与庶人等级接近的社会阶层。

御史台"追到两市葬作行人白望、李温等四十七人",并责得两状,这是为了解以前丧葬制度的相关情况,而向"葬作行人"进行查问并记录其供状。这四十七人明确属于"两市",则后唐时期,市中存在"葬作行",内有为数不少的"行人"。这些行人是丧葬行业组织的成员,同时也是凶肆的店主。因第一件行人供状提及梁开平年(907—911)中,"行人自将状于台巡判押",可知至迟到后梁开平年间,葬作行就已经存在了。御史台向行人查问后梁时的丧葬业情况,正是要吸取前朝的管理经验,制定本朝的政策。

御史台列举过上述五品升朝官至庶人四个等级的丧葬仪制后,又奏言:

> 已上每有丧葬,行人具所供行李单状,申知台巡,不使别给判状。如所供赁不依状内及逾制度,仍委两巡御史勒驱使官与金吾司并门司所由,同加觉察。如有违犯,追勘行人。请依天成二年(927)六月三十日敕文,行人徒二年,丧葬之家即不问罪者。②

---

① (宋)王溥:《五代会要》卷9《丧葬下》,上海古籍出版社1978年版,第142页。
② 同上书,第144页。

唐五代时称导从仪卫人员为"行李"①，与此义相关，行李又可指仪仗用具。葬作行人向台巡提供的行李单状，即是丧葬之家购买和租赁凶器的清单。

天成二年（927）敕文内容见《五代会要》卷八《丧葬上》。天成二年六月三十日，御史中丞卢文纪奏：

> 奉四月十四日敕："丧葬之仪，本防逾僭，若用锦绣，难抑奢豪。但人情皆重于送终，格令当存于通理，宜令御史台除锦绣外，并庶人丧葬，更检详前后敕格，仔细一一条件，分析奏闻。冀合人情，永著常令者。"令台司再举令文及故实条件如后。凡铭旌，三品已上长九尺，五品已上长八尺，六品已上长七尺⋯⋯凡丧葬皆有品第，恐或无知之人，妄称官秩，自今后除升朝官见任官亡殁外，余官去事前五日，须将告诰或敕牒于本巡使呈过判押文状，行人方可供应。佐命殊功，当朝立功，名传遐迩，特敕优旨，准会要例，本品数十分加三分，不得别为花饰。右具本朝旧本例如前，今后令两巡使，只据官秩品级与判状，其余一物以上，不得增加，兼勒驱使官，与金吾司并门司同力辖钤。如有大段逾越，即请据罪科断行人，兼不得追领丧葬之家，别有勘责。
>
> 奉敕：如过制度，不计尺寸事数，其假赁行人徒二年，丧葬之家即不问罪，仍付所司。②

后唐长兴四年（933）五月二十五日，御史中丞龙敏的奏文重申了天成二年敕令的规定：

> 京城士庶丧葬，近有起请条流，臣等参详，恐未允当。伏见天成二年敕内，事节分明。凡有丧葬，行人须禀定规，据其官秩

---

① 如《旧唐书》卷165《温造传》："臣闻元和、长庆中，中丞行李，不过半坊，今乃远至两坊，谓之'笼街喝道'，但以崇高自大，不思僭拟之嫌，若不纠绳，实亏彝典。"中华书局1975年标点本，第4316页。

② （宋）王溥：《五代会要》卷8《丧葬上》，第135—139页。

高卑，合使人数物色，先经本巡使判状，自后别有更改，不令巡使判状，只遣行人具其则例申台巡。今欲却勒行人，依旧先经两巡使判状，其品秩物色定制，不得辄违。别欲指挥行人，于丧葬之家，除已得本分工价钱外，保无内外邀难，乞觅文状，送到台巡，如有故违，必加惩责。①

据以上史料可知，除升朝官见任官外的其余官员亡殁后，购买或租赁丧葬用具，要提前五日将告谕或敕牒提交巡使判押文状，作为向行人购买或租赁"行李"的凭证。行人则要将租赁的清单提交给御史台巡使，巡使对清单进行审查，如果发现供赁出的"行李"与判状不符，僭越了制度规定，就要对行人处以徙二年的惩罚。

葬作行在五代丧葬制度的执行中承担了很大的责任，也发挥了重要的作用。行人要负责提供官府所需的情报，记录官民在丧葬礼仪中租赁的人数物色，并呈报御史台两巡使审查。行人为了避免丧家逾制罪及己身，只能对租售的丧葬用具的数量和等级进行限制，协助官府监督丧葬逾制情况。葬作行实际上承担了官府的一部分职能，这在唐代凶肆和供造行中是看不到的，反映了五代丧葬业的新情况。

《李娃传》中的郑生初在西肆谋生，后来东肆以重金将他挖走，并没有遇见任何阻拦，说明郑生在凶肆内仍有人身自由，他的同党应该大多是自由的雇佣劳动者。郑生混迹于凶肆，其父得知后怒斥他"志行若此，污辱吾门，何施面目，复相见也"，甚至不惜将其鞭打至死，可见凶肆中人的社会地位较低，为士族所不齿。前引《旧五代史·郑阮传》载郑阮为赵州刺史，"尝以郡符取部内凶肆中人隶其籍者，遣于青州，舁丧至洺"②，可能凶肆中有的人另有籍，有别于一般平民。

从唐到五代，行人一直为官民的丧葬逾制受惩罚，其地位明显低于一般平民。官府对逾制的丧葬之家，往往不予问罪，只追究工匠或行人的责任。后唐天成二年敕文既规定了行人的责任，还规定了发现

---

① （宋）王溥：《五代会要》卷9《丧葬下》，第144页。
② 《旧五代史》卷96《郑阮传》，第1274页。

130

丧葬逾制后对行人处以二年徒刑的惩罚措施。

此类规定唐代已有，如元和六年（811）十二月条流文武官及庶人丧葬，重订章程，"伏以丧葬条件明示所司，如五作及工匠之徒捉搦之后，自合准前后敕文科绳，所司不得更之。丧孝之家，妄有捉搦，只坐工人，亦不得句留，令过时日"①。又如会昌元年（841）十一月御史台奏疏："伏乞圣恩，宣下京兆府，令准此条流，宣示一切供作行人，散榜城市及诸城门，令知所守。如有违犯，先罪供造行人贾售之罪。"②

在唐代，五作工匠之徒丧葬违制，要依敕文科绳；丧孝之家违犯章程，却只惩罚工人、行人，或者首先归罪于行人。五代时只惩罚行人的规定与此是一脉相承的。厚葬虽然违制，却是儒家思想中"孝"的表现，如果因为厚葬而惩罚丧家，便有违崇尚孝道的精神。官府在处理这一矛盾时也有自己的考虑。《五代会要》卷八载后唐天成元年（926）御史台奏：

> ……今则凡是葬仪，动逾格物，但官中只行检察，在人情各尽孝思，徇彼称家之心，许便送终之礼。台司又难将孝子尽决严刑。只以供人例行书罚，以添助本司支费，兼缘设此防禁。比为权豪之家，多有违礼从厚，若贫穷下士，尚犹不便，送终必无僭礼，可以书罚。两京即是台司举行，诸州府即元无条例者。③

穷困之士，能够做到备礼而葬就很困难了，基本不存在僭越礼制的问题。违礼厚葬者都是权豪之家，要处罚他们恐怕是很难执行的。官府只好借口难以对孝子尽决严刑，而只处罚供应凶器的行人，一方面捞取办公费用，另一方面通过对葬作行的监督来控制丧葬用具的租赁，从而间接遏制丧葬逾制行为。

五代时期城市中还存在"伍作行"。据《太平广记》引五代王仁

---

① （宋）王溥：《唐会要》卷38《葬》，第814页。
② 同上书，第817页。
③ （宋）王溥：《五代会要》卷8《丧葬上》，第133页。

裕《玉堂闲话》"杀妻者"条：某人之妻为奸盗所杀，此人被妻族执入官丞，不胜严刑，乃自诬杀人，甘其一死。从事怀疑有冤情，"遍勘在城伍作行人，令各供通，近来应与人家安厝坟墓多少去处文状"①。元和六年条流文武官及庶人丧葬疏也提到了"五作及工匠之徒"②。其中"伍作"和"五作"，当即后世的"仵作"。仵作原是以代人殓葬为业的人，由于职业原因，也兼任官府中检验死伤的差役。③后唐天成元年十二月二十七日御史台奏：

> 今询访故事，准当司京兆按往例，凡京城内应有百姓死亡之家，只勒府县差人检验，如是军人，只委两军检勘，如是诸道经商客旅，即地界申户部，使差人检勘，仍诸司各具事由，及同检勘行人等姓名，申台及本巡察。④

其中负责检勘的"行人"，可能就是伍作行人。唐代元和时期，"五作"还只是与工匠并称，并未见有成行的迹象，而在成书于五代的《玉堂闲话》中，已经出现了伍作行人，仵作行出现的时间可能是在晚唐五代之际。与供作行、葬作行不同，伍作行只提供殓葬、勘验等服务，不出售和租赁丧葬用品。这种变化显示了晚唐五代之际，丧葬行业分工进一步细化的倾向。

三　凶肆与唐五代的社会变化

唐五代时期，社会各个领域都发生了显著的变化，凶肆的变化既是其中的一个方面，也与其他方面的变化息息相关。

首先，凶肆的发展得益于城市的发展。隋唐大一统的国家建立

---

① （宋）李昉等编：《太平广记》卷172，第1270页。
② （宋）王溥：《唐会要》卷38《葬》，第814页。
③ 参见杨奉琨《"仵作"小考》，《法学》1984年第7期；徐忠明《"仵作"源流考证》，《政法学刊》1996年第2期；崔勇、牛素娴《中国古代仵作人探究》，《社会科学论坛》2007年第9期。
④ （宋）王溥：《五代会要》卷8《丧葬上》，第133页。

后，不但长安、洛阳两京得以另址重建，各地区的主要城市也得到发展。长安、洛阳两京的规划，都是在居民区设立规划整齐的坊，外郭城内有专门的市，商人集中于市内经营。唐代继承了北魏洛阳城的传统，将凶肆集中设置在几个区域，纳入专门的坊内，如长安城的丰邑坊和西市，使凶肆成为唐代城市中一个特殊的聚落和空间。

魏晋南北朝时期士族虽然在城市中任官和居住，但仍然与家乡保持着紧密的联系，以乡村为根据地。[①] 城市虽然是政治、经济中心，但乡村的地位仍然重要，是士族生活的重心所在。隋唐时期改变了这种局面。"隋氏罢中正，选举不本乡曲，故里间无豪族，井邑无衣冠，人不土著，萃处京畿。"[②] 由于国家权力的伸张，士族纷纷走出乡村，向城市迁移，乡里社会对于迁徙到城市的士族来说已经不再如魏晋南北朝时期那样重要。毛汉光先生以《新唐书·宰相世系表》和碑志资料为基础，研究了唐代十姓十三家士族的迁移情况，指出大士族著房著支迁移的目标是两京一带。唐代官僚制度中的选制对地方人物产生巨大的吸引力，使郡姓大族疏离原籍，迁居两京，以便投身于官僚层。[③] 韩昇先生则进一步指出，除了天下名门，作为地方领袖的世家大族也出现了向城市迁徙的趋势。迁徙的目标不但有京城，还有地方的中心城市[④]。

首先，不但官僚士族向城市迁移，平民和工商业者也积极在城市中寻找机会。城市规模的扩大，需要相应的商业、服务业的扩张，以维持其日常运转，这导致了城市人口的迅速增长。唐长安城繁盛时居民达百万左右，这些人口主要居住在外郭城的坊市区。[⑤] 他们脱离了乡村，完全依靠城市生活，一旦有丧事，必然无法像在乡村社会那样

---

① 参见［日］谷川道雄《中国中世社会与共同体》第4编《六朝名望家统治的构想》，马彪译，中华书局2002年版，第307—311页。
② （唐）杜佑撰，王文锦等点校：《通典》卷17《选举五》，中华书局1988年版，第417页。
③ 毛汉光：《从士族籍贯迁移看唐代士族之中央化》，载《中国中古社会史论》，上海书店出版社2002年版，第333页。
④ 韩昇：《南北朝隋唐士族向城市的迁徙与社会变迁》，《历史研究》1999年第4期。
⑤ 宁欣：《转型期的唐宋都城：城市经济社会空间之拓展》，《学术月刊》2006年第5期。

可以得到乡里宗族的帮助，而只能依靠社会化的服务。城市的发展和城市人口的增加，给丧葬业提供了巨大的市场，凶肆正是在这种历史背景下发展起来的。

其次，凶肆的发展与商品经济本身的发展有关。由于商品经济的发展，隋唐时期工商业中出现了"行"。"行"是工商业者结成的行业组织，学者们一般将其视为行会。① 行的出现有利于同行业经营者之间的协调发展，避免恶性竞争，维护本行成员的利益。诸行各有行头，负责配合官府工作，检查行业内不法行为，处理日常事务，组织行内的活动。洛阳龙门石窟群残存有"北市䌽帛行净土堂""北市丝行像龛""北市香行社造像龛"三个商业窟，其中北市香行社造像龛内的题记为永昌元年（689）三月八日所刻，是现今所知较早的行会资料。② 北京房山区云居寺石经题记中有大量的唐代行会资料③，据张泽咸先生统计，纺织业有䌽帛行、大绢行、小彩行、小绢行、丝绵行、绢行、幞头行，另有米行（白米行、大米行、粳米行）、生铁行、炭行、磨行、肉行、油行、屠行、果子行、靴行、椒笋行、杂货行、染行、布行等。诸行年代大多在玄宗天宝至德宗贞元时。张泽咸先生还根据《周礼注疏》中贾公彦的疏文推断出，诸行设行头、行首的做法至迟在唐高宗永徽年间已经存在。④

丧葬业的行业组织，目前所知最早的是唐武宗时期的供作行、供造行，其出现时间晚于其他行，分工也没有其他行细致，未见根据具体的丧葬用品再细分的情况。总体来看，丧葬业中行的出现，和唐代工商业及行业组织的发展趋势是一致的。供作行和葬作行有责任协助官府监督丧葬制度的执行，与其他行配合官府的功能也是相同的。

此外，五代时期的葬作行参与监督官民丧葬，还与御史台的变化有关。据研究，与唐代相比，五代时期御史台职权范围更为广泛，所

---

① 参见全汉昇《中国行会制度史》，（台北）食货出版社1986年版，第29页；张泽咸《唐代工商业》，中国社会科学出版社1995年版，第345—351页；曲彦斌《行会史》，上海文艺出版社1999年版，第10—11页。

② 贾广兴：《龙门石窟群中的商业窟》，《中原文物》1989年第2期。

③ 北京图书馆金石组等编：《房山石经题记汇编》，书目文献出版社1987年版。

④ 张泽咸：《唐代工商业》，第346—347页。

负责的事务更加繁剧，还增加了许多御史台本职工作以外的事务。如道士有不法行为本应属祠部管辖，却转由御史台查禁。甚至妇女服饰异常宽博，民间丧葬规格逾制，民间不讲孝悌、不恭尊长等本属于地方府县管辖范围的事，也都要御史台出面查禁，御史台因此往往困于人手不足。① 因此，御史台必须较多地利用社会力量。

对于丧葬逾制的现象，自唐代就屡屡有官员上疏议论，《唐会要》卷三八《葬》中记载颇详。如太极元年（712）六月，右司郎中唐绍上疏曰：

> 臣闻王公以下，送终明器等物，具标格令，品秩高下，各有节文。孔子曰："明器者，备物而不可用，以刍灵者善，为俑者不仁。"传曰："俑者谓有面目机发，似于生人者也。以此而葬，殆将于殉，故曰不仁。"比者，王公百官竞为厚葬，偶人象马，雕饰如生，徒以炫耀路人，本不因心致礼。更相扇动，破产倾资，风俗流行，下兼士庶，若无禁制，奢侈日增。望请王公以下送葬明器，皆依令式，并陈于墓所，不得于衢路异行。②

此后，从元和三年（808）五月至会昌元年（841）十一月，京兆尹郑元修、浙西观察使李德裕及御史台曾先后就文武官员及庶人丧葬制度上疏。③

唐代上疏论丧葬制度者有御史台，还有尚书省右司郎中、京兆尹、地方观察使等，涉及的部门众多。而在五代，督察官民丧葬逾制主要是御史台的职责。当御史台发现行人呈上来的行李单状与判状不符合及逾制时，"仍委两巡御史勒驱使官与金吾司并门司所由，同加觉察。如有违犯，追勘行人"④。主要负责人是两巡御史，具体执行的是驱使官和金吾司、门司等官吏。御史台既要管辖日益繁杂的事务，

---

① 参见杜文玉《五代十国制度研究》，人民出版社2006年版，第156—158页。
② （宋）王溥：《唐会要》卷38《葬》，第810页。
③ 同上书，第812—816页
④ （宋）王溥：《五代会要》卷9《丧葬下》，第144页。

又没有足够的人手，只好依靠葬作行人来间接行使职能。

凶肆的发展和丧葬行业组织的产生，促进了丧葬的专业化，对丧葬礼俗也产生了一定的影响。凶肆是随葬品的集散地，从随葬品的商业化和模块化生产来看，同一地区的凶肆，会出售技术风格相同甚至是同一家手工作坊（或陶瓷窑）生产的明器，使得本地区同一时期墓葬的随葬品具有相同的特征，这在考古发现中也可以证实。随葬品的形制和风格可以作为无纪年墓葬断代的重要标准，通过与标准器的比较，确定随葬品的年代，进而推断墓葬的年代，已经成为考古学研究的常用方法。另外，丧葬习俗是由人来具体传承的，同一凶肆提供的丧葬服务，除了人数多寡，威仪用具繁简的区别外，基本的礼仪是相同的，执行者也是同一批人，这在一定程度上能促进同一地区葬俗的趋同化。凶肆内部的师徒传承关系，也有利于将丧葬礼俗延续下来。因此，在古代丧葬礼俗的研究中，凶肆的作用是不可不考虑的因素。

总之，唐五代时期的凶肆及凶肆中的丧葬行业组织在城市规模扩大、商品经济发展的历史背景下，适应丧葬礼俗的要求而得到前所未有的发展，并在丧葬礼仪的执行中发挥了相当重要的作用。探讨凶肆和丧葬行业组织的发展变化，对社会史、考古学的研究都有一定的意义。

（原载《暨南史学》第8辑，广西师范大学出版社2013年版）

唐代恭陵玄宫形制与关中墓葬因素

恭陵是唐高宗李治和武则天之子李弘的陵墓。李弘于显庆元年（656）被立为皇太子。"上元二年（675），太子从幸合璧宫，寻薨，年二十四。""其年，葬于缑氏县景山之恭陵，制度一准天子之礼，百官从权制三十六日降服。高宗亲为制《睿德纪》，并自书之于石，树于陵侧。"[1]

恭陵位于河南省偃师市缑氏镇滹沱岭上。陵园坐北朝南，平面正方形，边长440米，四周原有神墙，四角有角楼。四面神墙中部各置神门，门外阙楼台基尚存，阙台四周亦有砖墙围护。南神门宽30米，阙台南10米有石立狮一对，左右分列，相距54米。东、北、西三神门情况与此相同，唯改立狮为坐狮。神道在南神门外，宽50米。覆斗状陵台在陵园中部稍偏西，东西长150米，南北宽130米，残高22米。陵台东北50米处，有一方锥形土冢，即李弘之妃哀皇后陵。恭陵石刻除睿德纪碑一通外，还有石狮、石人、天马、望柱等共9对18件。[2]

前人已就恭陵陵园和石刻制度做了一些考古调查和研究。[3] 由于

---

[1] （后晋）刘昫等：《旧唐书》卷86《李弘传》，中华书局1975年版，第2830页。

[2] 中国社会科学院考古研究所河南第二工作队等：《唐恭陵实测纪要》，《考古》1986年第5期。

[3] 若是：《唐恭陵调查纪要》，《文物》1985年第4期；中国社会科学院考古研究所河南第二工作队等：《唐恭陵实测纪要》，《考古》1986年第5期；赵振华、王竹林：《东都唐恭陵》，《中国古都研究》（第20辑），山西人民出版社2005年版，第393—412页；赵振华、王竹林：《东都唐陵研究》，北京大学中国考古学研究中心等编《古代文明》（第4卷），文物出版社2005年版，第223—244页；沈睿文：《唐陵的布局、空间与秩序》，北京大学出版社2009年版，第29—32页。

恭陵未经考古发掘，其地下玄宫的形制尚不清楚。玄宫，是对"陵"级别墓葬的墓室的称呼。本文拟通过考察恭陵建造过程中发生的一起役人溃逃事件，对修陵役人问题和恭陵玄宫形制进行分析，并对其反映的唐前期关中地区墓葬形制对洛阳地区的影响进行探讨。

一 恭陵玄宫事件中的修陵役人

恭陵在工程临近结束时，曾因改拆玄宫导致役人溃逃。《唐会要》卷二一"诸陵杂录"载："孝敬皇帝恭陵，在河南府缑氏县界，上元二年八月十九日葬。初修陵，蒲州刺史李仲寂充使。将成，而以元宫狭小，不容送终之具，遽欲改拆之，留役滑、泽等州丁夫数千人，过期不遣。丁夫患苦，夜中投砖瓦，以击当作官，烧营而逃。遂遣司农卿韦机续成其功。机始于隧道左右，开便房四所，以贮明器，于是搏节礼物，校量功程，不改元宫，及期而就。"①

元宫，即玄宫。此事又载于《旧唐书·狄仁杰传》："时司农卿韦机兼领将作、少府二司，高宗以恭陵玄宫狭小，不容送终之具，遣机续成其功。机于埏之左右为便房四所。"②《新唐书·韦弘机传》也略载其事，唯韦机作韦弘机，李仲寂作李冲寂："太子弘薨，诏蒲州刺使李冲寂治陵，成而玄堂隘，不容终具，将更为之。役者过期不遣，众怨，夜烧营去。帝诏弘机嗣作，弘机令开程左右为四便房，搏制礼物，裁工程，不多改作，如期而办。"③

这一事件原本只是恭陵修建过程中的一个插曲，但却反映了洛阳地区皇族墓修建的一些细节，颇值得注意。恭陵欲改拆玄宫，按常理应优先使用洛阳本地丁夫，但却"留役滑、泽等州丁夫数千人"，而未提及本地丁夫，似乎恭陵并未使用本地丁夫。同位于洛阳的开元二十八年唐睿宗贵妃豆卢氏墓，墓内前甬道的一块券砖侧面上顺刻

---

① （宋）王溥：《唐会要》，中华书局1955年版，第417页。
② 《旧唐书》卷89《狄仁杰传》，第2886页。
③ （宋）欧阳修等：《新唐书》卷100《韦弘机传》，中华书局1975年版，第3944页。

"□□□都督府潞城县陈□"11字，字迹潦草，应是修墓工匠所刻。①潞城县，隋开皇十六年置，属潞州，治所即今山西潞城县。唐仍属潞州，天祐二年改为潞子县。《元和郡县图志》卷一五《河东道四》"潞州"条："开元十七年，以玄宗历试尝在此州，置大都督府。"②《太平寰宇记》卷四五《河东道六》"潞州"条："开元十七年以玄宗历职于此，置大都督府，管慈、仪、石、沁等四州。天宝元年改为上党郡。乾元元年改为潞州大都督府。"③乾元元年所改的潞州大都督府，应该就是恢复了开元十七年所置的大都督府名称，豆卢氏墓砖铭文所缺前三字应即"潞州大"。则豆卢氏墓和恭陵一样，都使用了河东地区的役人。由于京城工程繁多，两京地区民众的徭役负担也特别重。《唐大诏令集》卷三载武则天《改元光宅诏》曰："两京之所，徭赋实繁，亦令所司，作优量法。"同书卷四《改元载初赦》曰："洛州辇毂，徭役繁多。"④洛阳作为两京之一，本地丁夫不足，遇到修建陵墓这样的突发事件，只能临时从其他地区征发役人。河东道南部的泽州、潞州和河南道北部的滑州由于临近洛阳，成为洛阳地区征发役人的传统地区。这种跨"道"级地区的力役征发，只有朝廷才能做到，跨地区征发力役修建的墓葬，也必然是由朝廷诏葬的高级贵族墓葬。

大型墓葬的修建需要大量劳动力，往往通过公权力征发力役。《旧唐书·李义府传》载："义府寻请改葬其祖父，营墓于永康陵侧。三原令李孝节私课丁夫车牛，为其载土筑坟，昼夜不息。于是高陵、栎阳、富平、云阳、华原、同官、泾阳等七县以孝节之故，惧不得已，悉课丁车赴役。高陵令张敬业恭勤怯懦，不堪其劳，死于作所。"⑤李义府改葬祖父事，《旧唐书》本传系于龙朔二年之后，时李义府起复为司列太常伯、同东西台三品，依仗武后之势，为朝野所惧。其改葬祖父，属私人行为，本无权征发丁车，只是地方官或逢迎

---

① 洛阳市文物工作队：《唐睿宗贵妃豆卢氏墓发掘简报》，《文物》1995年第8期。
② （唐）李吉甫著，贺次君点校：《元和郡县图志》，中华书局1983年版，第417页。
③ （宋）乐史著，王文楚等点校：《太平寰宇记》，中华书局2007年版，第936页。
④ （宋）宋敏求编：《唐大诏令集》，中华书局2008年版，第16、19页。
⑤ 《旧唐书》卷82《李义府传》，第2768页。

拍马，或因惧其势力，私课丁夫车牛助其营葬。

唐代的徭役，有正役、杂徭、夫役、匠役、番役、色役、职役、差役、差徭等多种名目，其具体区别不甚清楚。制度上明文规定的只有正役与杂徭两种。① 武德七年所定赋役之法规定："凡丁，岁役二旬。若不役，则收其庸，每日三尺。有事而加役者，旬有五日免其调，三旬则租调俱免。通正役，并不过五十日。"② 即每丁原则上每年为国家劳动二十日，最多不超过五十日。但实际上大型工程的役期往往不止五十日。沈睿文据李弘薨于上元二年四月二十五日，葬于八月十九日，计算出修造恭陵共用时111天。③ 这111天包括了李弘死亡至陵墓动工的时间以及后来开凿四个便房的时间，即使除去这些时间，也显然远远超出了五十天的役期。《全唐文》卷一五《高宗皇帝》"孝敬皇帝睿德纪"条记李弘未能归葬关中的原因是："但以农星在候，田务方殷，重归关辅，恐有劳废，遂割一己之慈，便兆人之业。"④ 可知修陵时正值农忙。丁夫在农忙时节被征发修陵，必然心忧田务，又被延长役期，过期不遣，因此愤而逃散。

二 对恭陵玄宫形制的推测

恭陵玄宫的形制尚不清楚，但既号为陵，应该与唐代前期几座"号墓为陵"的墓葬较为接近。目前已发掘的"号墓为陵"的盛唐时期墓葬，有懿德太子李重润墓、永泰公主李仙蕙墓、让皇帝李宪墓等。李重润和李仙蕙兄妹因忤张易之而被武则天杖杀，中宗即位后，为其改葬，号墓为陵。两墓均为长斜坡墓道多天井、过洞的双室砖墓。宁王李宪为唐睿宗长子，玄宗长兄，死于开元二十九年（741），谥为让皇帝，号墓为惠陵。惠陵为长斜坡墓道带7个天井、3个过洞

---

① 张泽咸：《唐五代赋役史草》，中华书局1986年版，第270页。
② 《旧唐书》卷48《食货志》，第2088页。
③ 沈睿文：《唐陵的布局、空间与秩序》，北京大学出版社2009年版，第30页。
④ （清）董诰等编：《全唐文》，中华书局1983年版，第186页。

的单室砖墓。① 此外，已发掘的其他太子级别的墓葬，也均为单室砖墓或双室砖墓。恭陵曾因"玄宫狭小，不容送终之具，遽欲改拆之"，无疑也应是砖室墓。如果是土洞墓，则不须改拆，直接掏挖扩大墓室即可。

已知的唐代大部分高级贵族墓葬，都是单室砖墓或土洞墓。西安地区在高宗初年至玄宗开元时期，曾出现过一些大型前后双室砖墓。齐东方先生研究发现，双室砖墓的墓主分为两类，一类是初唐时期的尉迟敬德、郑仁泰、苏定方、李谨行等高级将领，其死亡时间和埋葬时间一致，超规格埋葬体现了"国家大事、唯赏与罚"的治国之道；另一类是葬于唐中宗、睿宗时期的李重润、李仙蕙、李贤、韦洞、薛氏、李仁等李唐宗室或异姓外戚，属于改葬墓，对他们的超规格埋葬与中宗、睿宗时期的政治局势息息相关。中宗复位后以殊礼厚葬子女，是为了体现天子至高无上的地位，韦后、太平公主得势后厚葬亲属是为了炫耀权势。② 李弘恭陵与以上两种情况都不同，既非功勋将领的厚葬，也非拨乱反正后的改葬。《新唐书》卷八一《孝敬皇帝弘传》载李弘死后，高宗下诏称"太子婴沈瘵，朕须其痊复，将逊于位。弘性仁厚，既承命，因感结，疾日以加"，似表明其为病故。但又载，"而后将骋志，弘奏请数忤旨。上元二年，从幸合璧宫，遇酖薨"③，透露出李弘之死与武后有关。此时武后干政，以她的性格，应不会为李弘超规格厚葬。

韦机"于隧道左右，开便房四所，以贮明器，于是搏节礼物，校量功程，不改元宫，及期而就"。所谓"搏节礼物，校量功程"，即对典礼文物有所节制，作为衡量工程的标准。《礼记·曲礼上》曰："是以君子恭、敬、搏、节、退、让以明礼。"孙希旦集解："有所抑

---

① 陕西省博物馆等：《懿德太子墓发掘简报》，《文物》1972年第7期；陕西省文管会：《唐永泰公主墓发掘简报》，《文物》1964年第1期；陕西省考古研究所：《唐李宪墓发掘报告》，科学出版社2005年版，第10—15页。
② 齐东方：《略论西安地区唐代的双室砖墓》，《考古》1990年第9期。
③ 《新唐书》，第3589页。

而不敢肆，谓之撙，有所制而不敢过，谓之节。"① 这说明恭陵虽号称"制度一准天子之礼"，实际上并没有大肆厚葬，反而刻意压缩了规模。因此，恭陵不大可能使用为厚葬而设的大型双室砖墓。如果使用双室砖墓的话，可能就不会出现玄宫狭小，不容明器的事情了。

"便房"原是指汉代帝后陵和诸侯王墓中，与黄肠题凑有关的一种葬具，② 而唐代墓葬中的"便房"，学者基本都同意是指长斜坡墓道左右的壁龛或小龛，如韩国河先生认为唐代墓葬中普遍出现的小龛即是便房。③ 综上推测，恭陵应该是一座带有长斜坡墓道和四个壁龛的单室砖墓。

洛阳地区其他几座皇室墓葬也可为恭陵玄宫形制提供佐证。恭陵封土东北50米即是李弘之妃哀皇后裴氏之陵。裴氏为左金吾将军裴居道之女，咸亨四年二月册为皇太子妃，卒年不详。中宗神龙元年八月甲子，"尊孝敬妃裴氏为哀皇后"④。开元六年"夏五月乙未，孝敬哀皇后祔于恭陵"⑤。1998年，哀皇后陵墓道中一壁龛被盗，后追回文物61件，文物部门又在被盗现场清理出文物189件。⑥ 在对哀皇后陵的现场铲探中，还发现墓道中其他两个随葬龛也有盗洞。⑦ 由于壁龛一般为左右对称分布，哀皇后陵墓道中至少应有四个壁龛。

洛阳地区已发掘的唐代皇室墓葬，有安国相王孺人唐氏墓、崔氏墓、唐睿宗贵妃豆卢氏墓。唐氏墓为砖砌单室墓，方向183°，由长斜坡墓道，四个过洞、三个天井和甬道、墓室组成，总长35.1米，在

---

① （清）孙希旦撰，沈啸寰、王星贤点校：《礼记集解》，中华书局1989年版，第9—10页。

② 相关研究有秦建明《便房考》，《文博》1999年第2期；黄展岳《西汉陵墓研究中的两个问题》，《文物》2005年第4期；高崇文《释"正藏"与"外藏"》，《湖南省博物馆馆刊》（第7辑），岳麓书社2011年版，等等。

③ 韩国河：《温明、秘器与便房》，《文史哲》2003年第4期。但程义认为，在唐代，"便房"为一名二物，一为葬具之棺房，另一为房屋之便房，也就是偏房。唐墓里的小龛应是对地面建筑"偏房"的模仿，与汉代的便房不是一回事。参见程义《关中地区唐代墓葬研究》，文物出版社2012年版，第55—56页。

④ 《旧唐书》卷7《中宗本纪》，第140页。

⑤ 《旧唐书》卷8《玄宗本纪上》，第179页。

⑥ 郭洪涛：《唐恭陵哀皇后墓部分出土文物》，《考古与文物》2002年第4期。

⑦ 赵振华、王竹林：《东都唐陵研究》，《古代文明》（第4卷），第234页。

第二、三过洞东西壁上各置一壁龛。四个壁龛均为窑洞式，平面凸字形，龛口拱顶，龛内宽1.18—1.22米，进深1.15—1.22米，高0.6—0.69米。第一、二壁龛保存完好，出土大量陶俑、马、骆驼、猪、狗、羊、鸡等随葬品，也就是所谓的"明器""送终之具"。第三、四壁龛被盗扰，未见随葬品。崔氏墓也是砖砌单室墓，方向183°，总长32.12米，由长斜坡墓道、五个过洞、五个天井、甬道和墓室组成。墓道两壁设四个平面凸字形壁龛。第一、二、四壁龛保存完好，随葬大量陶俑、陶马、骆驼等随葬品。第三壁龛被盗扰，未见随葬品。[①]

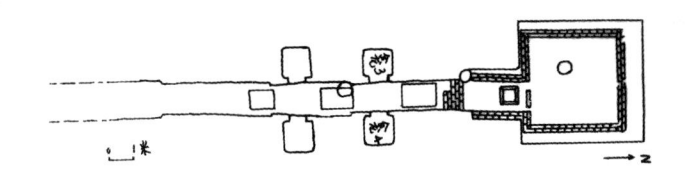

图1　安国相王孺人唐氏墓平面图局部
（根据发掘报告平剖面图重绘，省略了墓道前部）

安国相王是睿宗李旦自神龙元年（705）至景云元年（710）即位前的封号。据墓志，唐氏和崔氏均为李旦孺人。唐氏长寿二年（693）正月卒，神龙二年（706）十一月二十日葬于河南龙门之原。崔氏墓志仅存志盖，其墓葬器物与唐氏墓出土器物基本相同，墓葬方向也一致，应该葬于同时。发掘报告推测，她们都是因为卷入长寿二年户婢团儿诬谮睿宗肃明皇后刘氏和昭成皇后窦氏厌蛊诅咒事件而同时被武则天杀害，并于中宗即位后同时改葬于东都的。

唐睿宗贵妃豆卢氏开元二十八年（740）四月卒于亲仁里第，玄宗诏官给丧事，其年七月葬于东都河南龙门乡之原。豆卢氏墓是一座大型砖室墓，坐北朝南，地面封土残高6.5米，地下部分由墓道、过

---

① 洛阳市第二文物工作队：《唐安国相王孺人唐氏、崔氏墓发掘简报》，《中原文物》2005年第6期；洛阳市第二文物工作队：《唐安国相王孺人壁画墓发掘报告》，河南美术出版社2008年版，第11—51页。

洞、甬道和墓室组成。甬道两壁和顶部绘有壁画，中部有石墓门。墓室呈方形，南北长4.27米、东西宽4.58米、高6.18米，顶部和四壁壁画多已脱落。① 与唐氏墓、崔氏墓不同，豆卢氏墓没有使用壁龛。

以上三座墓葬均为与唐睿宗有关的皇室墓葬，时代虽比李弘恭陵稍晚，但同属于盛唐时期墓葬，其形制应与恭陵接近。

三 "便房"与洛阳地区的关中墓葬因素

韦机只是"于隧道左右，开便房四所"，就解决了恭陵"元宫狭小，不容送终之具"的难题。为何李仲寂和数千民夫都没有想到开"便房"这种办法？"便房"是来自哪里的墓葬因素？由于墓葬形制的选择受墓葬所在地区丧葬传统的影响，同时与督造官吏及建造工匠对墓葬形制的认识也有很大关系，为了解恭陵"便房"的来源，我们有必要考察与恭陵修建有关的各方面因素。

关于唐代两京地区墓葬，学术界已有大量的研究成果。宿白、孙秉根、齐东方等先生对关中地区墓葬都进行过不同程度的综合研究，程义的《关中地区唐代墓葬研究》是关中唐墓研究的最新总结。徐殿魁先生对洛阳地区的唐墓做过综合研究，《偃师杏园唐墓》发掘报告本身也是一部高水平的洛阳地区唐墓研究专著。② 这些研究显示，唐代前期，尤其是盛唐时期，关中地区的大中型唐墓流行长斜坡墓道多天井、过洞的土洞墓或砖室墓形制，常于墓道两侧对称地开凿数个壁龛，用来放置随葬品。如李寿墓为土洞墓，有过洞4个、天井5个，在第四过洞东西壁有壁龛两个。③ 尉迟敬德夫妇墓、章怀太子李贤墓、

---

① 洛阳市文物工作队：《唐睿宗贵妃豆卢氏墓发掘简报》，《文物》1995年第8期。
② 孙秉根：《西安隋唐墓的形制》，载《中国考古学研究——夏鼐先生考古五十年纪念论文集》，科学出版社1986年版，第151页；齐东方：《试论西安地区唐代墓葬的等级制度》，载《纪念北京大学考古专业三十周年论文集》，文物出版社1990年版，第286页；宿白：《西安地区的唐墓形制》，《文物》1995年第12期；程义：《关中地区唐代墓葬研究》，文物出版社2012年版；徐殿魁：《洛阳地区隋唐墓的分期》，《考古学报》1989年第3期；中国社科院考古研究所：《偃师杏园唐墓》，科学出版社2001年版。
③ 陕西省博物馆等：《唐李寿墓发掘简报》，《文物》1974年第9期。

懿德太子李重润墓、永泰公主李仙蕙墓等，均为长斜坡墓道多天井、过洞的大型双室砖墓，墓道两侧都有数目不等的壁龛。① 长斜坡墓道两侧开凿若干壁龛，是关中地区唐代前期墓葬重要的墓葬因素。

洛阳地区大型墓葬较少，砖室墓数量不多，以中小型土洞墓为主。偃师杏园墓地发现的69座唐墓，可以代表洛阳地区唐墓的基本面貌。其中盛唐时期的22座墓葬中，仅发现一座砖室墓，墓主为宁州录事参军李嗣本。而官品比李嗣本高的墓主，也未使用砖室墓。在甬道内掏挖壁龛的仅2座，比关中地区唐墓的比例小得多，说明洛阳地区不流行掏挖壁龛的习俗。②

史料记载参与修建恭陵的役人来自滑州、泽州。泽州属晋南地区。山西地区发现的唐代砖室墓，主要分布在太原和长治两地区。③ 太原地区唐墓基本没有发现设置小龛的现象，晋南的长治地区唐墓偶有发现在墓室或甬道内设置小龛或小耳室。如长治唐崔拏夫妇合葬墓，墓室平面近方形，墓室东西两壁砌对称的两个耳室，高0.95米、宽0.8米、进深0.84米。东耳室有两个头骨和部分散骨，随葬铁镜和铜镜各一件；西耳室有一个头骨和部分散骨，随葬三彩罐、青釉灯、铁刀各一件。④ 据墓志，崔拏卒于唐乾封二年（667），其夫人申氏卒于武周永昌元年（689）。小耳室内发现人骨，说明是为祔葬而设。长治北石槽武周长安四年（704）云骑尉王义墓（二号墓），墓室平面正方形，甬道两壁各砌一高1.02米、宽0.5米、深0.3米的小龛，龛内各置一武士俑。⑤ 崔拏夫妇墓和王义墓在墓室或甬道两侧设置的小龛或小耳室，是为了祔葬或专门放置武士俑，其功能显然与墓道两侧容纳各种送终之具的壁龛不同。

---

① 昭陵文管所：《唐尉迟敬德墓发掘简报》，《文物》1978年第5期；陕西省博物馆等：《唐章怀太子墓发掘简报》，《文物》1972年第7期；陕西省博物馆等：《懿德太子墓发掘简报》，《文物》1972年第7期；陕西省文管会：《唐永泰公主墓发掘简报》，《文物》1964年第1期。

② 中国社会科学院考古研究所：《偃师杏园唐墓》，第371页。

③ 关于山西地区唐墓的研究，有边昕《山西地区唐墓研究》，硕士学位毕业论文，南京大学，2008年；华阳《山西地区唐墓初探》，硕士学位论文，吉林大学，2004年；等等。

④ 长治市博物馆：《山西长治市北郊唐崔拏墓》，《文物》1987年第8期。

⑤ 山西省文物管理委员会等：《山西长治北石槽唐墓》，《考古》1962年第2期。

山西运城万荣县开元八年（720）薛儆墓，墓室平面为方形，墓室南壁有石墓门，外接甬道。墓道有六个天井和过洞，在过洞二、过洞三、过洞四的东西两壁分别挖有一个小龛，共六个。薛儆墓修建过程可能受到了朝廷的干预，[1] 故使用了与晋南地区墓葬形制不同的关中地区墓葬形制，是一个特例。在此之前，晋南地区并未出现过带长斜坡墓道多天井、过洞和壁龛的墓葬。

滑州地处河南道北部，在墓葬研究上一般归入洛阳地区，其墓葬特征同时受洛阳地区和河北地区墓葬的影响。洛阳地区的墓葬特征已如前述，根据已知材料，河北地区也没有在墓道开挖壁龛的传统。[2]。因此可知，在恭陵的建造过程中，来自滑州、泽州的工匠和役人，可能都不了解在墓道两侧开挖壁龛的做法。

初充修陵使的蒲州刺史李仲寂，《新唐书》作李冲寂，《太平广记》卷二六五"汲师"条引《御史台记》有载："汲师，滑州人也。……性躁率。时直长李冲寂，即高宗从弟也，微有犯，师将弹而谓之，呼冲寂为弟。冲寂谓之曰：'冲寂主上从弟，公姓汲，于皇家何亲，而见呼为弟。'师惭而止。"[3] 又杨炯《李怀州墓志铭》载："公讳冲寂，字广德，陇西狄道人也，左卫大将军西平王之孙，荆州大都督汉阳王之子，今上之族兄也。……辽东平，以功迁蒲州刺史……迁少府监……又除蒲州刺史……孝敬皇帝，国之储嗣，乾之长男，四极奏于重光，二年宾于上帝。崇其谥号，用黄屋于羽仪；卜其园茔，象玄宫之制度。山陵之建也，以公检校将作大匠……百工毕力，陈琳于是乎躬亲；诸吏怀恩，魏霸于是乎无谪。迁银青光禄大夫，行少府监。"[4] 志主李冲寂曾两任蒲州刺史，并检校将作大将，主

---

[1] 李雨生：《山西唐代薛儆墓几个问题的再思考》，《中国国家博物馆馆刊》2013年第5期。

[2] 参见张晓辉《北方地区隋唐墓葬的分区与分期》，硕士学位论文，吉林大学，2004年；张瑞《唐河北道南部地区隋唐墓葬的发现与研究——以纪年墓葬为中心的考察》，硕士学位论文，吉林大学，2009年。

[3] （宋）李昉等编：《太平广记》，中华书局1961年版，第2080页。

[4] （唐）杨炯：《盈川集》卷9《李怀州墓志铭》，文津阁《四库全书》，商务印书馆2005年版，第355册，第89—90页。

持修造恭陵，与李仲寂事迹一致，当为同一人。只是墓志讳言他处置不当，导致役人逃窜之事，反而将修陵作为他的功劳来吹捧。李仲寂出身皇族，来自长安，理应熟悉关中地区墓葬形制，为何他没有想到在墓道开凿壁龛呢？考虑到后来的豆卢氏墓也没有使用壁龛，或许壁龛在当时虽然流行于关中，但并非必不可少的设施，而李仲寂又不善变通，以致酿成变故，使高宗仓促更换监修官。继任的韦机也是关中人，又擅长将作，对关中地区使用壁龛的葬俗非常了解，因而根据经验变通地解决了问题。

恭陵玄宫事件，给我们提供了一个观察唐代前期洛阳地区贵族墓葬修筑过程和关中地区墓葬因素影响洛阳地区墓葬形制的视角。洛阳地区皇室贵族墓葬修筑中，经常征发周边地区役人，而墓葬规制则主要受关中地区的影响。恭陵玄宫应为具有关中墓葬特征的带长斜坡墓道和四个壁龛的砖砌单室。文献中名为"便房"的墓道壁龛是关中地区唐墓重要的墓葬因素，这一墓葬因素以恭陵的修建为契机，由韦机传入洛阳，主要使用于高等级贵族墓葬。

（未刊稿）

下篇　出土文献与历史研究

吐鲁番随葬衣物疏中所见"手爪囊""脚爪囊"释义

一 吐鲁番随葬衣物疏中所见"手爪囊"和"脚爪囊"

吐鲁番墓葬出土的文书中,有一类随葬衣物疏,是墓葬中随葬品的清单,其中所列的物品,既有真实的随葬品,也有虚构夸张之辞,已是众所周知。前辈学者对衣物疏已经进行了广泛而深入的研究。本文仅对衣物疏中所见"手爪囊""脚爪囊"("爪"有时也写作"抓")进行考释。目前所知吐鲁番随葬衣物疏中有"手爪囊""脚爪囊"内容的文书主要有:

1. 约为前秦建元二十年(384)左右的阿斯塔那305号墓所出《缺名随葬衣物疏一(59TAM305:8)》:"……手脚爪囊各一枚。"同墓所出的另一件衣物疏《缺名随葬衣物疏二(59TAM305:17)》:"帛连脚爪囊□□。"[①]

2. 阿斯塔那59号墓所出《北凉缺名随葬衣物疏(66TAM59:2)》:"手爪囊一枚,脚爪囊一枚。"[②]

3. 哈拉和卓96号墓所出《北凉真兴七年(425)宋泮妻隗仪容

[①] 中国文物研究所、新疆维吾尔自治区博物馆、武汉大学历史系:《吐鲁番出土文书》(图文本),第1册,文物出版社1992年版,第3页。

[②] 同上书,第12页。

随葬衣物疏（75TKM96：17）》，残破，其上仅有"故白绢手脚□□□□"①。所缺可能是"爪囊"和数量。

4. 阿斯塔那62号墓所出《北凉缘禾五年（436）随葬衣物疏（66TAM62：5）》："手爪囊一枚。"②

5. 哈拉和卓91号墓所出《北凉缺名随葬衣物疏（75TKM91：3/1〈B〉，3/2〈B〉）》："手抓（爪）囊各一枚，脚抓（爪）囊各一枚。"③

6. 阿斯塔那2号墓所出《北凉缘禾六年（437）翟万随葬衣物疏》（63TAM2：1）："故手爪囊一枚。"④

7. 哈拉和卓99号墓所出《建平六年张世容随葬衣物疏》(75TKM99：7)："指抓（爪）囊一枚。"同墓所出《苻长资父母墟墓随葬衣物疏》（75TKM99：16）："故手爪囊各一枚。"⑤

8. 阿斯塔那383号墓所出《北凉承平十六年（458）宣武王沮渠蒙逊夫人彭氏随葬衣物疏（79TAM383：1)》："故手爪/囊自副。故脚爪一囊碧□自副。"⑥

9. 阿斯塔那408号墓出土的高昌郡时期的《令狐阿婢随葬衣物疏》（2004TAM408：17），第九行为："故银川（钏）六枚，故红粉囊一枚，故手抓（爪）囊二枚。"⑦

另外，新疆博物馆所藏的一件前凉时期衣物疏中也有"故白（帛）纯手抓囊一枚、故白（帛）纯脚抓囊一枚"的内容。⑧

根据文书所载，这些手、脚爪囊，质料有帛练、白绢等，皆为丝

---

① 中国文物研究所、新疆维吾尔自治区博物馆、武汉大学历史系：《吐鲁番出土文书》（图文本），第1册，第28页。
② 同上书，第47页。
③ 同上书，第55页。
④ 同上书，第85页。
⑤ 同上书，第90、91页。
⑥ 柳洪亮：《新出吐鲁番文书及其研究》，新疆人民出版社1997年版，第21页。
⑦ 荣新江、李肖、孟宪实：《新获吐鲁番出土文献概说》，《文物》2007年第2期，第44页。
⑧ 蒙新疆自治区博物馆武敏、王博、鲁礼鹏诸先生概允，笔者在协助朱雷先生整理该馆藏文书时得见该文书原件，谨致谢忱。

织品。手爪囊、脚爪囊究竟为何种性质的随葬品，还没有一致的说法。郑学檬先生将手、脚爪囊作为和其他衣物类随葬品并列的手脚饰物，即手套和脚套："手脚饰物最主要是手爪囊、怀袖囊、饰爪囊、脚蹹、袜、鞋、靴等。手爪囊即手套，不过无十指套，仅为布袋形手套，男女《随葬衣物疏》中均有记载。怀袖囊应指布袋形的布套，两手从袖囊的两端伸入，与两袖相接，笼于怀中，亦为手套的一种。脚爪囊即布袜的一种，即脚套。但脚蹹（或称脚披）应为护脚布，虽然作用和袜、脚爪囊相同，但毕竟是两种不同的脚饰。"①

彭金章先生通过对61件衣物疏资料的分析，指出：脚袜和履在随葬衣物疏记载中是不可缺少的，而脚爪囊则可有可无。就目前所知，随葬衣物疏上记载有脚爪囊的地域仅限于吐鲁番地区，其他地区尚未发现。又根据"脚爪囊"多次和"脚袜""履"共存的现象，而倾向于同意郑学檬先生的判断：脚袜、履等和脚爪囊五次共同书写于随葬衣物疏上的现象表明，三者分别属于不同名称的脚上用的物品。"脚爪囊"虽古文献无解释，但从上述衣物疏既书写有袜子又书写有"脚爪囊"判断，"脚爪囊"不是袜子是可以肯定的。或许如有的学者论证的那样，"手爪囊即手套"，"脚爪囊即脚套"②。

根据随葬衣物疏所列物品的规律，凡是衣物类随葬品名单，均按照一定顺序排列（例如从头到脚，从内到外），同类物品写在一起。如阿斯塔那305号墓所出《缺名随葬衣物疏一》：

1. 绛结发两枚，鍮框钗一双，白珠一双
2. 绢覆面一枚，绀绢尖一枚，紫绽（练）枕一枚
3. 白绽（练）衫一领，白绯袴一立，缥绯袴一立
4. 白绽（练）衫袴一立，紫碧裙一立，白绯袜一立
5. 绛地丝鞮（履）一量，蹹麴囊一枚

---

① 郑学檬：《吐鲁番文书〈随葬衣物疏〉初探》，载韩国磐主编《敦煌吐鲁番出土经济文书研究》，厦门大学出版社1986年版，第433—434页。
② 彭金章：《敦煌吐鲁番所出随葬衣物疏中"脚靡（蹹）"新探》，《敦煌研究》2002年第6期，第2页。

6. 怀袖囊一枚，黄手丝二两，铜钱二枚
7. 手脚爪囊各一枚，白绁被一领

可见其随葬品顺序是从头上的饰物到面部的覆面，次到颈部的枕，次到上身的衫、下身的裤、裙，脚上的袜、履，然后是身外的铜钱、被子等。手、脚爪囊在铜钱之后，应与随身衣物关系较远，不太可能是手套、脚套之类。

据上述《北凉承平十六年（458）武宣王沮渠蒙逊夫人彭氏随葬衣物疏》所载的"故脚爪一囊"[①]，可知所为脚爪囊，应为盛脚爪的囊。"脚爪一囊"实际上也就是"一囊脚爪"。同样，"故手爪□囊"，空缺处可能也是一个数字，原应为手爪若干囊，也即是若干囊手爪。从这种句式来看，衣物疏强调的随葬品实际上是"手爪"或"脚爪"，而非"囊"。

"爪"或"手爪"可指人的指甲。《史记·蒙恬列传》："及成王有病甚殆，公旦自揃其爪以沈于河，曰：'王有未识，是旦执事。有罪殃，旦受其不祥。'"[②] 其中周公旦"自揃其爪"，即是自剪指甲。《南史·梁长沙宣武王懿附子业传》："懿子业字静旷……宣武之难，与二弟藻、象俱逃匿于王严秀家。东昏知之，收严秀付建康狱，考掠备极，乃以钳拔手爪，至死不言，竟以免祸。"[③]《南史·陈武宣章皇后传》："后少聪慧，美容仪，手爪长五寸，色并红白。每有期功之服，则一爪先折。"[④] 手爪皆指手指甲。与手爪为手指甲相对应，脚爪或足爪当为脚趾甲。"爪"又有剪手指甲或脚趾甲之意。《礼记·丧大记》："小臣爪足。"郑玄注："爪足，断足爪也。"[⑤] 又《礼记·丧大记》："小臣爪手翦须。"孔颖达疏："浴竟而翦手爪，又治须，像

---

① 柳洪亮：《新出吐鲁番文书及其研究》，第 21 页。
② 《史记》卷 88《蒙恬列传》，中华书局 1959 年版，第 2569 页。
③ 《南史》卷 51《梁长沙宣武王懿附子业传》，中华书局 1975 年版，第 1267 页。
④ 《南史》卷 12《陈宣武章皇后传》，第 343 页。
⑤ （清）孙希旦撰，沈啸寰、王星贤点校：《礼记集解》卷 43，中华书局 1989 年版，第 1150 页。

平生也。"①

囊是用以盛物的袋子，手爪囊、脚爪囊分别为盛手爪、脚爪的袋子。高国藩先生在《中国民俗探微：敦煌巫术与巫术流变》一书中论述了东晋十六国时期吐鲁番地区流行的以手指甲与脚趾甲随葬的风俗，认为手爪囊、脚爪囊是装死者手指甲与脚趾甲的小袋。②这一解释基本上是准确的。

二　古代丧礼中所见剪手爪、足爪现象

中国古代，至迟在汉代就有了明确的为死者剪手爪、足爪的记载，如上揭《礼记·丧大记》中的"小臣爪足""小臣爪手翦须"。剪手足爪最初或许有巫术层面的含义，非本文所能讨论，③但在唐人孔颖达看来，"浴竟而翦手爪，又治须，像平生也"，纯粹是出于事死如事生的需要，或许代表了唐代士人对这一习俗的理解。

《礼记·丧大记》："君、大夫鬠、爪实于绿中，士埋之。"郑玄注曰："绿当为'角'，声之误也。角中，谓棺内四隅也。鬠，乱发也。将实爪、发棺中，必为小囊盛之。"孔颖达《疏》曰："士亦有物盛而埋之。"④《礼记》中记载了为死者剪手爪、足爪的过程，但并没有提到用囊盛放手爪、足爪。郑玄推测君、大夫"将实爪、发棺中，必为小囊盛之"，孔颖达进一步推测士的丧礼中，爪、发也当有类似小囊之物"盛而埋之"。郑玄是根据汉代的情况推测古礼，这说明至迟在东汉丧礼中，已经出现了将死者的乱发、手足爪以小囊盛放，置于棺中四隅或掩埋的做法。

而为《礼记》做集解的清人孙希旦与汉唐经学家的看法不同："愚谓绿当做'篓'。《檀弓》曰：'设篓、翣。'篓，柳也。实于篓中

---

① （清）孙希旦撰，沈啸寰、王星贤点校：《礼记集解》卷43，中华书局1989年版，第1151—1152页。

② 高国藩：《中国民俗探微：敦煌巫术与巫术流变》，河海大学出版社1993年版，第164—165页。

③ 参见江绍原《发须爪——关于它们的迷信》，中华书局2007年版。

④ （清）孙希旦撰，沈啸寰、王星贤点校：《礼记集解》卷44，第1181页。

者,殡时置棺外,及葬则实于棺外柳内也。士埋之者,沐浴之后,埋于甸人所掘两阶间之坎也。"① 柳是棺外的整个棺罩,孙希旦认为君、大夫的发、爪在埋葬时置于棺外柳内,士的发、爪埋在两阶间的坎中。

汉代以后的礼典基本上继承了郑玄的观点。唐开元礼中,上至皇帝,下至官民的丧礼,都将发、爪盛于小囊,纳入棺中。《大唐元陵仪注》所载皇帝丧礼为:"浴者举大行,易床设枕,埋其鬓发,断爪,盛于小囊,大敛即内于棺中也。"②

杜佑《通典》卷八四《凶礼沿革六》"沐浴"条:"周制……小臣爪足。"自注曰:"爪足,断足爪也。……小臣爪手翦须。濡濯弃于坎。""君大夫鬠爪及敛实于角中,士埋之。"自注曰:"鬠音舜,乱发也。角中谓棺内四隅也。将实爪发于棺中,必为小囊盛之。"③

《通典》卷一三八《开元礼纂类三十三》三品以上丧:"沐浴"条,记载为死者沐浴之后,"翦发断爪如平常,须发爪盛以小囊,大敛内于棺。"关于"鬠",《通典》明确说是"剪发"即"理其鬓发"的结果。但《开元礼纂类三十三》"大敛"条中没有提到小囊,可能是叙述中省略了。

宋代以后,在沐浴时为死者剪手足爪的丧仪仍然得到了继承。《政和五礼新仪》卷二一五《品官丧仪上》:"浴者举尸,易床设枕,剪发断爪,盛以小囊,大敛内于棺。"④ 同书卷二一八《庶人丧仪上》所在庶人丧仪也有此内容,与品官丧仪相同。

司马光《司马氏书仪》卷五《丧仪一》,"沐浴、饭含、袭"条:"侍者沐发,栉之,晞之以巾,撮为髻,举衾而浴,拭之以二巾。翦爪如平时。其沐浴余水及巾栉,皆弃于坎中,遂筑而实之。"⑤ 此处只说沐浴余水及巾栉皆弃于坎,未言及埋爪。但此前,"侍者掘坎于屏

---

① (清)孙希旦撰,沈啸寰、王星贤点校:《礼记集解》卷43,第1181页。
② (唐)杜佑撰,王文锦等点校:《通典》卷84《凶礼沿革六》,中华书局1988年版,第2268页。
③ 同上书,第2267页。
④ (宋)郑居中:《政和五礼新仪》,文津阁《四库全书》本。
⑤ (宋)司马光:《司马氏书仪》卷5,丛书集成初编本,第51页。

处洁地"句后自注曰："《士丧礼》：'甸人掘坎于阶间少西。'今以孝子之心不忍朝夕见亲爪发及沐浴之具，故掘坎于屏处。"① 屏处，即隐蔽之处。侍者掘坎于屏处，而不再像唐代以前的古礼那样掘坎于阶间西部，是为了避免孝子朝夕见到埋亲人爪发及沐浴之具的处所而增伤感，似乎是将死者的爪发和沐浴之具一起埋在了坎中，但埋发爪时是否使用了小囊，不得而知。

此后南宋朱熹所制的家礼中，基本继承了《司马氏书仪》，有剪爪内容，没有出现发爪囊。《朱子家礼》：侍者以汤入，主人以下皆出帷外，北面。侍者沐发，栉之，晞以巾，撮为髻，抗衾而浴，拭以巾，剪发，并沐浴余水，巾栉弃于坎而埋之。② 朱熹门人杨复、刘垓孙著《文公家礼集注》："乃大敛"，注曰："侍者与子孙妇女俱盥手，掩首结绞，共奉尸纳于棺中。实生时所落发齿，及所剪爪于棺角。"③ 置于棺角的除了发、爪外，还增加了生前落下的牙齿。此处的头发也是生前所落，而非沐浴时剪掉的。

但明人对《朱子家礼》的注释提到了的小囊，囊中的遗物也有牙齿。明人丘濬《文公家礼仪节》卷四《丧礼》"沐浴"条："剪爪。"注曰："盛于囊，俟大敛纳于棺。"又大敛条："实齿发。"注曰："实生时齿发及所剪爪于棺中四角。"④ 明人汤铎《文公家礼会通》卷四《丧礼》"沐浴"条："掘一坎于空闲洁地，候藏浴水之类。""剪手脚指甲，收候大敛时置于棺。""大敛"条："侍者与子孙妇女俱洗手，先掩尸首，次掩衾。又将小敛直绞脚结上，次将横绞脚结上。共抬尸内于棺中，实生时所落发齿及袭时剪下手足指甲于棺角。"⑤

明代官方礼典《明会典》卷九九《丧礼四·品官》"初终"条载："浴者举尸，易床设枕，翦须断爪，盛于小囊，大敛纳于棺。"

---

① （宋）司马光：《司马氏书仪》卷5，丛书集成初编本，第50页。
② （宋）朱熹著，王燕均、王光照校点：《朱子家礼》卷4《丧礼》，载朱杰人、严佐之、刘永翔编《朱子全书》第7册，上海古籍出版社、安徽教育出版社2002年版，第904页。
③ （宋）杨复、刘垓孙：《文公家礼集注》卷4，北京图书馆出版社2005年版。
④ （明）丘濬：《文家公礼仪节》，明正德十三年常州府重刻本。
⑤ （明）汤铎：《文家公礼会通》，景泰元年金陵汤氏执中堂刻本。

"大敛"条载:"侍者与子孙妇女俱盥手,掩首结绞,共举尸纳于棺中。实生时所落发齿,及所剪爪于棺角。"① 同书卷一〇〇《丧礼五·庶人》:"抗衾而浴,拭以巾,剪爪并沐浴余水巾栉弃于坎而埋之。"

由上可知,至迟在汉代以后,中国古代丧礼中有存在为死者沐浴后,将死者的发、爪盛以小囊,大敛时置于棺内四角的葬俗。有关这一葬俗的记载,除了魏晋南北朝文献阙略外,其余时期都有明确的礼制条文。以理推测,处于汉唐之间的魏晋南北朝时期,丧礼中应该也有这一礼仪,吐鲁番衣物疏中手、脚爪囊的记载恰好填补了这一空白。衣物疏中所载的手脚爪囊,与手套、脚套等随身衣物没有关系,是盛放死者沐浴后剪下的手脚指甲的丝质小囊。不同的是,根据文献记载,棺内四角不仅有盛放手、脚爪的小囊,还有盛放有死者乱发的小囊,而衣物疏中并未记载有盛发的囊。虽然阿斯塔那210号墓出土《唐启太夫人随葬衣物疏》有"头发五十两,钗梳廿具"②的记载,但头发和钗梳并列,似乎与盛于小囊中的乱发无关,或许是唐代女性喜欢使用的假髻。

衣物疏中记载的手爪囊、脚爪囊的数量,仅出现一种时,一般是一枚(仅《令狐阿婢随葬衣物疏》中为"故手抓(爪)囊二枚");同时出现手、脚爪囊时,往往是各一枚或径称两枚。推测应该是手爪和脚爪各盛于一个小囊中。如果按照丧礼的规定,将小囊放置在棺内四角,仅有一枚或两枚小囊还不足以遍置四角,因此不能排除还有盛发的小囊未登记在衣物疏中。也可能有另一种情况,即所谓的置于棺内四角,并非四个棺角均置小囊,只是概言将小囊置于棺角而已。

三 吐鲁番葬俗与中原礼仪的影响

根据文献记载,中原地区古代葬俗礼仪中普遍存在以小囊盛放死

---

① (明)申时行等:《明会典》,中华书局1989年影印本,第553页。
② 中国文物研究所、新疆维吾尔自治区博物馆、武汉大学历史系:《吐鲁番出土文书》(图文本)第3册,第35页。

者的手脚指甲和头发，置于棺内四角的习俗，但由于埋藏条件的原因，这种盛发、爪的小囊均难以保存下来，考古中也没有见过实例。吐鲁番出土的衣物疏中关于手爪囊、脚爪囊的记载，表明了远在边陲的吐鲁番地区，也受到这一中原地区丧葬礼仪的影响。手、脚爪囊数量较少，也不是珍稀物品，因此不会是一种夸张虚构的随葬品。吐鲁番气候干燥少雨，保存条件很好，墓葬中的各种有机质随葬品甚至墓主的尸体都可以保存完好，但目前考古发掘报告中尚未见到手、脚爪囊的实物。是实物没有保存下来，还是虽有实物，但没有识别出来？要弄清这一问题，今后的考古发掘中还需要多加留意与此有关的迹象。

手、脚爪囊出现于吐鲁番可能和内地移民有关。位于吐鲁番盆地的高昌城，在两汉时期仅仅是一个军事屯戍区，主要居住着从内地来的士兵和屯田吏士及其后代。西晋末期，中原战乱，而河西地区相对安定，中原的大族为了躲避战乱，大量迁入河西地区，乃至辗转来到高昌。有些河西大族受移民浪潮的冲击，也迁到高昌。《魏书·高昌传》载，北魏熙平初，高昌王麹嘉遣使朝献。孝明帝诏曰："彼之氓庶，是汉魏遗黎，自晋氏不纲，因难播越，成家立国，世积已久。"[1] 据宋晓梅研究，高昌国创建之前到来的大部分移民来自河西和陇右地区，其中以张氏家族为代表的敦煌籍汉族移民和以麹氏家族为首的陇西移民数量最多，成为高昌国最大的两个移民集团。[2]

高昌地区本是东西方文化汇聚交融之地，随着内地汉人移民尤其是世家大族的增加并占据优势，他们带来的儒家礼仪文化也成为当地的主体文化。吐鲁番墓葬已经出土了不少儒家经籍，如阿斯塔那北凉时期59号墓出土了古写本《毛诗关雎序》，[3] 阿斯塔那高昌国时期169号墓出土古写本《孝经》《书仪》和《论语》习书，[4] 阿斯塔那

---

[1] 《魏书》卷101，中华书局1974年版，第2244页。
[2] 宋晓梅：《高昌国——公元五至七世纪丝绸之路上的一个移民小社会》，中国社会科学出版社2003年版，第95页。
[3] 中国文物研究所、新疆维吾尔自治区博物馆、武汉大学历史系：《吐鲁番出土文书》（图文本）第3册，第25页。
[4] 同上书，第230—236页。

316号墓出土了古抄本《谥法》。① 虽然这些经籍年代稍晚，但可以推测，汉人大族迁入之始，应该也携带了一部分经籍。作为儒家礼仪组成部分的丧葬礼仪，自然也随之被传到高昌。衣物疏中手爪囊、脚爪囊的出现，可能就缘于这一历史背景。

从墓主身份比较明确的使用手、脚爪囊的几个墓看，有的墓主是汉人，如哈拉和卓99号墓的张世容，阿斯塔那383号墓沮渠蒙逊夫人彭氏；有的墓主可能不是汉人，如阿斯塔那408号墓的令狐阿婢。使用手爪囊和脚爪囊的习俗，应该也影响到一些与汉人交往密切的非汉民族。

衣物疏中的手、脚爪囊最早见于前凉时期，多见于北凉时期，此后就很少出现。哈拉和卓96号墓所出《北凉真兴七年（425）宋泮妻隗仪容随葬衣物疏（75TKM96：17）》上还有"故白绢手脚□□□□"，可能为手脚爪囊，同墓所出的《龙兴某年宋泮妻翟氏随葬衣物疏（75TKM96：15）》中，就没有出现手、脚爪囊。② 北凉以后，手、脚爪囊基本不再出现在衣物疏中，其原因还需要进一步研究。但手、脚爪囊在衣物疏中消失，未必就意味着在丧葬礼仪中消失，也可能和衣物疏的书写形式发生了变化有关。孟宪实先生将吐鲁番随葬衣物疏的发展分为三期：第一期的衣物疏都属于比较原始的遣册式的随葬品清单；第二期的衣物疏增加了一些思想观念方面的内容，与道教的影响密切相关，全篇的核心是强调墓主人对随葬物品的唯一所有权，衣物疏不再如从前遣册那样只是为了完成葬礼，而是变成了一篇由人间写给冥世的财产证明文件；第三期随葬衣物疏进一步演化成和尚写给五道大神的关于死者的佛教轮回通行证，衣物疏的书写由寺院的比丘垄断。③ 在衣物疏的发展过程中，葬礼本身的内容在减弱，宗教信仰的内容在加强，一些不太重要的随葬品，就不再出现

---

① 中国文物研究所、新疆维吾尔自治区博物馆、武汉大学历史系：《吐鲁番出土文书》（图文本）第3册，第471页。

② 中国文物研究所、新疆维吾尔自治区博物馆、武汉大学历史系：《吐鲁番出土文书》（图文本）第1册，第29页。

③ 孟宪实：《吐鲁番古墓出土随葬衣物疏的性质和发展》，《新疆地方志》1993年第1期，第40—44页。

在衣物疏上了。手、脚爪囊不是显示墓主财富的象征，它从衣物疏上消失，可能也与这一变化有关。

（本文曾在唐长孺先生百年诞辰纪念国际学术研讨会暨中国唐史学会第十一届年会宣读）

崔芬墓志与南北争战下的青州崔氏

《文物》2002年第4期刊发了《山东临朐北齐崔芬壁画墓》发掘简报，[①]同年，文物出版社也出版了《北齐崔芬壁画墓》，[②]对发现于山东省临朐县的崔芬墓予以了详细的介绍。据报告，崔芬墓平面呈甲字形，由墓道、甬道和墓室组成。此墓早年被盗，所剩随葬器物不多，最引人注目的是甬道两壁及墓室四壁、室顶的彩绘壁画，内容有武士、星象、四神、墓主出行、竹林七贤和荣启期等内容。对于崔芬墓的壁画，两种报告及后出的郑岩《魏晋南北朝壁画墓研究》一书都做了较多的介绍和研究。[③]此外，该墓还出土墓志一盒，青石质，志石呈方形。边长57.5厘米，通高40厘米。志盖无铭，志文26行，满行27字，共663字。志文基本清晰，首行刻"魏威烈将军行台府长史崔公之墓颂"。两种报告对崔芬墓志均已作了释读。然而，不仅报告释读的志文似仍有可完善之处，而且对志文所反映的青州崔氏家族及其在南北朝争战下的世家大族命运亦有待进行深入的探讨。本文意在完善墓志志文的释读，并在此基础上对上述问题作一些探讨。

一　崔芬墓志及崔芬其人

首先，录志文如下并略作考释于后。

[①] 山东省文物考古研究所等：《山东临朐北齐崔芬壁画墓》，《文物》2002年第4期。
[②] 临朐县博物馆：《北齐崔芬壁画墓》，文物出版社2002年版。
[③] 郑岩：《魏晋南北朝壁画墓研究》，文物出版社2002年版。

魏威烈将军行台府长史崔公之墓颂

君讳芬，字伯茂，清河东武城人也。姜水发其洪源，维岳降其峻峙。远祖/以神符建业，光宅启于营丘。世业崇奕，郁[一]述东土。相秦匡汉，朱轮绣毂。/四马腾骧，六辔沃若。至如先主羽翼汉储，孺子独坐刘代，尔公尔侯，珪/组陆离，亦卿亦相，长剑耿介。浩若长津带地，郁[二]如嵩高极天。门榜盛于/天下，鼎族冠于海内。高曾在晋，持柯作牧。乃祖居宋，分竹共治。洎魏道/南被，政寄唯良，复和在阴，载縻好爵。父赞朝右之任，珥负闶之华，聿职/州邦，蝉联世禄者矣。若夫珪璋朗润，则叠起于昆山；明珠璀璨，则间出/于赤水。君承降灵之秀气，胄川精之庆绪。渊嶷廉明，沉渐刚克，志骨雄/奕，强立毳人，涉猎博通，稽古多识。英英若白云浮天，灌灌如清渊泻地。/恂恂乡党，讷言敏行。侃侃公庭，才辞辩富。以文以武，左右宜之。弱冠辟/郡功曹，成人召州主簿，除开府行参军，总大行台郎中。禀命天子，参事/莫府[三]，握兰礼闱，黼藻军国。类子猷之高奕，匹仲文之［匪］懈。武定五年，征/本州别驾。弼谐万里，岁聿三龄，百城缉熙，六条弗紊。八年复征南讨大/行台都军长史。运筹方寸，搴旗万里，恩沾汝坟，威震建业，公之策也。君/宫墙崇峻，道德之门难入；器宇冲深，室家之好□睹。□剑琴书，高名自/远。方当理翮排空，扶搏直上，佐世舟梁[四]，轨仪物则[五]。但苍旻[六]不吊，降此鞠/凶，春秋四十八，以齐天保元年十月十九日遘疾，终于家。松崩千丈，玉/碎连城，泪坠行人，酸结闻识。岂直门生恸哭，邑里轸哀[七]。呜呼哀哉！以二/年十月九日窆于冶泉之阴，浮山之阳。青延一奄，白日长亏，新松方茂，/宿草将离，桑田互起，山谷倾移。嗟乎投分，镌德题碑。其词曰：

灵苻降祐，山川集祉。周祚文昌，太师［齐］峙。贤哉变道，大［风］掘起。衮衣承/弁，意如角里。时呼振赫，虬才孺子。朱骖符竹，历驾终始。乡□望资，弓车/不已。玉瑛和璞，珠贲随光。夫君挺秀，如璧如璋。才称武被，器号文房。州/端分乘，崇阙含香。芒昧上玄，抒我人良。风吹楛木，鸟乱邓杨。

163

盛德不朽，/勒铭传芳。

［一］报告释作"爵"，误。志作"爵"，字今作郁，繁盛貌。
［二］"郁"同上。
［三］报告释作"幕府"，志作"莫府"。
［四］报告释作"丹梁"，作"舟梁"似更妥。舟梁，通津之关钥，喻重要。又有拯济意。
［五］报告释作"物财"，应作"物则"。《国语·周语》上："考中度衷以莅之，昭明物则以训之……"韦昭注："物，事也；则，法也。"
［六］报告释作"仓旻"，志文作"苍旻"，春为苍天，秋为旻天。
［七］报告释作"弥哀"，志文虽稍漫漶，然"轸哀"依然可辨。轸，心痛。轸哀即悲伤。

崔芬，史籍无载。据墓志，崔芬为清河东武城人，这是指其郡望。志文说他"春秋四十八，以齐天保元年十月十九日遘疾，终于家"。北齐天保元年为公元550年，以此推算，崔芬应该是生于北魏宣武帝景明四年，即公元503年。

志文罗列了崔芬一生的仕宦历程："君……弱冠辟郡功曹，成人召州主簿，除开府行参军，总大行台郎中。禀命天子，参事幕府，握兰礼闱，黼藻军国。……武定五年，征本州别驾。弼谐万里，岁聿三龄，百城缉熙，六条弗紊。八年复征南讨大行台都军长史。"崔芬起家郡功曹，为视从八品的官吏，累官不过威烈将军、行台府长史，为第七品上的官员。考察其任职，可知他基本上是在本州任职，所任职位虽然品级不高，但属于相对有权力的职位。

郡功曹，汉朝郡县置功曹史，省称功曹，职掌人事，参与政务。魏晋南北朝承置，多用本地大族，在郡守自辟的属吏中地位最高。崔芬所任当为青州齐郡的功曹。州主簿，亦承汉置，掌刺史节杖文书，地位仅次于治中、州都，任职者均为州内大族子弟，为乡选之极品。开府，北魏置，孝文帝太和十七年（493）定为第一品下，二十三年改为从一品。北齐沿置，地位渐低，除售冗滥。行参军，三国至唐俱置。晋初制度，中央除拜者为参军，诸府自辟者为行参军。两晋、南朝北魏、北齐公府、将军府、州府亦置。崔芬所任当为开府自辟。大行台，北魏置，为尚书省设在各主要地区的派出机构，代行尚书省权力，以所辖区域名称为关西大行台、东北道大行台、徐州大行台等。大行台郎中，北魏、东魏、西魏、唐朝置，属大行台。北魏末及东、西魏时权力很大。如分曹理事，则冠以曹名。总大行台郎中，则总各曹郎中。因大行台是中央政府派出机构，故志文称"禀命天子"，又因权臣任大行台，故曰"参事幕府"。别驾，州郡佐吏，州别驾居州吏之首。魏、晋、北魏别驾例用本州人，由刺史自辟。北魏后期渐由朝廷任命。别驾职权甚重，当时论者称其职居州刺史之半。崔芬被"征本州别驾"，当仍由青州刺史征辟。长史，晋、南北朝为诸公、位从公者及位不从公而为名号大将军者之幕僚长。崔芬墓志题中的"行台府长史"当指此，是其一生中最高职位。

当时世家大族往往把持本州要职，以巩固家族在本州的地位，并以此为跳板升迁到郡守、刺史乃至中央要职。即使任职中央，他们也往往担任本州中正，以利于家族成员源源不断地进入仕途。崔氏在青齐地区任州郡掾属者很多，他们以此影响本地事务，维持家族地位。崔芬在本州郡任职的经历就证明了这一点。

崔芬死于北齐天保元年（550）十月，按照常理其墓志首行应题其在北齐的最后职位（一般也是最高职位）。但其墓志却作"魏威烈将军行台府长史崔公之墓颂"，仍用东魏官职，似乎崔芬并未在北齐任职。崔芬三年前才被征为青州别驾，从政绩上看干得也是有声有色。武定八年（550，与天保元年同年。天保元年自本年五月始），复征南讨大行台都军长史，也曾有过一番作为。从这里并不能看出崔芬有疾病的迹象。为什么崔芬上半年还异常活跃，而下半年就病故了，而且死后墓志没有用北齐的年号、官职。这要从崔芬最后任职"南讨大行台都军长史"等方面去推测。

"南讨大行台"一职，从字面意思理解，应该是专门为防御和进攻南朝而置的大行台。北魏末，地方行台普遍设立。高欢曾罢诸行台，但不久就自任大行台，① 并在地方设置行台。《梁书》卷五六《侯景传》称："魏以（侯景）为司徒、南道行台，拥众十万，专制河南。"侯景所任之南道行台，辖区当为河南之地。河南之地的范围，包括青、徐、兖、豫、齐、东徐诸州。② 太清元年（547），侯景遣使向梁上表请降说："乃与冀州刺史高成……北扬州刺史元神和等，皆河南伯牧，大州帅长，各阴结私图，克相影会，秣马潜戈，待时即发。……唯有青、徐诸州，仅须折简，一驿走来，不劳经略。"③ 侯景联络的势力，应当多是他的故旧属下。青州当也是南道行台的辖地，其中有侯景的故旧势力，因此他自信地说"仅须折简，一驿走来，不劳经略"。

　　崔芬任职基本上是在本州本郡，从年代上看，他任职的"南讨大行台"可能就是辖有青州的侯景的南道大行台。"南道大行台"，在后起的《北齐书·神武帝纪》和《南史》中作"河南道大行台"。"讨"与"道"一音之转，不知孰是孰非，不排除刻志人误"道"为"讨"的可能。如果这一推测成立，那么崔芬就是侯景的故吏之一。侯景之所以认为青、徐诸州"不劳经略"，也正是因为他在青、徐有像崔芬这样的故吏势力。崔芬在武定八年"复征南讨大行台都军长史。运筹方寸，骞旗万里，恩沾汝坟，威震建业"。这里的"建业"不应是通常意义上的"建功立业"，而应专指南朝都城建康。而同年，侯景已经平定建康，并开始在南方经营自己的势力。崔芬可能就是这时以故吏的缘故应侯景之征，为其出谋划策，助其威震建业。侯景能纵横南北，平定建康，绝非一人之力所能为，而赖其手下有一批谋士相助，其中最主要的人物是王伟、于子悦等人。崔芬此时职为都军长史，应当也是侯景的高级参谋之一。但不久，崔芬可能因为伤、病或

---

① 《北史·魏孝武帝纪》永熙二年（533）云："（正月）丁酉，渤海王高欢大败尔朱氏，罢诸行台。……（三月）阿至罗十万户内附。诏复以渤海王高欢为大行台，随机裁处。"

② （宋）司马光：《资治通鉴》卷133宋纪15苍梧王元徽元年（473）："秋，七月，魏诏河南六州之民，户收绢一匹，绵一斤，租三十石。"胡三省注："河南六州，青、徐、兖、豫、齐、东徐也。"

③ 《梁书》卷56《侯景传》。

其他原因离开了侯景营北归。返回青州后，因为有过追随侯景的经历，他已经不为北朝接纳，只能退归乡里，郁郁而终。"宫墙崇峻，道德之门难入；器宇冲深，室家之好□睹。□剑琴书，高名自远。"这些语句都暗示了崔芬被迫退出政坛、索居乡里的晚景。崔芬的父祖数代为官，而志文却对他们的名讳隐而不提，这样的含糊其辞，恐怕也是与此有关。至于崔芬墓志仍用魏官职一事，至此也无须再论。

二 南徙青州的清河崔氏

据《新唐书》卷七二下《宰相世系表 二下》崔氏条，崔氏出自姜姓。齐丁公伋嫡子季子让国叔乙，食采于崔，遂为崔氏。至崔伯基，为汉东莱侯，居清河东武城，是为清河崔氏之始祖。清河郡，魏晋南北朝时属河北冀州；而今临朐县之地，北朝时，属青州齐郡之昌国县，县南有覆釜山，[①]可能就是崔芬墓志中墓葬所在地"浮山之阳"的浮山。又，《水经注》"巨洋淄汶潍胶"条下有"薰冶泉水"，流经临朐县东南，应即崔芬墓志中所说的"冶泉之阴"的冶泉。据唐长孺先生考证，在南北朝时期，有一批河北大姓随慕容德南徙到青齐地区，并迅速融入当地，成为当地的豪族，被称为"土民"[②]。青州的清河崔氏就是这批南迁的大姓之一。慕容德南徙之事见《晋书·慕容德载记》。北魏攻取后燕河北郡县，慕容德时镇邺城，见魏军来攻，人心浮动，乃率民户四万，车两万七千乘，从邺城南迁至黄河南岸的滑台，称燕王。公元399年又以"青州沃野二千里，精兵十余万，左有富海之饶，右有山河之固"，迁都广固（今山东青州市），改称燕皇帝，史称南燕。唐长孺先生指出，南燕政权建立的情况，和东晋政权的建立相似。[③]与慕容德同时南迁的大量民户中，最值得注意的是所谓的豪强大族，如清河崔氏、张氏、房氏，渤海封氏、高氏，平原

[①]《魏书》卷106《地形志》青州齐郡条。谭其骧主编《中国历史地图集》第4册第48—49页作"复釜山"。

[②] 唐长孺：《北魏的青齐土民》，载《魏晋南北朝史论拾遗》，中华书局1983年版。

[③] 同上。

刘氏等。清河崔氏见于史书者如《魏书》卷二四《崔玄伯附族人道固传》："琰八世孙也。祖琼，慕容垂车骑属。父辑，南徙青州，为泰山太守。"同书卷六七《崔光传》："清河鄃人。祖旷，从慕容德南渡河，居青州之时水，慕容氏灭，仕刘义隆为乐陵太守，父灵延，刘骏龙骧将军、长广太守，与刘彧冀州刺史共拒国军。"

魏晋南北朝时期，大族迁徙往往有大量宗族同行，从而将宗族移植到迁居地，保持自己家族在当地的势力。南迁青齐的大族也不例外。他们凭借宗族和乡里关系，联系和控制南迁的人民，同时吸收所谓的"门附""门生"，构成青齐地区最有势力的割据力量。[1]《晋书》卷一二七《慕容德载记》称尚书韩谆上书云："百姓因秦晋之弊，迭相荫冒，或百室合户，或千丁共籍，依托城社，不惧熏烧，公避课役，擅为奸宄，损风毁宪，法所不容，但检令未宣，弗可加戮。今宜隐实黎萌，正其编贯，庶上增皇朝理物之明，下益军国兵资之用。"这个建议被采纳后，检查出的荫户达到五万八千。《南齐书》卷二七《刘怀珍传》："平原人。汉胶东康王后也。祖昶，宋武帝平齐，以为青州治中……怀珍北州旧姓，门附殷积，启上门生千人充宿卫，孝武（宋孝武帝刘骏）大警，召取青冀豪家私附得千余人。"这里所谓"冀"是指侨置于青州之冀州。可见刘宋政权统治时期，青州豪强大族依然有很大的势力。他们之所以能够反复于南北政权，保持自身存在，也正是凭借这种乡党关系形成的地方势力。所以崔芬"恂恂乡党"的行为，不尽是墓志的溢美之词，而且是其维护自身势力的一种手段。

迁居青齐地区的崔氏，见诸史料的几乎都是清河崔氏。清河崔氏房支甚多，《新唐书·宰相世系表》列郑州房、鄢陵房、南祖、清河大房、清河小房、清河青州房等定著六房。而居住在青齐地区的常见有乌水房、青州房以及崔遵的后人。前引《宰相世系表》二下崔氏条称："怡生宋乐陵太守旷，随慕容德渡河居齐郡乌水，号乌水房。生清河太守二子：灵延、灵茂。灵茂，宋库部郎中，居全节。"可知乌

---

[1] 唐长孺：《北魏的青齐土民》，载《魏晋南北朝史论拾遗》，中华书局1983年版。

水房家族居住地在齐郡乌水，另有一支在全节。① 崔氏乌水房家族墓地今已发现，位于今淄博市临淄区。② 第一次清理的14座墓葬，据出土墓志可知墓主中有崔鸿夫妇（1号墓）、鸿长子崔混（3号墓）和次子崔鹔（14号墓）、崔鸥之子崔德（5号墓）和崔博（12号墓）。第二次清理了5座墓葬，其中有墓志者为崔旷之孙崔猷之墓（M15）。从葬地看，葬于临朐的崔芬应当不属于乌水房。

史料显示葬于青州的清河崔氏还有崔邪利。崔邪利是崔遵之孙，崔协之子。据《魏书》卷二四《崔玄伯附崔模传》："初，真君末，车驾南克邹山，模兄协子邪利为刘义隆鲁郡太守，以郡降，赐爵临淄子，拜广宁太守，卒于郡。邪利二子。怀顺以父入国，故不出仕。及国家克青州，怀顺迎邪利丧，还葬青州。次恩，累政州主簿，至刺史陆龙成时谋叛……龙成讨斩之。怀顺与冲智之子徽伯等俱奔江外。"可见崔邪利葬于青州，但不知具体在何处。邪利后来还生一庶子法始，袭爵临淄子，传至孙延族，正光中，为冠军将军、中散大夫。崔协之弟崔模，"慕容熙末南渡河外，为刘裕荥阳太守，戍虎牢。神䴥（北魏太武帝拓跋焘年号）中，平滑台，模归降。后赐爵武陵男，加宁远将军。""崔模在南妻张氏，有二子，冲智、季柔。模至京师，赐妻金氏，生子幼度。""皇兴初，幼度随慕容白曜为将。""时季柔为崔道固长史，带济南太守……为乱兵所害。"这一支人物散布南北，未必都能归葬青州。

青齐地区另一支清河崔氏为青州房。前引《宰相世系表》二下崔氏条："清河青州房：琰生钦，钦生京，京生琼，慕容垂车骑属。生辑，宋泰山太守，徙居青州，号青州房。"青州房之葬地尚未被考古

---

① 全节县，据《元和郡县图志》卷10"齐州·全节县"条，"本春秋谭国之地，齐灭之。汉以为东平陵县，属济南郡。宋省'东'字。后魏为东陵，至周省。其全节县，本是隋末土人李满率乡人据堡，赡以家财，武德二年归国，于堡置谭州及平陵县，以满为谭州总管。贞观元年废谭州，县属齐州。十七年燕亮构逆，满及男君求固守。贼平县废，有诏重置县，改名全节，以旌其功焉。"又《魏书》卷106《地形志》"青州济南郡"条："平陵，二汉、晋属，曰东平陵，后改。"似乎"全节"之名是唐代才有。在今山东省历城县东。

② 山东省文物考古研究所：《临淄北朝崔氏墓》，《考古学报》1984年第2期。淄博市博物馆等：《临淄北朝崔氏墓地第二次清理简报》，《考古》1985年第3期。

发现所确认，但根据史料可知青州房的崔光韶、光伯兄弟居于青州治所东阳城。[①] 东阳城为军事性质的一小城，城内居民不会太多。青州房崔氏家族可能居住在距离东阳城不远的昌国县（今山东临朐县）境内，而葬于临朐南郊的崔芬很可能就属于清河崔氏青州房的成员。如果崔芬属于青州房，那么在崔芬墓周围还可能发现其他青州房崔氏成员的墓葬，我们期待着有新的考古发现。

三　南北朝政治中的清河崔氏

崔芬墓志云："高曾在晋，持柯作牧。乃祖居宋，分竹共治。泊魏道南被，政寄唯良，复和在阴，载縻好爵。父赞朝右之任，珥负阊之华。聿职州邦，蝉联世禄者矣。"可知崔芬的高祖、曾祖仕于东晋，其祖父曾仕于刘宋，北魏政权南下据有今山东地区后，又仕于北魏。其父也出仕北魏。崔芬父祖数代人的出仕经历，是以南燕、刘宋和北魏几个政权对青齐地区的争夺为背景的。

魏晋南北朝大族，往往重家更甚于重国，为了家族利益，可以反复于不同的政权之间。另外，崔氏反复于南北政权之间，也是受到政局的影响的。随慕容德南下的大族虽然多仕于南燕，但并非每个家族都能取得非常显赫的地位。除了封氏、韩氏和慕容政权渊源甚深而拥有一定权位外，其他如崔、张、刘等大族常常遭到鲜卑贵族和封、韩两族的牵制。志文未述崔芬祖上仕于南燕，恐怕是在南燕政权中并不得意，或者没有出仕。南燕末年，慕容超"不恤政事，畋游是好，百姓苦之"，加之"政出权要，多违旧章，轨宪日颓，残虐滋甚"[②]，青州大族与之倾心相接的可能性大打折扣。东晋末年，刘裕灭南燕时，除了封氏、韩氏固守抵抗外，作为青齐大族的崔氏等家族很少有抵抗活动。刘裕灭南燕后，青齐地区归晋、宋政权，青齐大族纷纷归附。

---

① 《魏书》卷66《崔亮附光韶传》云"以母老辞官归养"，又云侯渊"令数百骑夜入南郭，劫光韶"，此南郭乃东阳城南郭。崔祖螭作乱，攻打东阳城时，青州刺史元贵平"欲令光伯出城慰劳"。皆说明光韶兄弟居于东阳城。

② 《晋书·慕容超载记》，中华书局1972年点校本。

崔芬祖上仕于晋、宋应当是在这个时期。关于青齐大族在刘宋参与政治的情况，章义和的研究成果可以参考。他认为："刘宋前期青徐集团的任职有三个特点：其一，任武职，领武衔。其二，职阶较低……其三，任职于青齐地方。……由于晚入刘宋，在政治中的上升途径极为狭窄，只有通过武功以求进取，而这种上升的机会较少且较为缓慢，因此青徐集团中除少数人因军功而得任用外，大部分湮没于统治集团的下层。"[1] 章氏所论之青徐范围较青齐地区大，但青齐地区大族的情况与之基本相同。

崔氏得以显示其力量是在所谓"义嘉之乱"中。对于这次政乱，唐长孺先生指出："宋明帝和他侄儿子勋的皇位之争，在青齐地区实际上是所谓北豪的混战。"[2] 为了在新朝中提升家族地位，青齐大族纷纷投入这场政争，崔氏也不例外。如《宋书》卷八八《崔道固传》："清河人也……景和元年，出为宁朔将军、冀州刺史，镇历城。泰始二年……时徐州刺史薛安都同逆（支持子勋，反对宋明帝），上即遣道固本号为徐州代之。道固不受命，遣子景微、军主傅灵越率众赴安都。继而为土人起义所攻，屡战失利，闭门自守。会四方平定，上遣使宣慰，道固奉诏归顺。"崔道固支持子勋，反对宋明帝，虽然失败了，但明帝仍然遣使宣慰，一方面这是因为在北魏这个大敌面前，政府与崔氏的矛盾属于内部矛盾；另一方面，处于魏晋南北朝这个地方势力显著的历史时期，刘宋政权对青齐地区的争夺和占领，均需依靠包括崔氏在内的当地大族的力量。

北魏占领青齐后，把许多青齐人户迁到代京，按照社会地位、降拒态度区别对待。还在代京附近设立了平齐郡，迁所谓民望为平齐民。在青齐的清河崔氏成员有平齐民经历的有崔光、崔亮等。孝文帝时，恢复平齐民的士族身份，他们"例得还乡"，仍然是当地最有势力的豪强。志文没有提及崔芬祖上有迁代的经历，其是否曾为平齐民不得而知。但崔芬之祖、父及其本人皆仕于北魏是确定无疑的。只是崔芬在政治投机中走错了一步，依附侯景，以至于被继起的北齐摒

---

[1] 章义和：《地域集团与南朝政治》，华东师范大学出版社2002年版，第37页。
[2] 唐长孺：《北魏的青齐土民》，载《魏晋南北朝史论拾遗》，中华书局1983年版。

弃，不能再继续家族的辉煌。

总之，崔芬祖上的仕宦经历，恰恰是随慕容德南迁青齐地区的河北大族清河崔氏的一个缩影。他们自从扎根于青齐以后，便以此为立家根本，随着政局的变动，反复于南北政权之间。所有这一切，在豪族看来，无非是为了维护家族的利益，提高家族的地位，而站在历史的高度来看，这又正是地方势力壮大、封建割据倾向明显这一魏晋南北朝历史特征的表征。

魏晋南北朝时期的青州地区，由于地处南北政权势力争夺的前沿，成为南北政权的必争之地，曾先后属于石赵、后燕、东晋、刘宋、北魏、东魏、北齐等政权。崔芬墓志的发现对于研究这一地区南北朝争战历史条件下的世家大族政治、社会以及人口迁移无疑有着重要的意义。

（原载《南京晓庄学院学报》2005年第1期）

临淄北朝崔氏墓与清河崔氏乌水房

20世纪70年代发掘的山东临淄崔氏墓，是魏晋南北朝时期重要的家族墓地。考古材料虽已经发表多年，但迄今并没有得到充分的利用。目前对崔氏墓的研究主要是考古学上对其墓葬形制和出土器物进行类型学研究，以及利用出土墓志补充崔氏家族的世系。[①] 本文主要通过考察临淄崔氏墓的形制特征和出土墓志内容，并参考文献记载，对清河崔氏乌水房的居地、葬地、世系和家族的吉凶仪范略作探讨。

一 临淄北朝崔氏墓的发现及其特征

临淄北朝崔氏墓地位于淄博市临淄区黄山北麓，1973年第一次发掘共清理了14座墓，都是朝西北方向的石室墓，都有墓道。其中除了M5（崔德墓）平面呈正方形外，其余13座墓平面都呈圆形。出土墓志的墓葬有M1（崔鸿夫妇墓）、M3（崔混墓）、M14（崔鹔墓）和M12（崔博墓）。[②] 1983年第二次发掘又清理了五座墓葬，分别为M15—M19，都是平面呈圆形或椭圆形的石室墓，仅M15出土墓志，

[①] 考古类型学的研究主要有乔梁《北朝墓葬研究》（载《宿白先生八秩华诞纪念文集》，文物出版社2002年版）、杨效俊《东魏、北齐墓葬的考古学研究》（《考古与文物》2000年第5期）等，都不是对崔氏墓的专门研究，仅是将其作为整体研究对象的一部分。对出土墓志的研究主要有夏炎《中古世家大族清河崔氏研究》（天津古籍出版社2004年版），该书依据临淄崔氏墓出土墓志补充了崔氏世系。

[②] 山东省文物考古研究所：《临淄北朝崔氏墓》，《考古学报》1984年第2期。

据墓志可知为崔猷墓。从两次发掘出土的墓志①可知，此墓地为清河崔氏的一处家族墓地，始于北魏，延至北齐，经历了北朝时期百余年的时间（纪年墓中崔猷墓最早，为493年；崔博墓最晚，为577年），是北朝时期典型的家族墓地。②

1965年在济南市东10公里发现了东魏邓恭伯妻崔令姿墓。该墓坐北朝南，有前后两个圆形石室，平面呈"8"字形，前室直径3.1米，后室直径4.5米。穹隆顶。据墓志可知崔令姿为清河崔氏，崔琰之后。曾祖高，宋清河太守；祖灵之，广川太守；父延伯，清河太守。该墓使用了圆形石室墓，比临淄崔氏墓多出一个墓室，但仍属于同一传统。③

其他地区的北朝圆形墓还有河北平山县发现的北齐祠部尚书、赵州刺史崔昂墓④和北京王府仓发现的一座北齐砖室墓。⑤ 崔昂墓是一座斜坡墓道单室砖墓，墓室平面圆形，直径约10米，穹隆顶高约8米。墓室北部围绕墓壁砌半圆形棺床。崔昂属于博陵崔氏，其家族是从博陵郡安平县迁至今河北平山县的。该家族墓地至今仅发掘了这一座墓，无法了解是否也有使用圆形墓的传统。北京王府仓北齐砖室墓墓室平面呈半圆形，南壁为东西向的直壁，应是圆形墓的变形。崔昂墓与北京王府仓墓均为砖室墓，时间晚于临淄崔氏墓，可能受到了临淄崔氏圆形石室墓的影响。

根据乔梁的统计，北朝时期的墓葬以方形和不规则形最多，圆形墓很少。北朝时期的圆形墓（包括椭圆形墓）共发现24座，其中4座为砖室墓，20座为石室墓。⑥ 也就是说，北朝的圆形石室墓，基本都是今山东地区的清河崔氏墓葬。

---

① 发掘简报附有墓志拓片，本文所引用的崔氏墓志内容，均来自发掘简报拓片，并参考赵超编《汉魏南北朝墓志汇编》墓志录文（天津古籍出版社1992年版）。
② 淄博市博物馆等：《临淄北朝崔氏墓地第二次清理简报》，《考古》1985年第3期。
③ 济南市博物馆：《济南市东郊发现东魏墓》，《文物》1966年第4期。
④ 河北省博物馆等：《河北平山北齐崔昂墓调查报告》，《文物》1973年第11期。
⑤ 北京市文物管理处：《北京王府仓北齐墓》，《文物》1977年第11期。
⑥ 乔梁：《北朝墓葬研究》，载《宿白先生八秩华诞纪念文集》，文物出版社2002年版。

北朝时期的家族墓地已发现多处，如河北赞皇的赵郡李氏家族墓地①、河北景县的封氏墓群②和高氏墓群③等。这些墓葬都是平面方形或弧方形的单室墓或前后双室砖室墓，有的主室带有祔葬用的耳室。而同样为世家大族的临淄地区清河崔氏，却使用了有别于其他大族墓葬形制的圆形石室墓，显示出其家族独有的特征。

二 清河崔氏乌水房居地、葬地和世系

清河崔氏是中古时期最著名的世家大族之一。据《新唐书》卷七二下《宰相世系表二下》崔氏条，崔氏出自姜姓。齐丁公伋嫡子季子让国叔乙，食采于崔，遂为崔氏。至崔伯基，为汉东莱侯，居清河东武城，是为清河崔氏之始祖。④ 据唐长孺先生考证，在南北朝时期，有一批河北大姓随慕容德南徙到青齐地区，并迅速融入当地，成为当地的豪族，被称为"土民"⑤。葬于今淄博的这支清河崔氏，就是这批河北大姓之一。慕容德南徙之事见《晋书·慕容德载记》。北魏攻取后燕河北郡县，慕容德时镇邺城，见魏军来攻，人心浮动，乃率民户四万，车两万七千乘，从邺城南迁至黄河南岸的滑台，称燕王。公元399年又迁都广固（今山东青州市），改称燕皇帝，史称南燕。

临淄崔氏墓墓主崔鸿等人，皆为崔旷的后代。《魏书》卷六七《崔光传》："清河鄃人。祖旷，从慕容德南渡河，居青州之时水，慕容氏灭，仕刘义隆为乐陵太守，父灵延，刘骏龙骧将军、长广太守，与刘彧冀州刺史共拒国军。"⑥ 前揭《宰相世系表》崔氏条称："怡生宋乐陵太守旷，随慕容德渡河居齐郡乌水，号乌水房。生清河太守二子：灵延、灵茂。灵茂，宋库部郎中，居全节。"可知崔旷为清河崔

---

① 石家庄地区文化局文物发掘组：《河北赞皇东魏李希宗墓》，《考古》1977年第6期。
② 张季：《河北景县封氏墓群调查记》，《考古通讯》1957年第3期。
③ 河北省文管处：《河北景县北魏高氏墓发掘简报》，《文物》1979年第3期。
④ 《新唐书》，中华书局1975年版。
⑤ 唐长孺：《北魏的青齐土民》，载《魏晋南北朝史论拾遗》，中华书局1983年版。
⑥ 《魏书》，中华书局1974年版。

氏乌水房的始祖，其家族居住地在齐郡乌水，另有一支居住在全节（平陵县）。① 乌水即时水，"在（临淄）县西南二十五里，其色黑，俗又谓之'乌河'，亦名黑水，又谓之源水"②。乌水只是一条河的名字，用来表示崔氏居地的特征，崔旷居住地应该是在乌水所在的县。

刘裕平南燕后置东清河郡，属齐州，故崔鸿墓志云"齐州清河人也"。清河崔氏乌水房成员往往称"鄃人"，如《崔光传》称其为"清河鄃人"，崔混墓志称"东清河鄃人"，崔鶄墓志称"清河鄃县人"，崔猷墓志称"东清河东鄃人"。也有不称鄃人的，如崔鸥的两个儿子崔德、崔博墓志均称"清河武城人"。清河崔氏泛称郡望，一般是称清河东武城，因其始祖崔伯基居住于清河东武城之故。史书所载崔氏传记和已知墓志也多作清河东武城人，即使是迁居青齐地区的房支也不例外，如《魏书》卷六《崔亮传》、崔芬墓志③均称"清河东武城人也"。此处称"清河武城"，很可能与称"鄃县"一样，是实指的东清河郡武城县。武城、鄃县皆属东清河郡。临淄墓地在鄃县境内，崔猷、崔鸿墓志均称葬于本邑黄山之阴，而称清河武城人的崔德、崔博兄弟墓志则不书"本邑"。似乎乌水房崔氏除了崔灵茂一支居平陵县外，居住在乌水附近的房支也分居鄃、武城两县。鄃县治今淄博市东南，武城县治今淄博市西南淄川区东，清河崔氏乌水房家族就居住在这一带。鄃、武城两县在北齐天保末年（550—559）省并州县时被废，崔德、崔博墓志时代分别为天统元年（565）和武平四年（573），虽晚于天保年间，仍按习惯沿用了旧县名。

鄃县和武城的崔氏族人虽然不住在同一县，但埋葬在同一祖茔。临淄崔氏墓地已知的墓主有崔鸿夫妇、崔混、崔鶄、崔博、崔德、崔

---

① "全节"是世系表使用的唐代县名，在今章丘市西龙山镇。据《元和郡县图志》卷10"齐州·全节县"条："本春秋谭国之地，齐灭之。汉以为东平陵县，属济南郡。宋省'东'字。后魏为东陵，至周省。其全节县，本是隋末土人李满率乡人据堡，赡以家财，武德二年归国，于堡置谭州及平陵县，以满为谭州总管。贞观元年废谭州，县属齐州。十七年燕亮构逆，满及男君求固守。贼平县废，有诏重置县，改名全节，以旌其功焉。"

② （清）顾祖禹撰，贺次君等点校：《读史方舆纪要》卷35"临淄县"条，中华书局2005年版，第1631页。

③ 山东省文物考古研究所等：《山东临朐北齐崔芬壁画墓》，《文物》2002年第4期。

猷。崔德"葬于太保翁之墓所",太保翁指崔光,故崔光的墓葬也在此墓地。《宰相世系表》载崔旷有灵延、灵茂二子,据崔猷墓志,崔旷还有一子灵瑰。崔猷为灵瑰之子,崔光为灵延之子、崔敬友之兄,崔鸿、崔鶺等都是灵延之孙、崔敬友之子,崔混为崔鸿之子,崔博、崔德是灵延之孙、崔鸥之子。他们都是崔灵延和崔灵瑰两支的后人。

临淄墓地没有发现崔旷的另一子崔灵茂家族的墓葬,这可能有两种原因:第一,因为崔灵茂居住在济南郡平陵县,已经不葬在临淄的旧茔,而是就近选择新的墓地。第二,崔氏在该墓地按不同房支分区埋葬(如灵瑰子崔猷墓就是在第二次发掘中发现的,应该与第一次发掘的灵延一支的墓葬有一定距离),所以发掘中没有发现崔灵茂一支的墓葬,或者是因为恰好崔灵茂一支家族成员的墓志被盗,导致虽然墓葬已经被发掘了仍不为人知。

根据出土墓志提供的信息,可以补充《新唐书·宰相世系表》记载的清河崔氏乌水房世系。现列出清河崔氏乌水房世系图如下。

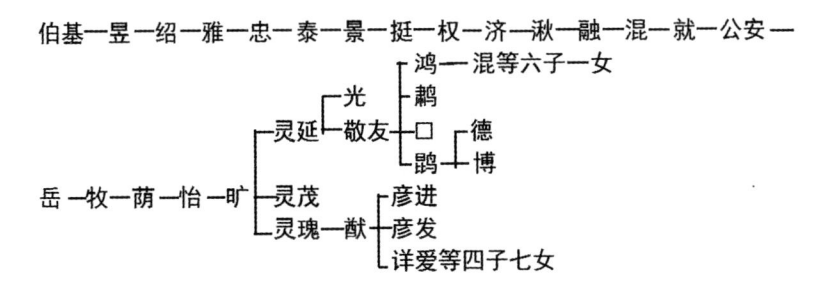

```
伯基—昱—绍—雅—忠—泰—景—挺—权—济—湫—融—混—就—公安—
                                    ├鸿—混等六子一女
                              ┌光  ├鶺
                         ┌灵延┤    │
                         │    └敬友┤   ┌德
                         │         │□─┤
岳—牧—荫—怡—旷┤              └鸥─┤   └博
                         │          ┌彦进
                         └灵瑰—猷─┤彦发
                                    └详爱等四子七女
```

图1 清河崔氏乌水房世系

对比乌水房世系表和墓志记载,发现有矛盾之处。崔德、崔博,均为崔鸥之子,其二人墓志也相似,都称崔琰是十二世祖。但崔德称崔岳为九世祖,崔博称为八世祖,从世系表看应为八世祖,崔德志误。

据《新唐书·宰相世系表二下》:"伯基八世孙密。密二子:霸、琰。"则崔琰为崔伯基九世孙,与乌水房世系表中崔济同辈。崔德、崔博墓志均称"十二世祖琰",但从乌水房世系表上看,二人的十二世祖是崔融，比崔琰低两辈。而且按照宰相世系表的记载，崔琰和乌水房世系是并列关系，并非崔德、崔博先祖。宰相世系表和墓志必有一方记载有误。《新唐书·宰相世系表》晚出，对前代谱系的记载可能较混乱，但是应该参考了多家的谱牒，有一定的可信度。崔鸿和崔鹔墓志追溯先人到崔敬友，崔猷墓志追溯到七世祖崔岳（按世系表应是六世祖），都没有提到崔琰。崔德、崔博墓志晚出，却追溯到十二世祖崔琰，考虑到崔琰的声望更著的原因，不能排除二墓志有冒认著支的嫌疑。

清河崔氏乌水房在崔光、崔鸿时候达到鼎盛。崔光位至太保；崔鸿拜黄门侍郎，加散骑常侍、齐州大中正。此后逐渐衰落，崔德没有任职；崔博最后以徐州长史"辞禄位"，做官也不显达。贵族越是处于衰落的阶段，越是强调门第的高贵，因此崔德、崔博墓志中把先祖追溯到崔琰也就容易理解了。研究者对于寒庶冒认士族的情况关注较多，而对士族内部冒认著房著支的现象很少措意，崔德、崔博墓志显示的与世系表记载的矛盾，提醒我们今后也应关注这一问题。

同样追溯到崔琰的还有崔令姿墓志。志云："夫人讳令姿，清河武城人也。魏中尉琰之后，曾祖高，宋清河太守。祖灵之，广川太守。父延伯，清河太守。"称"清河武城人"，又称为崔琰之后，与崔德兄弟墓志属同一类。考虑到崔令姿使用了圆形石室墓，故崔令姿可能出自乌水房，与崔德兄弟血缘关系较近。崔令姿曾祖高曾任宋清河太守，说明崔高和崔旷等人一样，也是随慕容德从河北迁到山东的。

三　圆形石室墓与崔氏的吉凶仪范

魏晋南北朝时期，各个大族都有自己独特的家学家风，家学家风在一定程度上成为大族的立家之本。清河崔氏是著名的文化世族，南北朝时期，家学一直传承不替。唐长孺先生指出：北朝经学实即河北之学，基本上沿袭汉末的郑玄之学，普遍学风保守，继承汉代传统，注重章句训诂，与南朝注重义理的魏晋新学风有显著的差异。[①] 曹魏

[①] 唐长孺：《魏晋南北朝隋唐史三论》，武汉大学出版社1993年版，第233—238页。

时期的崔琰青年时代曾就学于郑玄门下，因此清河崔氏的家学可以说是北朝经学的代表。乌水房崔氏中，崔光、崔鸿等都以博学著称。崔光"太和六年，拜中书博士，转著作郎，与秘书监李彪参撰国史"[①]；崔鸿"少好读书，博综经史"，曾著《十六国春秋》。[②] 而崔猷墓志谓其"闺庭雍整，树言树行，有礼有法"，正是北朝士族多以经学礼法著称的写照。[③]

另一支从河北南迁到山东的清河崔氏崔逞之后崔休，为"清河大房"始祖。崔休长子崔㥄，史书载"㥄一门婚嫁，皆是衣冠之美，吉凶仪范，为当时所称"[④]。"吉凶仪范"，指吉凶礼仪的规范和传统，每个重视礼法的家族都应有自己的吉凶仪范。清河崔氏在吉凶仪范上为人称道，说明崔氏的确在礼法上有自身的传统，甚至有与其他大族不同之处。清河崔氏乌水房连续几代都使用了独特的圆形石室墓，显示出这一家族在丧葬礼仪上已经形成了自己的传统。所谓"吉凶仪范"，自然包括丧葬礼仪的内容，圆形石室墓应当就是乌水房崔氏的"吉凶仪范"的一种表现。

临淄崔氏墓使用了石室，大概是受到山东地区画像石墓的影响。画像石墓产生于西汉晚期，至东汉末衰落。墓室使用石材或砖石混合建造，在墓门、墓壁、墓顶等处分布有建筑、舞乐、狩猎、车骑出行、古圣先贤事迹、珍禽瑞兽等各种题材的画像。信立祥先生指出：在汉画像石流行的背后，显然有着更为深刻的社会背景，即两汉时期的厚葬风俗。而儒家学说为汉代厚葬风俗的出现和盛行提供了思想上和礼制上的依据。[⑤] 除了地下的画像石墓外，汉代还流行在地面上建立石祠等建筑，内部也有画像，画像石墓和石祠建筑都是汉代儒学和孝道在丧葬上的表现形式，其中的画像也有不少具有儒家教化的作用。画像石墓和石祠在东汉末的战乱中多被毁坏，南北朝时期仍能看

---

① 《魏书》卷67《崔光传》，中华书局1974年版。
② 《魏书》卷67《崔鸿传》。
③ 关于崔氏家学的论述，可参考夏炎《中古世家大族清河崔氏研究》第八章"清河崔氏的家传文化"。
④ 《北齐书》卷23《崔㥄传》，中华书局1972年版。
⑤ 信立祥：《汉代画像石综合研究》，文物出版社2000年版，第17页。

到不少遗存,《水经注》中就有相关记载。崔氏以儒学著称,对于汉代画像石墓应该有所了解,也应目睹过一些遗存。崔氏墓虽然没有使用画像石,但继承了石砌墓室的传统,并进一步发展为独具特色的圆形石室墓。

崔氏墓使用了前所未有的圆形形制,很令人费解。圆形墓渊源何自尚不得而知,是否反映了某种思想,或是对某种当时的建筑物的模拟,值得进一步探讨。十六国时期,慕容鲜卑和鲜卑化的汉人曾在北方建立过前燕、后燕、北燕三个政权,统称三燕。清河崔氏较早就和鲜卑政权合作,其族人很多在三燕政权任职。如崔遵为后燕慕容垂少府卿;① 崔琼为后燕慕容垂车骑属;② 崔逞由十六国入魏,先后事前燕、前秦、东晋、翟魏、后燕、北魏。③ 临淄崔氏墓地使用圆形墓的传统延续了上百年时间,绝非偶然一现的现象。这种墓葬形制,是汉族自身的传统,还是因为崔氏任职鲜卑政权而受到胡族影响的产物呢?

慕容鲜卑的墓葬,已经发现了不少,对其基本特征也已经有较多的了解。据田立坤研究,三燕时期墓葬,绝大部分的棺椁呈前大后小状,木棺两侧置吊环,土圹前壁设龛,或椁内设祭台,上置牛骨等;椁室用石板立支或用石块垒砌。随葬陶器种类少,而且器形小,有的底部有印迹,口部有意打残或器身穿孔。一些地位较高者还有金步摇、鎏金带饰及马具。④

辽宁北票西南房身村发现的3—4世纪的石板墓群,是大约3世纪中叶以后南迁到大凌河中下游的慕容鲜卑的遗迹。墓葬都在1米深左右的土圹中,用大小石板、石块拼砌成长方形的平顶墓室。在后燕任职的崔遹的墓葬已经发掘,⑤ 位于朝阳市朝阳镇,为土圹石椁墓。土圹长方形,南北长5.8米、东西宽3.95米,没有墓道。石椁平面

---

① 《魏书》卷24《崔玄伯传》、《北史》卷24《崔逞传》作"慕容垂少府卿",《新唐书·宰相世系表》作"后燕太常卿"。
② 《新唐书·宰相世系表二下》,中华书局1975年版,第2770页。
③ 《魏书》卷32《崔逞传》,中华书局1974年版。
④ 田立坤:《三燕文化遗存的初步研究》,《辽海文物学刊》1991年第1期。
⑤ 陈大为、李宇峰:《辽宁朝阳后燕崔遹墓的发现》,《考古》1982年第3期。

楔形，前宽后窄。椁室东西两壁各用5块石板立支，南北两壁各用2块石板立支，再用5块石板东西横搭于壁上，成为墓顶。石椁内置前宽后窄木棺。崔遹墓的形制与传统的汉族墓葬不同，显然受到了慕容鲜卑墓的影响。安阳孝民屯发现了4世纪中叶的一批墓葬，可能是鲜卑人墓葬或受鲜卑影响的墓葬，为长方形土圹竖穴墓，土圹木棺前宽后窄，土圹前壁有龛，内置牛骨，与朝阳地区魏晋时期慕容鲜卑墓形制、葬俗完全相同。[①]

可见，无论是在旧都龙城，还是后来的邺都，慕容鲜卑的墓葬特色都很明显，都没有圆形墓的特征。临淄崔氏墓的形制绝非受其影响。

北魏平城（今山西大同）地区已发掘北魏墓葬近800座，已经发表资料的212座。墓葬形制的发展顺序是：早期延续拓跋鲜卑民族的固有葬俗，以土坑竖穴墓为主，墓室平面呈梯形，并已流行汉人的长方形竖井和斜坡墓道土洞墓，但墓室平面保持梯形；直到4世纪中期，由于人口的大量迁移带来新葬俗，逐渐形成以长墓道带天井、过洞、甬道，砖砌四壁外弧近方形单室，四角攒尖顶的墓葬形制。[②] 平城墓葬的文化特征是鲜卑式的，如随葬装饰暗纹的陶器，墓主人常戴指环、臂钏，木棺为大头小尾式，普遍随葬牛、马、羊、狗头骨。墓主人以拓跋鲜卑人为主，也有鲜卑化的汉人。[③] 北魏冯太后永固陵，是一座前后双室的砖墓，前室梯形，后室近方形。[④] 大同东南郊的北魏司马金龙墓也是一座前后双室砖墓，前室附带一个耳室。[⑤] 平城地区墓葬无论大型墓还是小型墓，都没有圆形形制，临淄崔氏圆形石室墓也不是受平城地区影响的产物。可以肯定，圆形石室墓是清河崔氏乌水房在山东地区形成的传统，与胡人无关。乔梁根据对北朝墓的统

---

① 中国社科院考古所安阳工作队：《安阳孝民屯晋墓发掘报告》，《考古》1983年第6期。
② 王雁卿：《北魏平城墓葬发现及其形制研究》，载《山西省考古学会论文集（四）》，山西人民出版社2006年版。
③ 王银田：《试论大同南郊北魏墓地的族属》，载《山西省考古学会论文集（四）》。
④ 大同市博物馆等：《大同方山北魏永固陵》，《文物》1978年第7期。
⑤ 大同市博物馆：《山西大同石家寨北魏司马金龙墓》，《文物》1972年第3期。

计也指出:"在一定程度上汉人墓葬同鲜卑等北方少数民族的墓葬存在着一定区别。如圆形墓室基本只用于汉人。"[①]

总之,临淄崔氏墓虽然被盗严重,但其墓葬形制风格独特,出土墓志包含了丰富的信息,对研究中古世家大族文化和魏晋南北朝史有着重要的意义。

(原载《蒋赞初先生八秩华诞颂寿纪念论文集》,学苑出版社2009年版)

[①] 乔梁:《北朝墓葬研究》,载《宿白先生八秩华诞纪念文集》,文物出版社2002年版。

北齐窦兴洛墓志与代北窦氏

《考古与文物》2006年第2期刊发了《太原开化村北齐洞室墓发掘简报》（山西省考古所等）。据简报，太原市晋源区罗城镇开化村以北的山前坡地发现一批汉代以降的古墓，其中有若干座北齐时期的洞室墓。TM85为北齐窦兴洛墓，出土墓志一方。墓志青石质，近方形，边长50—53厘米、厚18厘米。志盖盝顶形，篆书阴刻3行9字："齐故都督窦公墓志铭"。志石平面磨光，隐约有方格界线，铭文基本清晰，志文21行，满行19字，共371字。简报发表了墓志拓片和录文，然不唯录文尚有可完善之处，墓志的史料价值亦有待进一步发掘。本文试对此墓志进行释读，并就有关问题略作探讨，以求教于大方之家。

一 窦兴洛墓志与窦兴洛生平

先录志文并标点如下：

大齐天保十年岁次己卯十月乙酉朔十三日丁酉，/故骠骑大将军、直斋①、都督轵关②镇城嘱朱③箱窦兴/洛，扶风槐里人也。

---

① 简报释作"齐"，误。
② 简报释作"开"，误。
③ 此处"朱"，据张学锋老师提示，也有作"果"字的可能，但字上半部模糊难辨，仍依简报作"朱"。

下篇 出土文献与历史研究

武川①公之孙,太府少卿之子。其/先周之苗裔,郑桓窦公之后。若其悬米滥觞之源,/命氏锡珪之绪;八袭九城之业,五衢四照之华。故/以刊籍甚于玉纪,编体烈于金丹者矣。冠冕重世,/衣缨相袭。公感天地淳粹,应岳渎之精。河目挺征,渊/角表相。曰自绮纨,若如机颖。贻奇舍李,见异陈梅。/体叔则之清通,兼浚冲之简要。孝实行本,忠为令/德。养躬和乐,敬极心颊②。推疾用忧,深被成于鳞羽;/丧则致哀,缠于松柏③。若如贵博,不持章句。公拔迹/投躯,屡拯国命。自性为原,佥然声著。积圣开原,群/才启迈。世居扶风之美垣。公性好浮沈,意尚深静。/自兄及弟,涅纶十室。姑妹姊姨,绵延皇戚。公可谓/寒卿之纤纩④,俭家之黍稷。方当入赞龙庭,飞璎上级。/何悟霜降石苗,飘残未实。故以镌石,用⑤垂不朽。/其铭曰:

凤典发祥,龙图兆庆。同兹玉鼓,握彼金镜。四时启/期,七百传命。我君应运,唯神降祉。公侯子孙,必复/其始,历天成曜,纪地为里。唯兄及弟,穆穆汪汪。/如何哲人,永寝幽堂。

志主窦兴洛,史籍无载。墓志格式与正常墓志稍有不同,并非先述志主郡望家世,而是首先记述了"大齐天保十年岁次己卯十月乙酉朔十三日丁酉"这样一个日期,考虑到后面志文并未提及志主何时去世,这当是窦兴洛去世的日期。而志文又未提及志主享年,故窦兴洛生年也无从推断。天保十年为公元559年,当文宣帝高洋时期。

志曰"故骠骑大将军、直斋、都督轵关镇城嘱朱箱窦兴洛",这是述其职官。骠骑将军,在晋南北朝时为褒赏勋庸、优容大臣的虚号,北魏、北齐秩正二品,北魏加大者位在都督中外诸军事之下,北齐加大者,位在开国郡公下。直斋,东魏北齐中级禁卫武官,隶属左

---

① 简报释作"州",误。
② 拓片模糊,依简报。
③ 此句前疑脱漏两字。
④ 简报释作"织实",误。纤纩,细丝绵。此句喻墓主热心助人。
⑤ 简报试释作"永",误。"用"作介词,犹言"以"。表示凭借或原因。

右卫府，秩从五品下。直斋一职在北魏后期就已经出现，与直寝、直后等直卫武官皆承担宿卫重任，受直阁将军的统帅（正二品和从五品差别太大，作为直斋的窦兴洛似不可能带骠骑大将军号，不排除他隶属于某位带骠骑大将军号的禁军高级武官的可能。若如此，志文当断为"故骠骑大将军直斋"）。轵关是著名的关隘，太行八陉第一陉（《尔雅》："连山中断为陉。"），因当轵道之险而名。轵道是由豫北平原进入山西高原的孔道，自古为兵家必争之地。《读史方舆纪要》卷四九"济源县"条：

> 轵关，在县西北十五里。关当轵道之险，因曰轵关。曹魏景初二年司马懿时在汲，诏懿自轵关西还长安。晋永嘉二年群盗王弥寇洛阳，大败，遂走渡河，自轵关如平阳归刘渊。咸和三年后赵石虎自轵关西入，击赵之河东。……又北齐主湛河清二年，遣斛律光筑勋掌城于轵关，仍筑长城二百里，置十二戍。宇文周保定四年杨标与齐战，出轵关，引兵深入，为齐所败。又建德四年韦孝宽陈伐齐之策曰："大军出轵关，方轨而进。"盖自轵关出险趣邺，前无阻险，可以方轨横行云。

可见轵关实为东魏、北齐之门户，地理位置十分重要，在军事上的重要性也不言而喻。东、西魏对立以后，双方在边境险要之地设置了众多的防、戍、镇，以驻军镇守。《周书·李贤传》："弟远，从战邙山。寻授都督义州弘农等二十一防诸军事。"《北齐书·文宣帝纪》"天宝七年"："先是，自西河总秦戍筑长城东至于海，前后所筑东西凡三千余里，率十里一戍，其要害置州镇，凡二十五所。"凡重要的防、戍、镇，多置于军事性质的小城中，便于防守。以轵关之重要，筑城置镇是理所当然的。斛律光筑勋掌城于轵关的时间是河清二年，当公元563年，此时窦兴洛已经去世，他不可能镇守此城。疑墓志中所谓"轵关镇城"是斛律光所筑勋掌城之前就存在的军事设施，后来斛律光是在此基础上进一步加固或扩建，并加筑了长城，设置了十二戍。窦兴洛应当就是负责轵关镇城具体军事事务的都督。有学者指出北魏地方州郡设置防城都督和镇城都督，具体负责一城的军事。戍就是城,戍主有时就相当于郡的防城都督。① 窦兴洛所任的都督,应当就是继承了北魏地方防城都督或镇城都督的制度,不过所镇不是州郡治所,而是关隘镇城。"都督轵关镇城嘱朱箱"之"嘱朱箱"则难解。"箱"又作"厢",见诸北朝史料者往往与禁卫军组织有关。古代宫殿有左右厢,因此禁军也分为左右厢。《北史》卷五《魏本纪第五》:"(永熙三年)五月丙戌,置勋府庶子,箱别六百人;骑官,箱别二百人;阁内部曲,数千人。帝内图高欢,乃以斛斯椿为领军,使与王思政等统之,以为心膂。"这里的箱当是禁军的组织。东魏北齐禁军也分为左右厢。《隋书》卷二七《百官志中》记北齐官制:领军府所辖左右卫府,"将军各一人,掌左右厢"。《北齐书》卷二四《杜弼传》:"践祚之后,敕命左右箱入柏阁。"乃是以禁军控制宫廷。窦兴洛曾是禁卫武官,此处"嘱朱箱"或许和窦兴洛所属之禁军组织有关。另外北齐州属官有"箱录事"者,恐与"嘱朱箱"之"箱"无关。有关"嘱朱箱"的具体情况,笔者限于学力,无法深入探讨,望识者有以教之。

唐长孺先生指出:"东魏北齐兵制,主力是以鲜卑及鲜卑化的其他族人组成,邺都的禁卫军和守卫晋阳的军队均是。……据丁征发的汉族番兵不是主力,其服兵役是力役的延伸,其任务盖与北魏相同,番戍本州及诸镇防。"② 则轵关镇城的戍兵应当是汉族番兵。墓志所述窦兴洛经历过于简略,未见其转迁历程。但据志文"方当入赞龙庭,飞璎上级",可知他在将要进入朝廷时死去,死时当在外任。可能窦兴洛在任直斋后被派遣到轵关镇守,以增加资历,准备再次进入中央,却不幸在此时去世。

窦兴洛一生仕途似乎比较简单,一直担任军职。他死后葬于今太原,即北齐之霸府晋阳,也当与他任职禁军有关。据研究,北齐在京师邺城和霸府晋阳各有一套禁卫组织系统,而晋阳由于处于对北周战争的前线,且距北方的游牧政权突厥很近,其禁军的重要性更甚于邺

---

① 陶新华:《北魏地方都督制补论》,《求索》2004年第2期。
② 唐长孺:《魏晋南北朝隋唐史三论》,武汉大学出版社1993年版,第205页。

186

城。① 窦兴洛葬于晋阳，暗示了他属于晋阳的禁卫系统。

二 窦兴洛的族属——扶风窦氏还是代北窦氏

墓志曰："扶风槐里人也。武川公之孙，太府少卿之子。其先周之苗裔，郑桓窦公之后。"据《新唐书》卷七一下《宰相世系表一下》：窦氏出自姒姓，夏后氏帝相失国，其妃有仍氏女方娠，逃出自窦，奔归有仍氏，生子曰少康。少康二子：曰杼，曰龙，留居有仍，遂为窦氏。西汉宣帝时，窦赏徙扶风平陵。窦赏有二子：寿、邕。窦寿任护羌校尉，为敦煌南窦祖。窦邕之后窦林，后汉武威太守，避难徙居武威，为武威窦祖。窦邕另一后人窦尚，以家难随母徙陇右，为陇右窦祖。窦氏定著二房：一曰三祖房，唐出宰相五人；二曰平陵房，唐出宰相一人。

北朝窦氏最著名的家族为窦炽一族，这支窦氏随魏孝武帝西迁，成为宇文氏政权重要的支持力量。窦炽与窦岳、窦善同为北魏窦略之子，他们的子孙号为"三祖"，此支窦氏即"三祖房"。据《周书·窦炽传》，窦炽乃扶风平陵人，汉大鸿胪章十一世孙。章子统，灵帝时为雁门太守，避窦武之难，亡奔匈奴，遂为部落大人。② 后魏南徙，子孙因家于代，赐姓纥豆陵氏。然而实际上，这不过是代北胡族追溯祖先的一贯做法而已。《新唐书》卷一九九《柳冲传》载柳芳论南北朝时世胄云："代北则为虏姓：元、长孙、宇文、于、陆、源、窦首之。"北魏孝文帝迁洛后改汉姓，纥豆陵氏改为窦氏。窦炽一族实际上即鲜卑纥窦陵氏。③

窦炽所冒郡望为扶风平陵，扶风举其望，平陵举其地。平陵县乃西汉昭帝时所置，治所在今陕西咸阳市西北十五里，三国魏时改名始

---

① 张金龙：《魏晋南北朝禁卫武官制度研究》，中华书局2004年版，第856页。
② （唐）林宝撰，岑仲勉校：《元和姓纂》（中华书局1994年版）卷9"窦"姓条："窦武被诛，后人雁门太守统北奔鲜卑拓跋部，为没鹿回部大人，赐姓纥豆陵氏，魏孝文改为窦氏。"与《周书》所记不同。
③ 参见姚薇元《北朝胡姓考》，中华书局1962年版，第178页。

平县。窦兴洛墓志称:"扶风槐里人。"槐里县,西汉置,属右扶风,治所在今陕西兴平市东南十里。北魏时属扶风郡,太平真君七年(446)移治今兴平市西二十五里。北周明帝元年(559)废。窦氏称扶风郡望者,多称扶风平陵人,很少称扶风槐里。可能汉代扶风窦氏也有居槐里县的,大将军窦武封槐里侯,墓志称扶风槐里应当是对窦武的攀附。窦兴洛墓志虽称其郡望为扶风,然而追溯家族源头时却说"其先周之苗裔",似乎对窦氏源流并不熟悉,这在中古讲究门阀的社会是不可思议的。因此窦兴洛究竟是不是汉人,就很值得怀疑了。

窦兴洛祖、父名不可考。墓志称其为"武川公之孙,太府少卿之子"。武川作为地名有两处:一是武川县,北魏置,治所在今河南省南召县东南,隋废;二是北魏所置的军镇,为北魏六镇之一。若武川公与武川县有关,则当为武川县公,如此高爵,墓志当不至疏漏。且按常理,封爵地应与被封者有一定关系,窦氏不会封在武川县。因此武川公很可能和武川镇有关。窦兴洛之祖或许是武川镇领民酋长一类首领或者只是一般镇民,墓志称为武川公,只是对其出身低微的委婉表达。若此推论不误,则窦兴洛一家可能是来自武川镇的鲜卑人,亦即纥豆陵氏。正如前揭唐长孺先生所论,东魏北齐禁军多以鲜卑人组成,这也正是窦兴洛得以为禁卫武官的原因之一。

志文曰:"自兄及弟,涅纶十室。姑妹姊姨,绵延皇戚。"似乎窦兴洛还当有别的兄弟姐妹,但墓志并未详述。东魏北齐胡汉矛盾相当激烈,皇室虽然也和汉族通婚,但汉族的窦氏似乎不够资格。《北齐书》卷九所列北齐诸后,有神武娄后、文襄元后、文宣李后、孝昭元后、武成胡后、后主斛律后及胡后、穆后,其中仅文宣李后为汉人。《北齐书》卷九《文宣皇后传》曰:"文宣皇后李氏,讳祖娥,赵郡李希宗之女也。容德甚美。初为太原公夫人。及帝将建中宫,高隆之、高德正言汉妇不可为天下母,宜更择美配。"可见北齐皇室婚姻中胡汉之辨是非常严重的。按《元和姓纂》卷九"窦"姓条:"魏晋以后,窦氏史传无闻。"这是指汉代著名的汉人窦氏。天下高门赵郡李氏尚受到胡族歧视,窦氏在魏晋南北朝算不上高门,更不可能出现"姑妹姊姨,绵延皇戚"的情况。"姑妹姊姨,绵延皇戚"的情况恰恰证明了窦兴洛实际上是改了汉姓的鲜卑人。

三　窦兴洛墓志反映的窦氏家风

东魏窦氏最著名的人物是窦泰。《北齐书》卷一五《窦泰传》："窦泰，字世宁，大安捍殊人也。本出清河观津胄，祖罗，魏统万镇将，因居北边。……神武之为晋州，请泰为镇城都督，参谋军事。累迁侍中、京畿大都督，寻领御史中尉。……泰妻，武明娄后妹也。"窦泰及其妻娄黑女墓志已发现，现藏河南省新乡市博物馆。赵超《汉魏南北朝墓志汇编》也有录文。[①] 窦泰墓志云："公讳泰，清河灌津人。……祖盛乐府君，父司徒，皆才雄北边，有声燕代，志骄富贵，不事王侯。公……历寻经史，不为章句之业……起家为襄威将军、帐内都督。……以魏天平四年正月十七日薨于弘农阵所，春秋三十八。……以齐天保六年岁在乙亥二月壬子朔九日庚申改窆于京城之西二十里。"将窦泰墓志与窦兴洛墓志对读，可发现有不少相似之处。

窦泰本传称其为"大安捍殊人。本出清河观津胄"。据姚薇元《北朝胡姓考》"窦氏"条考证，大安为魏孝昌中新置之郡，属朔州，即旧怀朔镇。泰父祖皆官北镇。泰少从尔朱荣征战，其人当系北族无疑。窦泰墓志干脆直接称："清河灌津人。"[②] 这比窦兴洛墓志的攀附更进了一步。窦泰本传称其祖为"统万镇将"，墓志称"盛乐府君"，对照窦兴洛墓志称其祖为"武川公"，可知都是类似的称法。至于窦泰起家为"帐内都督"，与窦兴洛任"直斋"一样，都是负责禁卫的武官。另外，两人都与皇室有姻亲关系。窦泰葬于邺城之西，而窦兴洛葬于晋阳，二人关系应该比较疏远。但是二人的共同特征仍然显示了代北窦氏在北齐的发展有某些相似性，即依靠军功起家，往往担任禁卫武官，与皇室联姻以巩固自身地位等。

[①] 新乡市博物馆：《北齐窦、娄、石、刘四墓志中几个问题的探讨》，《文物》1973年第6期。赵超编：《汉魏南北朝墓志汇编》，天津古籍出版社1992年版。
[②] "灌"当为"观"之误。《史记》卷107《窦婴传》："父世观津人。"《索隐》按："地理志观津县属信都。以言其累叶在观津，故云'父世'也。"

窦兴洛墓志云:"若如贵博,不持章句。"无独有偶,窦泰墓志也称其"不为章句之业"。这种类似当非偶然,而是代北窦氏家风的反映。章句训诂之学,是北朝经学的特征。[①] 这里是指汉人的学问,似乎还带有不屑的意味。代北窦氏依靠军功起家立业,自然在学问上难有建树,因此只能以一句"不为章句之业"聊以自慰。然而他们在墓志上追溯祖先,攀附汉代窦氏,又显示了他们内心对于汉人深厚的历史文化的向往。这种既排斥汉人又向往汉文化的矛盾心理应该是代北窦氏甚至很多北朝胡人统治者所具有的心态。

总之,窦兴洛墓志反映了东魏、北齐代北窦氏攀附汉代名门窦氏,依靠军功起家,联姻皇室等史实,对研究北朝晚期政治、军事、家族和社会史具有重要的意义。

(原载《中原文物》2008年第4期)

---

① 参见唐长孺《魏晋南北朝隋唐史三论》,第239页。

王昌父子墓志与北周京兆王氏

《文物》2005年第10期刊发了《西安洪庆北朝、隋家族迁葬墓地》发掘简报（陕西省考古研究所）。据简报，该墓地8座墓葬中的6座可能同属于北朝末期至隋代的京兆王氏家族。这些墓葬形制相似，均为带斜坡墓道的甲字形土洞墓，其中的5座带有一到两个天井。6号墓和2号墓还分别出土了王昌墓志和王昌之子王瑱墓志。王昌墓志，青石质，方形，志盖盝顶，志石边长41厘米，盖、石均厚8厘米。志盖题3行9字："大周仪同王使君墓志。"志文22行，满行24字，共500字。志石铭文基本清晰，首行刻"周故使持节仪同三司王府君墓志铭"。王瑱墓志，青石质，方形，志盖盝顶。志石边长41.5厘米，盖、石均厚8厘米。志盖刻"仪同丰阳公世子墓铭"。志文16行，各行字数不一，共431字，首行刻"仪同三司丰阳县开国公王君世子之铭"。墓志为磨平其他墓志后重新刻成，志盖和志石上都残留有原来刻字痕迹。简报发表了两方墓志的拓片，并对个别句子作了简单释读，但其释读尚有可商榷之处。本文拟对这两方墓志进行释读，并在此基础上对北周地方大族的活动和北朝末期政治的关系作深入的探讨。

一 王昌父子墓志及其生平

先录两志志文如下：

（一）王昌墓志：

周故使持节仪同三司王府君墓志铭/

下篇　出土文献与历史研究

　　君讳昌，字进昌，京兆霸陵人也。昔岐山之上，闻瑞鸟之音；缑氏/之间，降仙人之驾。秦时名将，威震诸侯；汉世令君，声芳宫闱。祖/辟邪①，本郡功曹；父举，中散大夫、赠京兆郡守。君松生陇坂，自起/清风；剑在丰城，唯多宝气。中牟爱雉，乃见异于鲁恭；太原戏马/，复知名于郭伋。手持二戟，将为关塞之雄；腰佩双鞬，果有纵横/之志。释褐员外将军，寻除中阳郡守，又迁河北郡守。南阳爱民，/似恋邵卿之德；东平清简，如传阮藉之风。仍除使持节、车骑将/军、仪同三司。邓骘调鼎，亲连濯龙之内；窦宪临戎，功勒燕然之/下。君之此授，聊足为荣。值天下三分，东西两帝。河桥断锁，函谷/封泥。咽喉之地，腹心是属。乃除同轨镇将、丰阳县开国子。金城/切汉，直对熊耳之山；楼雉干云，斜背鸡鸣之谷。遂得官渡连营，/河阳饮马，威振洛川，名陵赵魏。既而游山采药，不值两童；膏肓/为疾，先逢二竖。以建德二年十月薨于镇，春秋六十有一，以开/皇九年岁次己酉十月辛酉朔十三日癸酉迁葬于义成乡孝/曲里之东原。夫人河东薛氏，肃恭令淑，礼义闺门，先落桂花，早/栖明月，今亦归于孝曲之茔。当知雷鸣垄上，唯闻蔡顺之声；变/树坟前，独染王裒之泪。乃为铭曰：/

　　王者之后，公侯间生，上膺昴宿，下降雷精。击剑蛟断，控矢猨鸣。/剖符二郡，方城千里。民爱不欺，导德知耻。合浦珠还，日南雁起。/拥旄函谷，作镇新安。兵能困楚，智足吞韩。如何年世，奄逐波澜。/松悲风咽，山深夜寒，唯余故吏，空祭祠坛。

（二）王瑱墓志

　　仪同三司丰阳县开国公王君世子之铭/

　　君讳瑱，字孝璋，京兆霸城人也。长源穿地，入浩汉以澄天；峻屿排云，齐昆嵩/而概日。秦为上将，三世相华；汉曰功

---

① 简报释作"耶"，"耶"亦作"邪"，"辟邪"为南北朝时常见人名。

臣，五侯递映。岂直高阳之里，猷扇才子之名；/缑氏之山，芳着仙人之号而已。祖麟，奉朝请，京兆郡守；父昌，仪同三司、同轨防主。君藏/灵圆琅，恒有明珠；蕴抱方流，琬能生玉。浑澄万顷，崖岸千寻。不刮自成，宁磨已莹。/青衿之岁，风流自然；竹马之年，光华藉甚。既而天无长祐，风烛先飘。桂犹芳而中摧，/水言甘而早竭。香无四两，怨胡国之方遥；芝乏九茎，嗟蓬莱之已远。以天和五年四月六日卒/于私第，春秋年廿有九，以今开皇九年岁次己酉十月辛酉朔十三日癸酉改葬霸城之/东茔。君生年未几，时值钦明。实有冲天之心，方咩惊人之志。何期花承春煦，早逢霜落之/秋，露泫晨光，忽有风飘之际，生平已矣，天道何言！诚勒芳猷，乃为铭曰：/

洋洋带地，岩岩拯天。其源实远，其峰实悬。高门奕世，茂绪相传。垂/缨带笔，拜后光前。家承积善，诞斯英俊。对日声高，论天响振。闻诗/习礼，怀仁抱信。草露垂书，松风起韵。方期逸翮，拂羽陵霄，如何身/世，奄逐风飙，痛留亲识，怨洁杂交。魂兮不及，灵座徒招。方归宅兆，谋/龟得吉。哀挽晨移，长旌晓出。草萎霜厚，松寒风疾。七尺长沦，千龄/永毕。

王昌，史籍无载。据墓志，王昌为京兆霸陵人，则其郡望为京兆王氏。王昌以建德二年十月薨于镇，春秋六十有一。北周武帝建德二年为公元573年，以此推算，他约生于公元513年，当北魏宣武帝延昌二年。王瑱以天和五年卒于私第，春秋年廿有九，则他约生于542年，当西魏文帝大统八年。据墓志，两人都是在"开皇九年岁次己酉十月辛酉朔十三日癸酉"迁葬于今址。查陈垣《二十史朔闰表》，隋开皇九年为己酉年，十月为辛酉朔。

王昌"释褐员外将军，寻除中阳郡守，又迁河北郡守"。其起家官为员外将军。员外将军，南北朝设，为殿中员外将军的简称，掌宫殿禁卫，北齐为从八品下秩，隋为从八品秩，北周品秩应该类似。中阳郡，北魏置，北齐废，属南汾州，治昌宁县（今山西乡宁县西）。公元534年，北魏分裂。王昌时年22岁。因中阳郡入东魏，故又迁河北郡守。河北郡，后秦置，属并州，治在河北县（今山西芮城县北），北魏太和十一年移治大阳县（今平陆西南），属司州，北周天和二年治河北县。"仍除使持节、车骑将军、仪同三司。"王昌任职之地为东西争夺的前沿阵地，"仍"字显示他可能在任郡守之职时就兼任武职。车骑将军，北周秩正八命。仪同三司，北周秩九命，建德四年改为仪同大将军。

"值天下三分，东西两帝。河桥断锁，函谷封泥。"天下三分喻东魏、西魏和南朝梁，东西两帝当指东魏西魏皇帝。墓志刻于隋，故以北朝为正统。河桥，指黄河南北以及中间沙洲上的河阳三桥，为洛阳外围戍守重地。大统四年（538）宇文泰与侯景战于河桥，失利后洛阳失守。在东西分裂后，王昌被任命为同轨镇将，负责边境的防御。王瓀墓志则曰："父昌，仪同三司、同轨防主。"《资治通鉴》梁纪十六高祖武皇帝十六太清元年载："（侯）景复乞兵于魏，丞相泰使同轨防主韦法保及都督贺兰愿德等将兵助之。"太清元年为公元547年，王昌于573年薨于同轨防，其出镇应在同轨防主韦法保之后。但其志所说的"镇将"，应当是对防主的另一种称呼。如前引《资治通鉴》："法保深然之，不敢图景，但自为备而已；寻辞还所镇。"即称同轨防为所镇。东、西魏对立以后，双方在边境险要之地设置了众多的"防""戍"，以驻军镇守，同轨防也是其中之一。《周书·李贤传》："弟远，从战邙山。寻授都督义州弘农等二十一防诸军事。"这些防、戍多置于军事性质的小城中，城主或称镇将，或称戍将。如宜阳郡甘棠县（今河南宜阳县）有九曲城，西魏北周镇九曲者有：马绍隆为九曲戍将，① 裴鸿为九曲城主，② 梁士彦为九曲镇将。③ 所谓戍将、城主、镇将，可能只是意思相同的不同称呼，防主也应当类似，专为镇守一城而设。

西魏置同轨防，在今河南洛宁县东北。《读史方舆纪要》卷四八"永宁县"条："同轨城，在县东。西魏置同轨防于此。"④ 《通典·州

---

① 《北齐书》卷17《斛律金传》，中华书局点校本1972年版。
② 《周书》卷34《裴宽传》，中华书局点校本1971年版。
③ 《周书》卷31《梁士彦传》。
④ （清）顾祖禹撰，贺次君、施和金点校：《读史方舆纪要》，中华书局2005年版。

郡典》"永宁"条："后周置黄栌、同轨、永昌三城以备齐也。"① 北周的同轨防应当在同轨城中。北周有同轨郡，治熊耳县。《隋书·地理志中》："熊耳，后周置同轨郡。开皇初郡废"。② 隋初熊耳县还曾治同轨城。熊耳县境有熊耳山，即志文中"熊耳之山"。北周时同轨城实为东西交兵的前沿阵地，战略地位非常重要。

王瑱在天和五年卒于私第，比其父早死三年。墓志没有显示他为官的情况，也可能他没有出仕。鉴于王瑱墓也是迁葬墓，很可能他的私第不在家乡，而在同轨防。王瑱二十九岁还没有出仕，一直跟随其父，而且早死，或许是因为身体或智力原因，不宜为官，否则很难想象其父有高爵而他却年届而立仍无所作为。

王瑱墓志首行题为"仪同三司丰阳县开国公王君世子之铭"，则王昌的最后爵位为开国县公，而王昌墓志显示的最后爵位是"丰阳县开国子"。查《通典》卷三八《职官二十》"后魏百官"条，北魏开国县公为从一品，与仪同三司同；开国县子为第四品下阶。隋代品级与北魏同。北周的官品基本沿用北魏，则王昌的最后爵位应当为开国县公。

王瑱既然为王昌的世子，按常理则应该是嫡长子，上面没有兄长。至于他是否有弟，两志都没有明确提示。然王昌墓志中"唯余故吏，空祭祠坛"之语，似乎暗示了王昌在王瑱死后已无子嗣。王昌夫妇的6号墓侧龛内的青年男子身份尚难以确定，即使该男子是王昌的儿子，恐怕也是和王瑱一样早殇。

二　王昌父子墓志中的京兆王氏

据《新唐书》卷七二中《宰相世系表二中》，③ 京兆王氏出自姬

---

① （唐）杜佑撰，王文锦等点校：《通典》卷177《州郡七》，中华书局1998年版。
② 《隋书·地理志》作："熊耳，后周置，及同轨郡。开皇初郡废。"此据王仲荦《北周地理志》（中华书局1980年版）改。
③ 《新唐书》卷72中《宰相世系表二中》，中华书局点校本1975年版。

姓,为周文王少子毕公高之后,① 汉宣帝徙豪杰居霸陵,遂为京兆人。墓志所说岐山瑞鸟、秦时名将等,都是以周文王、王翦、王贲等典故来夸耀世系。王瑱墓志曰"京兆霸城人"。霸陵县,西汉文帝九年(公元前171)置,属京兆尹,治所在今陕西西安市东。西晋时(《魏书·地形志》曰:"霸城县,晋改。")改霸陵县为霸城县,属京兆郡。北周建德二年(573)废。王昌墓志乃是用古称,这是称郡望时的习惯用法。王瑱墓志使用的是北朝时候的地名。但两墓志都刻于开皇九年,当时霸城县地已入大兴县。②

《新唐书·宰相世系表》列王氏定著三房:一曰琅琊王氏,二曰太原王氏,三曰京兆王氏。京兆王氏虽非天下一流高门,但也是地方上的著姓。王昌夫人薛氏,出自河东大族。河东薛氏具有强烈的武力强族特征,和同样以武戎见长的京兆王氏通婚,正是中古世家大族内部联姻的例子。王昌祖辟邪,为本郡功曹。本郡即京兆郡。郡功曹,汉朝郡县置功曹史,省称功曹,职掌人事,参与政务。魏晋南北朝承置,多用本地大族,在郡守自辟的属吏中地位最高。魏晋南北朝时,世家大族往往把持本州郡要职,以巩固家族在地方的地位,并以此为跳板升迁到郡守、刺史乃至中央要职。王辟邪任本郡功曹,正是王氏为京兆郡著姓的反映。王昌墓志曰:"父举中散大夫、赠京兆郡守。"王瑱墓志曰:祖麟,奉朝请、京兆郡守。王麟所任中散大夫应为北魏官,第四品上阶,说明此时王麟已经跨出地方,任职中央。京兆郡守虽仅为死后赠官,但也显示了王麟地位的提升。到王昌这一代,已经做到仪同三司,并取得封爵。可以想象,如果王昌后代繁盛,定能沿着祖、父辈开创的道路,保持家族的兴旺发达。可惜王昌后代不繁,遂使他这一支京兆王氏归于无闻。

京兆王氏在南北朝时期最著名的人物是王罴。据《周书·王罴传》:"王罴字熊罴,京兆霸城人,汉河南尹王遵之后,世为州郡著

---

① (唐)林宝《元和姓纂》(中华书局1994年版)卷5"王姓"条:"东海,出姬姓毕公高之后。高平、京兆,魏信陵君之后。"与《宰相世系表》说法不同。

② 《隋书·地理志》:"大兴,开皇三年置。后周于旧郡置县曰万年……有后魏杜城县、西霸城县。"

姓。"王罴于"魏太和中，除殿中将军"。累迁至荆州刺史，封霸城县公。北魏分裂后入西魏，任骠骑大将军、侍中、开府仪同三司。其子庆远，弱冠以功臣子拜直阁将军，先于罴卒。庆远子述，初仕为镇远将军，累迁至上大将军。王罴一支在唐代有王徽，在僖宗时任宰相。与王罴不同的王直一支，在唐代有德真，在高宗、武后时为相。京兆王氏正是凭借这二人才得以入《宰相世系表》。

王罴一支，作为京兆王氏最为显赫的一支，仍然靠军功起家，释褐官都是武职。王昌一支与王罴支的关系不得而知。王昌也是释褐员外将军，以后靠军功逐步升迁。似乎京兆王氏往往靠军功来提高自己的地位，这一点和天下一流高门往往是文化贵族不同。

王罴于"大统七年，卒于镇"，此时"东西交争，金革方始，群官遭丧者，卒哭之后，皆起令视事"。王昌的情况与之极为相似，也是卒于镇。在东西相争的时期，事务繁忙，加上王昌可能无后，他的亲人和故吏只得把他权厝于任职地同轨防，等到隋文帝统一全国，才得以把他连同妻、子一起迁葬到家乡祖茔。这一点简报在结语中分析得颇有道理。墓志所述"义成乡孝曲里之东原"，即简报所说白鹿原，应当是京兆霸城王氏的祖茔所在。

王氏家族迁葬墓中存在一座墓葬中出土多人骨殖的现象，这样的迁葬墓，到唐代仍然存在，但是这种现象以前往往被看作人殉。例如1983—1984年陕西凤翔清理的一批唐墓中，据报道有砍头、大辟、腰断、刖足等多种形式的殉人。[1] 山西长治永昌元年崔拏墓中发现有九个头骨，其中三个在耳室中，也被认为是人殉。[2] 山西长治王深墓中发现有三副骨架和一对人骨，分置三处。[3] 现在看来，所谓的殉人，或许都应该是迁葬导致的不完整骨骸。[4] 北朝隋唐时期的这种家族迁葬于同一墓中的习俗值得进一步研究。

---

[1] 雍城考古队等：《陕西凤翔县城南郊唐墓群发掘简报》，《考古与文物》1989年第5期。

[2] 长治市博物馆等：《山西长治市北郊唐崔拏墓》，《文物》1987年第8期。

[3] 山西省文管会：《山西长治唐墓清理简报》，《考古通讯》1957年第5期。

[4] 郭怡认为崔拏墓和王深墓多副骨骼的现象是家族多人合葬。参见其《山西长治地区唐墓初探》（学士学位论文，南京大学历史系，2004年）。

三　京兆王氏和北周政治

　　西晋末年，胡族入据中原，汉人大量迁徙到江南和河西等地区。还有一部分汉人不愿或不便离开故土，就聚集在坞壁中，以本地大族名望家为核心，聚族自保，长时期维持着相对独立的地方势力。北魏统一北方后，虽然废除宗主督护制，推行三长制，企图重建对基层的直接统治，但仍然没有消除地方大族的势力。北魏末年动乱以后，地方大族的力量更加明显地显现出来。如青齐地区，有着被称为青齐土民的豪族势力集团。这些豪族凭借宗族、乡里以及依附人口，形成强大的地方势力。每个统治当地的政权都不得不争取他们的支持，依靠他们的力量来统治当地。而这些豪族也凭借自身的力量，为了维持家族地位，反复于十六国至隋的南北诸政权之间。[①] 在关中地区，以地方望族为核心的乡兵力量逐渐成为西魏、北周政权的依靠对象。乡兵在北魏末年已经比较广泛地发展起来，主要在离京城较远的地区。东、西魏分裂后，乡兵在京城附近的州郡也得到发展。他们依违于东、西魏之间，成为双方所笼络、利用的重要力量。[②]

　　大统九年，宇文泰与高欢交战，败于邙山，损伤惨重。此后，宇文泰开始着手补充兵力。"于是广募关陇豪右，以增军旅。"[③] 许多关陇豪族，以"乡望"的资格，成为"乡帅"，率领乡兵，逐步被整合进政府军队。如《周书》卷三九《韦瑱传》曰："韦瑱，字世珍，京兆杜陵人也。世为三辅著姓。……大统八年，齐神武侵汾、绛，瑱从太祖御之。军还，令瑱以本官镇蒲津关，带中潬城主。寻除蒲州总管府长史。顷之，征拜鸿胪卿。以望族，兼领乡兵，加帅都督。迁大都督、通直散骑常侍、行京兆郡事，进车骑大将军、仪同三司、散骑常侍。"与韦瑱类似的例子还有苏春、郭彦、柳敏等人，他们分别属于

[①] 参见唐长孺《北魏的青齐土民》，载《魏晋南北朝史论拾遗》，中华书局1983年版。
[②] 参见谷霁光《府兵制度考释》，上海人民出版社1962年版，第30页。
[③] 《周书》卷2《文帝纪下》。

长安韦氏、武功苏氏、太原郭氏、河东柳氏等高门大姓。

唐长孺先生在引用以上诸例后论道："武功之苏、河东之柳、太原之郭、长安之韦都是第一等的高门大姓，他们这几人之外一定还有不少所谓'当州首望'被任为统领乡兵的帅都督。这一件事是在大统九年邙山战败之后，《周书》卷二《文帝纪》大统九年（五四三年）称'于是广募关陇豪右，以增军旅'，据《郭彦传》以大族统率乡兵最早在十二年，我想二者虽非同时事，但彼此应有关系。"唐先生进而论道："直到大统九年（五四三年）邙山战后，由于损失巨大，才开始'广募关陇豪右，以增军旅'，军士来源开始扩大。十二年（五四六年）又以'望族'统乡兵，这就是建立以大族为首领的地方武装，这种地方武装很可能即是九年以后继续招募的关陇豪右。"①

而谷川道雄先生则更明确地指出：所谓"豪右"，是区别于"郡望"的群小豪族，这些"豪右"在县一级的范围内具有影响力，他们统率着小规模的乡兵军团。"豪右"之间的关系是相互对等独立的。宇文泰在每一个州配备值得信赖的郡望出身者为"乡帅"，使其"统领"各个"豪右"军团。这些军团对于"乡望"本身来说就是"本乡兵"，亦即"乡兵"②。

乡兵被纳入六柱国统领系统，以"乡望""首望"为乡帅领本乡兵，逐步实现中央化，成为皇朝武力基础。③ 西魏、北周的这一条中央与地方武力整合的道路，增强了国家的力量和稳定性，成为其在三足鼎立的局面下由弱变强的一个重要原因。

京兆王氏世代为州郡著姓，势力自然非常强大。《周书·王罴传》："时茹茹渡河南寇，候骑已至豳州。朝廷虑其深入，乃征发士马，屯守京城，堑诸街巷，以备侵轶。左仆射周惠达召罴议之。罴不应命，谓其使曰：'若茹茹至渭北者，王罴帅乡里自破之，不烦国家兵马。'"时罴镇华州，离京城不远，他所说的"乡里"，应当是和国

---

① 唐长孺：《魏周府兵制度辨疑》，《魏晋南北朝史论丛》，生活·读书·新知三联书店1955年版。

② ［日］谷川道雄：《西魏二十四军的成立与豪族社会》，载《隋唐帝国形成史论》，李济沧译，上海古籍出版社2004年版。

③ 参见谷霁光《府兵制度考释》，第31页。

家兵马不同的乡兵，这些乡兵是由跟随他的乡里民众组成的，属于私兵。王罴卒于大统七年，此时宇文泰尚未广募关陇豪右，而王罴率领的乡兵规模已经不小，否则他也不会放此豪言。王昌祖辟邪任本郡功曹，在乡里中自然具有相当的名望。王昌任职于各地，也应有相当多的乡里或乡兵跟随。王氏所率的乡兵，应该是统合了县一级"豪右"武装的力量。

仪同三司为西魏二十四军指挥系统的一个级别。西魏二十四军指挥系统的序列为：六柱国大将军—十二大将军—二十四开府仪同三司—九十六仪同三司。仪同三司掌仪同府，下设大都督、帅都督、都督若干员，长史以下的府僚若干员。直接统领乡兵的，为各级都督，而仪同三司则把若干支乡兵队伍整合成一个军团。可以想象，在王昌的仪同府下，有各级都督率领的乡兵队伍。

王昌的最后任职为同轨防主，直到他死于同轨防。北周在此军事要地设置军镇，选派镇将必须是值得信任之人。《周书·裴宽传》："大统五年，授都督同轨防长史。"《资治通鉴》梁纪太清元年六月条载："（侯）景复乞兵于魏，丞相泰使同轨防主韦法保及都督贺兰愿德等将兵助之。"[①] 韦法宝和裴宽分布属于京兆韦氏和河东裴氏，都是宇文泰信任和极力拉拢的高门大族。毫无疑问，王昌任同轨防主，也是因为出身大族，并且取得了北周政权的信任。当然，最重要的是，他们作为乡望，都有乡兵集团作武力后盾。

总之，王昌一家的仕宦经历，反映了西魏、北周时期，关中地方大族由聚族自保到逐渐融入宇文氏集团的中央化过程。京兆王氏等关中大族，凭借乡兵力量成为宇文氏依靠和拉拢的对象，乡兵集团最终被中央军队吸收，形成府兵制国家的军事基础。京兆王氏家族墓地及王昌父子墓志的发现，对于研究北朝世家大族活动和政治、社会及军事制度的关系等都有着重要的意义。

（原载《考古与文物》2009年第2期，收入本书时略有修改）

---

① （宋）司马光编著，（元）胡三省音注：《资治通鉴》，中华书局1956年版。

新出后晋张奉林墓志与后唐政治

2011年，洛阳市文物考古研究院在苗北村发掘了五代、宋金时期的墓葬13座，其中的M3641为一座五代后晋时期的斜坡墓道土洞墓，墓室内有两个棺痕，东西并列，出土墓志一合。墓志志盖盝顶方形，顶边长20厘米、底边长41厘米、厚13厘米，盖面阴刻楷书"晋故清河郡张公墓志"，四刹阴刻四神图案。志石边长41厘米、厚15厘米，四侧面阴刻持笏人形十二生肖图案，间饰蔓草纹。志文楷书，共21行，满行23字，计395字，首行题"晋故金紫光禄大夫检校司徒岚州刺史清河郡食邑七百户兼御史大夫上柱国张公墓志铭并序"[1]。墓主张奉林，史书无载。据志文，墓主在后唐曾任金枪厎卫都指挥使、州刺史等职，其经历对我们了解后唐禁军制度及庄宗、明宗政权更替时期的政治有一定的价值。本文拟对墓主生平及其与后唐政局的关系略作考释，先录志文并标点如下：

> 晋故金紫光禄大夫检校司徒岚州刺史清河郡食邑七百/户兼御史大夫上柱国张公墓志铭　并序。/盖闻神道感通，人功自著；源流冀表，斯文显明。曾、祖、考并/皆不仕，逍遥遂性，落天寓时，惟袭韬光，爰继宗嗣。/公讳奉林，孝道日积，功干时逢，运偶庄宗皇帝，初尝/累德之因，寻领重权之次，天祐年权主金枪厎卫都/指挥使，寻又至同光年，转授正金枪厎卫厢都指挥使。/未逾数岁，便遇明宗皇帝罔鄙微劳，显降/睿泽，天成元

---

[1] 洛阳市文物考古研究院：《河南洛阳市苗北村五代、宋金墓葬发掘简报》，《考古》2013年第4期。

年，除授丰州刺史，寻又除镇武正副使。才终袟／替，寻便归朝。恩渥愈深，亟奉殊宠。后至清泰年／除授岚州刺史。将经岁序，疾疹忽兴，药饵无征，永终遽至，公／春秋六十有八，薨于私第。礼赠盈门，人言如玉。婚于郡／薛氏，夫人德行播实，内则表贞，烝尝联宗，宜尔益盛。／三男二孙六女：长男敬千，次男彦韬，次男彦诏；长孙儿厚殷，／次孙儿厚宾；长女适薛氏，次女适白氏，次女适薛氏，次／女适杨氏，次女适安氏，次女适王氏。内外哀涕，远近悲摧。／卜宅云谐，迁葬定吉，遂于十月五日葬河南府河南县金谷乡张村，殡于／神灵，永扃窀穸。想他年之海变，记今日之贞珉。其词曰：／纪功记定，铭德居阴。／重书状实，千载斯寻。

一　张奉林生平及家世

张奉林墓志本身并无确切纪年，仅能从志文首题得知其葬于后晋时期，因此虽知墓主享年六十八岁，也无法具体推知其生卒之年。即使以后晋最后一年开运三年（946）计算，他至迟也应生于唐僖宗乾符六年（879）。令人费解的是，志文中仅有一"天成元年"为确切纪年，其余纪年皆只书年号，并在纪年数字处留下空格，如"天祐年""同光年""清泰年"，似乎有待填补。推测可能墓主的后人也无法确知其生平履历的年代，故在向墓志撰写者提供的墓主行状上先留出空格，以备填补，却最终未能够回忆起来，而撰者、刻工均依据行状留空，形成我们今日所见到的情形。

据墓志，张奉林起家于追随后唐庄宗李存勖，于天祐年间（923年之前）曾暂领金枪扈卫都指挥使之职，又于庄宗同光年间（923—926），转授正金枪扈卫厢都指挥使，明宗天成元年（926）除授丰州刺史，寻又除镇武正副使，后唐末帝清泰年间（934—936）除授岚州刺史，此后再无历官，直至病逝。其一生历官，皆在后唐，墓志所谓"晋故"，只是言其死于后晋，并非曾任晋官。

岁序，即岁时之顺序，亦即岁月，"将经岁序"，或有年尾之意。清顾炎武《元日》诗云"岁序一更新，阳风动人寰"，即是以元日为岁序更新之日。由此推断，张奉林可能病逝于后晋时期（936—946）某年年尾。

墓志云张奉林"清河郡食邑七百户"，又有"源流冀表"之语，盖暗示其郡望为清河张氏。然墓志又云："曾、祖、考并皆不仕，逍遥遂性，落天寓时，惟袭韬光，爰继宗嗣。"则张奉林虽号为清河张氏，实则并非士族出身，只因从军征战，才逐渐升迁，累官至金紫光禄大夫、检校司徒、岚州刺史等职。五代时期散官、勋官、检校官冗滥，实际表明其地位的是职事官岚州刺史。

墓志云"婚于郡／薛氏"，在"郡"字前留有两个空格，似乎墓主后人连薛夫人的郡望乡贯也不清楚，故而如纪年之例，暂留空格以待将来填写。中古时期河东薛氏为名门望族，可与清河张氏相匹配，但墓志并未攀附，由此可见，薛夫人的出身也不会高，应该与其夫张奉林相同，都是平民。由墓志"卜宅云谐，迁葬定吉"之言可知，薛夫人应早于其夫张奉林而卒，葬于他处，其后人在埋葬张奉林时，将其灵柩迁来祔葬，这也与发掘简报所言墓室内有东西并列的两个棺痕情况符合。

墓志称墓主有三男二孙六女，并俱列三男、二孙之名及六女所适之家，其中无一提及任官情况。五代时期，军人职业往往世袭，张奉林出身军人，其子孙或许也在军中供职。显而易见，其后人中没有官阶较高者，否则墓志不至于不大书一笔。

二　金枪军史事

张奉林祖上世代为平民，但他本人"功干时逢，运偶庄宗皇帝，初尝累德之因，寻领重权之次"，参军入伍，在后唐庄宗李存勖麾下用事，并得到重用。天祐某年，"权主金枪扈卫都指挥使"。权主，即暂领之意。五代军制，每军设都指挥使、指挥使、都虞候等职，金枪扈卫都指挥使，是金枪扈卫军的最高指挥官。此时张奉林仅是权主都指挥使，至后唐建立后的同光某年，方得"转授正金枪扈卫厢都指挥使"。厢，为军队编制单位，一般军下可分左、右两厢，疑"厢"字之前遗漏了"左"或"右"字。然转正前既然权主都指挥使，转正后却降为厢都指挥使,似乎不合情理,或许在后唐建立以后,金枪扈卫经过大规模扩张,张奉林原来虽为都指挥使,此时也只能做一个厢都指挥使了。《旧五代史》卷三二《唐书·庄宗纪》载:"(同光二年十一月)癸卯,帝畋于伊阙,侍卫金枪马万余骑从,帝一发中大鹿。"① 仅畋于伊阙,就有金枪军万余骑随从,可见此时作为皇帝禁军的金枪扈卫规模已经非常庞大,不能排除此前经过扩张的可能。当然,也可能有另一种解释:"金枪扈卫都指挥使"之"都",并非"都指挥使"之"都",而是"金枪扈卫都"之"都",即"军"之意,如此则张奉林起初暂领金枪扈卫都的指挥使,然后正授为金枪扈卫厢都指挥使,则是升迁或平调了。

金枪扈卫,应即史书所载的"金枪军"。关于金枪军的记载不多,除前揭《旧五代史·唐书·庄宗纪》所载随庄宗田猎的金枪军外,仅有明宗长子李从璟(初名李从审)任金枪指挥使之事。《旧五代史》卷五一《唐书·宗室列传》载:"从璟,明宗长子,性忠勇沈厚,摧坚陷阵,人罕偕焉。从庄宗于河上,累有战功,庄宗器赏之,用为金枪指挥使。明宗在魏府为军士所逼,庄宗诏从璟曰:'尔父于国有大功,忠孝之心,朕自明信,今为乱兵所劫,尔宜自去宣朕旨,无令有疑。'……寻为元行钦所杀。天成初,赠太保。"② 《新五代史》卷一五《唐太祖家人传》所载略同。③ 李从璟任金枪指挥使时,在庄宗身边,因此才能被派遣去宣旨,正说明金枪军是皇帝亲卫军。

杜文玉先生认为金枪军为马军部队,并负责皇帝的宿卫。因其不见于梁、晋争衡之时,故其应为后唐建立之后新组建的禁军。④ 其实,李从璟从庄宗战于河上,即是梁、晋争衡之时,此时他已经因功被用为金枪指挥使,则此时已有金枪军。张奉林在天祐年间已经权主金枪扈卫都指挥使之职,也证明金枪军建立的时间较早。

《资治通鉴》卷二七四《后唐纪三》"明宗天成元年"载:"嗣源

---

① (宋)薛居正等:《旧五代史》,中华书局1976年版,第443页。
② 同上书,第692—693页。
③ (宋)欧阳修:《新五代史》,中华书局1974年版,第161页。
④ 杜文玉:《五代十国制度研究》,人民出版社2006年版,第395页。

长子从审（即李从璟），为金枪指挥使。"胡三省注曰："庄宗得魏，因魏银枪军置帐前银枪都，后又置金枪军。"① 由《资治通鉴》胡注可知，金枪军当置于帐前银枪都之后，很可能是效仿帐前银枪都而置，因此胡氏才在此处将二军并提。

银枪效节军本为后梁魏博节度使杨师厚所置的牙兵性质的军队。师厚"选军中骁勇，置银枪效节都数千人，给赐优厚，欲以复故时牙兵之盛"②。后梁末帝贞明元年，后梁趁杨师厚之死，欲分割魏博镇，激起银枪效节军兵变降晋。唐庄宗李存勖将银枪效节军列为亲军，名为帐前银枪都。《旧五代史》卷二八《唐书·庄宗纪》："张彦谒见，以银枪效节五百人从，皆被甲持兵以自卫。帝……遽令斩彦及同恶者七人，军士股栗，帝亲加慰抚而退。翌日，帝轻裘缓策而进，令张彦部下军士被甲持兵，环马而从，命为帐前银枪，众心大服。"③ 在后来的灭梁战争中，帐前银枪都冲锋陷阵，发挥了重要作用。后唐建立后，庄宗并没有将银枪都留在京城宿卫，而是遣归河北驻扎，引起士兵不满，导致最终的兵乱。而此时应是金枪军取代了帐前银枪都的地位，担任扈卫任务。

明宗长子李从璟任金枪指挥使时间，当在梁晋相争于河上之后，至同光年间明宗军变被连累杀害这一时期，与张奉林任金枪军都指挥使的时间有所重合，或许李从璟曾是张奉林的属下。

后唐建立后，金枪扈卫属于皇帝亲卫军，担任宿卫任务，往往在庄宗田猎时以万骑随从，声势浩大。如前揭《旧五代史》卷三二所载："（同光二年十一月）癸卯，帝畋于伊阙，侍卫金枪马万余骑从，帝一发中大鹿。"又如《新五代史》卷一四《唐太祖家人传》："（同光三年）十二月己卯腊，畋于白沙，后率皇子、后宫毕从，历伊阙，宿龛涧，癸未乃还。是时大雪，军士寒冻，金枪卫兵万骑，所至责民供给，坏什器，撤庐舍而焚之，县吏畏惧，亡窜山谷。"④ 可见此时由

---

① （宋）司马光编著，（元）胡三省音注：《资治通鉴》，中华书局1956年版，第8969页。
② 同上书，第8786页。
③ 《旧五代史》，第385页。
④ 《新五代史》，第145页。

于供给缺乏，金枪扈卫军纪不严，扰民现象严重。

天成元年（926）三月，李嗣源兵变，从河北南下，庄宗也从洛阳东下，均欲占据大梁。三月壬午，李嗣源先入大梁，此时庄宗方至荥泽县东。庄宗命龙骧指挥使姚彦温将三千骑为前军，而姚彦温即率军叛归李嗣源。得知李嗣源占据大梁后，其余诸军也纷纷叛离，庄宗无奈，只得旋师。"帝之出关也，扈从兵二万五千，及还，已失万余人。"① 四月丁亥，从马直指挥使郭从谦率所部兵作乱，乱兵"缘城而入，近臣宿将皆释甲潜遁"，庄宗中流矢而崩。② 在此过程中，虽未见金枪军的表现，但张奉林作为庄宗的侍卫亲军金枪扈卫都指挥使，反而被明宗论功封官，可见他可能曾有阵前倒戈或叛离的经历，至少没有公然抵抗明宗的军队。

三　张奉林与后唐政治

墓志云："未逾数岁，便遇明宗皇帝罔鄙微劳，显降睿泽，天成元年，除授丰州刺史，寻又除镇武正副使。才终袱替，寻便归朝。恩渥愈深，亟奉殊崇。后至清泰年除授岚州刺史。"

天成元年，明宗即位，论功行赏，张奉林因"微劳"被除授丰州刺史，不久又除镇武正副使。五代时期的州县建置，因"五代乱世，文字不完，而时有废省，又或限于夷狄，不可考究其详"③。丰州，《新五代史》卷六〇《职方考》无载，谭其骧主编《中国历史地图集》第五册《隋·唐·五代十国时期·五代十国时期全图》中有"丰州"，位置在胜州东北，今内蒙古呼和浩特附近，处于中原政权和契丹交界地带。④ 隋开皇五年（585）置丰州，治所在九原县，辖境相当于今内蒙古河套西北部及其以北地区，大业初改为五原郡，后废。唐贞观四年（630）复置，以后屡有废置，唐末废。后唐置丰州，

---

① 《资治通鉴》，第8972页。
② 同上书，第8975页。
③ 《新五代史》，第714页。
④ 谭其骧：《中国历史地图集》第5册，中国地图出版社1996年版，第82—83页。

或许是出于以李唐继承者自居，有意恢复唐代版图的考虑。

五代时中原王朝无镇武节度或观察使，而有振武节度使。《资治通鉴》卷二六九《后梁纪》"均王贞明二年（916）"载："契丹王阿保机帅诸部兵三十万，号百万，自麟、胜攻晋蔚州，陷之，虏振武节度使李嗣本。"胡注曰："'蔚州'恐当作'朔州'。《考异》曰：开元中，振武军在朔州西北三百五十里单于都护府城内，隶朔方节度使。乾元元年置振武节度使，领镇北大都护、麟胜二州。后唐振武节度使亦带安北都护、麟胜等州观察等使，石晋以后皆带朔州刺史。据此乃治蔚州，不知迁徙年月。"① 胡三省疑"蔚州"恐当"朔州"，甚是。谭其骧主编《中国历史地图集》第五册《隋·唐·五代十国时期·后唐》即将振武节度使治所标于朔州。② 墓志之"镇武"当为"振武"之讹，或者当时"振武"亦俗写作"镇武"。"镇武正副使"，殊不可解，"正副使"一般意为"正使与副使"，然张奉林由边鄙之丰州刺史，不可能一跃而迁至镇武节度使，何况之后他又任岚州刺史，中间所授应当仍是与刺史同级别的官职。因此所谓"正副使"大概只是副使，加一"正"字，其意或为第一副使？

张奉林于"镇武正副使"任期满后曾经一度归朝任职，其间虽云"恩渥愈深，亟奉殊宠"，但所任何职不明，恐是谀墓之辞。至后唐末帝清泰年间除授岚州刺史，已经是他仕途的终点了。岚州，唐武德六年（623）改东会州置，治所在宜芳县（今山西省岚县北二十五里岚城镇），天宝元年（742）改为楼烦郡，乾元元年（758）复为岚州。《新五代史》卷六〇《职方考》有"岚州"③。

庄宗、明宗更替之后，明宗为了保持政权和人心稳定，对前朝官员基本上实行宽容的政策，除了顽固抵抗派和宦官外，都尽量既往不咎，照常任用。如《资治通鉴》卷二七五《后唐纪》"明宗天成元年"载："嗣源之入邺也，前直指挥使平遥侯益脱身归洛阳，庄宗抚之流涕。至是，益自缚请罪；嗣源曰：'尔为臣尽节，又何罪也！'使

---

① 《资治通鉴》，第8805页。
② 谭其骧：《中国历史地图集》第5册，第85页。
③ 《新五代史》，第724页。

复其职。"① 张奉林在明宗赴阙夺权之际，不但没有抵抗明宗的军队，甚至还可能投降了明宗而立功，自然会受到相应的奖励，但可能因为他毕竟曾是庄宗的亲信，明宗即位后，并没有信任和重用他。初授其北方边境的丰州刺史，几乎等同发配，其后才逐渐内移至振武节度副使、岚州刺史。对其先后所封之官，不过都是州刺史、节度副使之类的文职，而不再令其典兵。至于其子孙，似乎也没有仕途顺畅者。很明显，由于最初的"站队"问题，他已经被排斥出权力中心，其家族也随之衰落了。

日本史学家内藤湖南在 20 世纪初提出了著名的"唐宋变革说"，他指出"唐和宋在文化的性质上有显著的差异：唐代是中世的结束，而宋代则是近世的开始，期间包括了唐末至五代一段过渡期"②。五代是唐宋变革的重要时期，经过这一时期，中古的士族社会逐渐过渡到近世的平民社会。五代时期，传统的士族衰落，官吏中由军人或平民出身者比例增多，社会流动性得到增强。"一个人仕宦若干朝代，并不意味着其子孙必然亦可世代官宦，这就是五代与魏晋南北朝之间最大的差别。"③ 张奉林出身平民，以军功入仕，虽因明宗兵变而导致仕途曲折，政治失意，仍然做到中层官吏，但其地位也仅止于一身，其后代可能没有什么值得夸耀的职位。从墓葬形制和随葬品看，他的墓使用了小型的土洞墓，除了墓志外，仅随葬陶罐、陶器盖、瓷盏各一，可见家境一般。但也许正因为如此，他才能以六十八岁高龄平安寿终。张奉林的身世，恰恰为五代时期的政治与社会做了一个注脚。

（原载苏州博物馆编《苏州文博论丛》第 5 辑，文物出版社 2014 年版）

---

① 《资治通鉴》，第 8976 页。
② ［日］内藤湖南：《概括的唐宋时代观》，载刘俊文主编《日本学者研究中国史论著选译》第 1 卷，中华书局 1992 年版，第 10 页。
③ 毛汉光：《五代之政治延续与政权转移》，载《中国中古政治史论》，上海书店出版社 2002 年版，第 438 页。

唐五代时期的毬场与城市空间

"毬场"或称为"鞠场",随着唐代马毬运动的传入而出现于文献中。目前已有不少学者对唐五代时期的马毬运动进行过研究,涉及马毬运动的起源,马毬运动的工具、规则和毬场形制,与马毬运动相关的文物资料等方面的内容。[①] 这些研究,使我们对唐五代马毬运动的发展情况有了基本的了解。但前人的研究主要关注马毬运动本身,尤其是京城的马毬运动,本文主要就文献中所见的唐五代时期都城和地方城市的毬场在城市中的功能及其对城市空间、民众生活的影响略作探讨。"毬"字,今皆作"球",本文为与史料保持一致,除引用今人论著外,依然写作"毬"。

一 唐代京城的毬场

马毬运动传入中国内地后,首先是在宫廷和贵族中流行,然后普及于军队和民间。作为马毬运动场地的毬场也是最早出现于京城,然后在地方城市普及。唐长安、洛阳两京城的毬场,可分为宫廷毬场、官僚贵族毬场、军营毬场三种。

[①] 较早的研究有向达《长安打毬小考》、罗香林《唐代波罗球戏考》、阴法鲁《唐代西藏马毬戏传入长安》、王尧《马球(POLO)新证》等。李金梅主编的《中国马球史研究》(甘肃人民出版社2002年版)收入了包括以上诸文在内的21篇文章。李重申、李金梅、夏阳合著的《中国马球史》(甘肃教育出版社2009年版),是一部全面系统地研究古今中外马球运动的专著。此外可供参考的论文还有耿占军、马珺《唐代长安城的球场》(《唐都学刊》1998年第4期),贺忠、王承文《唐代宫廷马球运动——以王建〈宫词〉为中心》(《体育文化导刊》2007年第10期)等。

唐初，马毬运动在长安城内已经出现。《封氏闻见记》卷六"打毬"条载："太宗常御安福门，谓侍臣曰：'闻西蕃人好为打毬，比亦令习，曾一度观之。昨升仙楼有群胡街里打毬，欲令朕见。此胡疑朕爱此，骋为之。以此思量，帝王举动，岂宜容易，朕已焚此毬以自诫。'"① 此条《资治通鉴》系于高宗永徽三年。无论是太宗还是高宗时事，都说明唐初马毬运动主要在胡人中流行，宫廷内尚不流行。

唐中宗时，由于帝王好之，马毬运动逐渐流行起来。《资治通鉴》卷二〇九："上好击毬，由是风俗相尚，驸马武崇训、杨慎交洒油以筑毬场。"②《新唐书》卷二〇六载："补阙权若讷又言：'制诏如贞观故事。且太后遗训，母仪也；太宗旧章，祖德也。沿袭当自近者始。'帝褒答。是时，起毬场苑中，诏文武三品分朋为都，帝与皇后临观。崇训与驸马都尉杨慎交注膏筑场以利其泽，用功不訾，人苦之。"③ 权若讷上疏事，《资治通鉴》系于景龙元年二月，④ 则禁苑中筑毬场也当在此时或稍早。

宫廷内的毬场，一般位于宫殿前或禁苑中，有配套的殿、亭建筑，以便观摩比赛。由于场地宽阔，还经常作为宫廷宴会场所。"中宗神龙元年，吐蕃赞普之祖母遣大臣悉熏热来献方物，为其孙请婚，中宗以所养雍王守礼女为金城公主许嫁之。自是频岁贡献。景龙三年十一月，又遣其大臣尚赞吐等来迎女，中宗宴之于苑内毬场，命驸马都尉杨慎交与吐蕃使打毬，中宗率侍臣观之。"⑤ 而据《封氏闻见记》卷六"打毬"条，当时打毬者还有唐玄宗等三人："景云中，吐蕃遣使迎金城公主，中宗于梨园亭子赐观打毬。吐蕃赞咄奏言：'臣部曲有善毬者，请与汉敌。'上令仗内试之。决数都，吐蕃皆胜。时玄宗为临淄王，中宗又令与嗣虢王邕、驸马杨慎交、武延秀等四人，敌吐蕃十人。玄宗东西驱突，风驰电激，所向无前。……开元、天宝中，

---

① （唐）封演撰，赵贞信校注：《封氏闻见记校注》，中华书局2005年版，第53页。
② （宋）司马光编著，（元）胡三省音注：《资治通鉴》卷209《唐纪》25"中宗景龙二年"，中华书局1956年版，第6624页。
③ 《新唐书》卷206《外戚传》，中华书局1975年点校本，第5841页。
④ 《资治通鉴》卷208，第6610页。
⑤ 《旧唐书》卷196《吐蕃上》，中华书局1975年点校本，第5226页。

玄宗数御楼观打毬为事，能者左萦右拂，盘旋宛转，殊可观。然马或奔逸，时致伤毙。"① 当时王室和外戚多有擅打毬者，可能因为唐玄宗也好马毬，故被后人列入唐蕃马毬赛中，以助渲染夸张。

《旧唐书》卷七《中宗本纪》："庚戌，令中书门下供奉官五品以上、文武三品以上并诸学士等，自芳林门入集于梨园毬场，分朋拔河，帝与皇后、公主亲往观之。"② 梨园毬场在禁苑内，朝官从皇城出发，经过掖庭宫西的芳林门到禁苑最方便。1956年，在西安唐含光殿遗址处发掘出方形石志一块，上刻"含光殿及毬场等大唐大和辛亥岁乙未月建"字样。③ 其时间为唐文宗大和五年（831）十一月，地点在唐大明宫右银台门外西内苑以北。可能因中晚唐时期，皇帝主要在大明宫起居，往来于梨园毬场不方便，故在距大明宫较近的地方另建毬场。

唐长安城太极宫有毬场。《长安志》卷六："凝阴殿之北有毬场亭子。"④ 凝阴殿是太极宫东北部的宫殿，其北部有毬场亭子，亭子应该位于毬场内。东内大明宫也有毬场。《旧唐书》卷一七下《文宗纪下》："大和九年秋七月……戊申，填龙首池为鞠场，曲江修紫云楼。"⑤

除了专门的毬场外，宫廷中常在殿前设临时的毬场。《旧唐书·文宗纪》："上御三殿，观两军、教坊、内园分朋驴鞠，角抵。"⑥ 三殿，即大明宫之麟德殿。保宁殿是大明宫内的宫殿，《长安志》卷六："昭宗宴李继昭等将于保宁殿，亲制《成功曲》以褒之。"⑦ 昭宗在天复二年"乙未，会鞠于保宁殿，全忠得头筹，令内弟子送酒，仍面赐副元帅官告"⑧。这次会鞠应是在保宁殿前毬场。打毬得头筹，历来是

---

① （唐）封演撰，赵贞信校注：《封氏闻见记校注》，中华书局2005年版，第53页。"景云"是睿宗年号，当为"景龙"之误。
② 《旧唐书》卷7《中宗本纪》，第149页。
③ 中国科学院考古研究所：《唐长安大明宫》，科学出版社1959年版，第51页。
④ （宋）宋敏求：《长安志》卷15，三秦出版社2013年版，第110页。
⑤ 《旧唐书》卷17下《文宗纪下》，第559页。
⑥ 《旧唐书》卷17上《文宗纪上》，第520页。
⑦ （宋）宋敏求：《长安志》卷6，三秦出版社2013年版，第121页。
⑧ 《旧唐书》卷20上《昭宗纪》，第776页。

皇帝的待遇，此时昭宗为了笼络朱全忠，只能将头筹让出，以示恩宠。

《旧唐书》卷二〇上："七月癸亥朔，全忠率师讨邠凤，甲子自汴至洛阳，宴于文思毬场，全忠入，百官或坐于廊下，全忠怒笞通引官何凝。"此文思毬场，当位于洛阳城文思殿前。

唐代有的离宫也设毬场，以便君王随时打毬。《长安志》卷一五《临潼县》"温汤"条："毬场。（注：宜春亭之北门外曰毬场，其西曰小毬场）"宜春亭，《长安志》卷一五："华清宫北向，正门曰津阳门，东面曰开阳门。（注：宫之东面正门也，门外有宜春亭）"① 宜春亭在临潼华清宫东门外，其北有毬场，则毬场在华清宫东北。

长安城的官僚贵族也往往于邸宅内修建毬场。《新唐书》卷八三载："长宁公主，韦庶人所生，下嫁杨慎交。造第东都，使杨务廉营总，第成，府财几竭，乃擢务廉将作大将。又取西京高士廉第、左金吾卫故营合为宅，右属都城，左俯大道，作三重楼以冯观，筑山浚池。帝及后数临幸，置酒赋诗。又并坊西隙地广鞠场。"②《长安志》也载："（平康坊）西北隅，隋太师申国公李穆宅。（注：其地景龙中为长宁公主府及鞠场，景云中废，并毬场散卖与居人）"③

《太平广记》卷二四三"窦乂"条载，李晟太尉宅前有一小宅，为窦乂所购，晟欲并之为击毬之所。窦乂主动找到李晟说："某所见此地宽闲，其中可以为戏马，今献元契，伏惟俯赐照纳。"④ 此事为小说所载，未必真实，但仍反映了爱好击毬的官僚贵族在家中建毬场的情况。

马毬运动本带有军事训练性质，故长安城中驻军也有毬场。唐文宗初即位，下诏减省费用，内容有："东头御马坊、毬场，宜却还龙武军。其殿及亭子，所司毁拆，余舍赐本军。"⑤ 此毬场原应属于龙武军，故曰还。日本僧人圆仁入唐求法，辗转来到长安，开成五年八月

---

① （宋）宋敏求：《长安志》卷15，三秦出版社2013年版，第277、279页。
② 《新唐书》卷83《诸帝公主传》，第3653页。
③ （宋）宋敏求：《长安志》卷8《唐京城二》，三秦出版社2013年版，第147页。
④ （宋）李昉等编：《太平广记》卷243，中华书局1961年版，第1878页。
⑤ 《旧唐书》卷17上《文宗纪》上，第524页。

二十四日被"案头何判官送到内护国天王寺安置。寺在左神策军毬场北"①。神策军、龙武军都有毬场，其他军营也应各有毬场。

二 唐五代时期藩镇的毬场

京城之外，唐代重要的地方城市，主要是藩镇节度使、观察使治所，由于军事训练、礼仪和娱乐的需要，基本上都设置毬场。文献中可见设毬场的城市有：

太原。《旧唐书·郑余庆附郑从谠传》载：唐僖宗时，郑从谠为太原尹、北都留守、河东节度，兼行营招讨等使。黄巢入长安，郑从谠派遣牙将论安、后院军使朱玫率师入关，论安"至阴地，以数百卒擅归，从谠集诸部校斩之于鞠场，并以兵众付朱玫赴难"②。

潞州。《新唐书·刘悟附刘从谏传》："初，术者李琢能言祸福，从谏以重币邀，辟署大将。会昌初，谓从谏曰：'往岁长星经斗，公生直之。今镇复至，当有灾。'从谏即徙军山东，开毬场，凿柳泉，大兴役以厌。"③

《资治通鉴》卷二四八载：泽潞节度使刘从谏之子刘稹叛，都知兵马使郭谊杀刘稹而降。朝廷命石雄将七千河中兵入潞州。"乃以河中兵环毬场，晚牙，谊等至，唱名引入，凡诸将桀黠拒官军者，悉执送京师。加何弘敬同平章事。丁未，诏发刘从谏尸，暴于潞州市三日；石雄取其尸置毬场斩剉之。"④

幽州。《新唐书·李载义附杨志诚传》载："志诚者，事载义为牙将。载义宴天子使者鞠场，志诚与其党噪而起，载义走，因自为都知兵马使。"⑤李载义为卢龙军节度使，其宴使者是在幽州毬场。

---

① [日]圆仁撰，顾承甫、何泉达点校：《入唐求法巡礼行记》3，上海古籍出版社1986年版，第142页。

② 《旧唐书》卷158《郑余庆附郑从谠传》，第4171页。

③ 《新唐书》卷214《刘悟附刘从谏传》，第6019页。

④ （宋）司马光编著，（元）胡三省音注：《资治通鉴》卷248《唐纪》64 "武宗会昌四年"条，第8009页。

⑤ 《新唐书》卷212《李载义附杨志诚传》，第5979页。

又唐孟棨《本事诗》"情感第一"载:"朱滔括兵,不择士族,悉令赴军,自阅于毬场。有士子容止可观,进趋淹雅。滔召问之曰:'所业者何?'曰:'学为诗。'问:'有妻否?'曰:'有。'即令作寄内诗,援笔立成。"① 朱滔有权括兵,当为任幽州卢龙军节度使时,其阅兵的毬场也应是幽州毬场。

镇州。《新唐书·崔融附崔从传》:"王承宗请割德、棣而遣子入侍也,宪宗选堪使者,以命从。议者谓承宗很谲,非单使可屈。次魏,田弘正请以五百骑从,辞之,惟童骑十数疾趋镇,集军士毬场宣诏,为陈逆顺大节祸福之效,音辞畅厉,士感动,承宗自失,貌愈恭,至泣下,即按二州户口、符印上之。"②

郓州。宪宗时,魏博节度使田弘正奉旨讨伐淄青节度使李师道,李师道命刘悟迎击,师未进,遣使召悟。刘悟与将吏"乃迎其使而斩之,遂赍师道追牒,以兵趣郓州。及夜,至门,示以师道追牒,乃得入。兵士继进,至毬场,因围其内城,以火攻之,擒师道而斩其首,送于魏博军"③。

青州。平李师道后,朝廷以淄、青、齐、登、莱五州为平卢军,治青州,以薛平为节度、观察等使。长庆元年,幽镇叛,棣州为贼所窘,薛平遣将李叔佐以兵五百救之。居数月,刺史王稷馈给稍薄,兵士怨怒,宵溃而归,推突将马狼儿为帅,"共得七千余人,径逼青州城。城中兵士不敌,平悉府库并家财募二千精卒,逆击之,仍先以骑兵掩其家属辎重,贼众惶惑反顾,因大败。狼儿与其同恶十数辈脱身窜匿,余党降,稍后者斩于鞠场。"④

《旧唐书·张濬传》:"时王敬武初破弘霸郎,军威大振,累诏征平卢兵,敬武独不赴援。铎遣濬往说之,敬武已受伪命,复怙强不迎诏使。濬至,谒见,责之曰:'公为天子守藩,王臣赍诏宣谕,而侮慢诏使。既未识君臣礼分,复何颜以御军民哉?'敬武愕然谢咎。既

---

① (唐)孟棨:《本事诗》,古典文学出版社1957年版,第6—7页。
② 《新唐书》卷114《崔融附崔从传》,第4197页。
③ 《旧唐书》卷124《李正己附李师道传》,第3540页。
④ 《旧唐书》卷124《薛嵩附薛平传》,第3526—3527页。

宣诏，军士按兵默然，澛并召将佐集于鞠场面谕之曰：'人生效忠仗义，所冀粗分顺逆，悬知利害。黄巢前日贩盐房耳，公等舍累叶天子而臣贩盐白丁，何利害之可论耶！'"①

汴州。宋王谠《唐语林》卷四"豪爽"条载："李相绅督大梁日，闻镇海军进健卒四人，一曰富仓龙，二曰沈万石，三曰冯五千，四曰钱子涛，悉能拔橛角抵之戏。翌日，于毬场内犒劳，以老牛筋皮为炙，状瘤魁之脔。坐于地茵，大桦令食之。"②李绅时为宣武节度、宋、亳、汴、颍观察等使，治汴州。

许昌。《资治通鉴》卷二五三载，唐僖宗广明元年九月，"徐州遣兵三千赴澂水，过许昌，徐卒素名凶悍，节度使薛能，自谓前镇彭城，有恩信于徐人，馆之毬场，及暮，徐卒大噪，能登子城楼问之，对以供备疏阙，慰劳久之，方定；许人大惧"③。

蔡州。《酉阳杂俎·前集》卷一五："刘元鼎为蔡州。蔡州新破，食场狐暴，刘遣吏生捕，日于毬场纵犬逐之为乐。经年，所杀百数。"④

徐州。咸通中，庞勋叛乱，占据徐州。"帝遣中人康道隐宣慰徐州，勋郊迎，旗铠矛戟亘三十里，使骑鸣鼙角，声动山谷。置酒毬场，引道隐阅其众，绐为贼来降六十人，妄戮平民，上首级夸胜。道隐还，固求节度。……勋好鬼道，有言汉高祖庙夜阅兵，人马流汗，勋日往请命。巫言毬场有隐龙，得之可战胜，勋大役徒凿地，不能得。"⑤

泗州。庞勋乱兵围困泗州，杜慆为泗州刺史，完浚城郭固守。"贼将李圆易慆，驰勇士百人欲入封府库，慆为好言厚礼迎劳，贼不

---

① 《旧唐书》卷179《张澛传》，第4656页。
② （唐）王谠撰，周勋初校正：《唐语林校正》，中华书局1987年版，第337—338页。
③ （宋）司马光编著，（元）胡三省音注：《资治通鉴》卷253，第8232—8233页。
④ （唐）段成式撰，方南生点校：《酉阳杂俎·前集》，中华书局1981年版，第144页。
⑤ 《新唐书》卷148《康日知附康承训传》，第4775—4776页。

虞惛之谋也。明日，伏甲士三百，宴毬场，贼皆歼焉。"①

荆州。《太平广记》卷二五〇引《国史补》："唐宪宗问赵宗儒曰：'人言卿在荆州，毬场草生，何也？'对曰："死罪，有之。虽然草生，不妨毬子。'上为启齿。"②

鄱阳。《唐摭言》卷一〇："姚岩杰，梁国公元崇之裔孙……乾符中，颜标典鄱阳，鞠场亭宇初构，岩杰纪其事，文成，粲然千余言。标欲刊去一两字，岩杰大怒。既而标以睚眦，已勒石，遂命覆碑于地，以车牛拽之磨去其文。"③

成都。孙光宪《北梦琐言》卷四"薛澄州弄笏"条载："路侍中岩在西蜀，尝夏日纳凉于毬场厅中，使院小吏罗九皋巾裹步履，有似裴条郎中，大貂遥见，促召衫带，逼视方知其非，因笞之。"④

《资治通鉴》卷二五二"僖宗干符二年"："夏，四月，突将作乱，大噪突入府廷，骈走匿于厕间，突将索之，不获。天平都将张杰帅所部数百人被甲入府击突将，突将撤牙前仪注兵仗，无者奋挺挥拳，乘怒气力斗，天平军不能敌，走归营。突将追之，营门闭，不得入，监军使人招谕，许以复职名禀给，久之，乃肯还营。天平军复开门出，为追逐之势；至城北，时方修毬场，役者数百人，天平军悉取其首，还，诣府，云'已诛乱者'。骈出见之，厚以金帛赏之。"⑤ 晚唐高骈时期的成都，毬场似在城北。

桂州。《太平广记》卷一二二"乐生"条载：唐中丞杜式方，为桂州观察使，奉诏讨捕山贼。续令郎中裴某，承命招抚，及过桂州，式方遣押衙乐某并副将二人当值。至宾州，裴命乐生与副将二人至贼中传诏命，副将及裴某诬乐生与贼勾结，以书与式方，请必杀之。式方心知其冤，却未相救。至时，式方登桂州南门，令引生出，与之诀

---

① 《新唐书》卷166《杜佑附杜悰传》，第5093页。
② （宋）李昉等编：《太平广记》卷250，第1943页。
③ （五代）王定保撰，阳羡生点校：《唐摭言》卷10，《唐五代笔记小说大观》，上海古籍出版社2000年版，第1664页。
④ （五代）孙光宪：《北梦琐言》卷4，中华书局2002年版，第84页。
⑤ （宋）司马光编著，（元）胡三省音注：《资治通鉴》卷252，第8178页。

216

别。"遂令领至毬场内，厚致酒馔，飡讫，召妻子别。"① 又《太平广记》卷四九七"吴武陵"条载："长庆中，李渤除桂管观察使，表名儒吴武陵为副使。故事，副车上任，具橐鞬通谢，又数日，于毬场致宴。酒酣，吴乃闻妇女于看棚聚观，意甚耻之。"② 桂州毬场当在城南门外。

福州。《淳熙三山志》卷一八："唐兴，宇内为一。高祖尝以其子寿王为越、福十二州招讨海贼使，遂升都督府。开元十九年，始置泉山府兵。左衙营在州东百步，今东毬场是也。（注：毬场旧在州西北隅，元和八年，裴次元始移于此，见《毬场记》）"③

1958年，福州市区八一七路北端修建鼓屏路时，于路东侧发掘出一块严重断残的两面镌刻文字的石碑，宽99厘米、残高53厘米左右。经与南宋《淳熙三山志》记载相对照，发现这是中唐时期福州《球场山亭记》残碑，原碑立于公元813年，刻有"冶山，今欧冶池山是也。唐元和八年，刺史裴次元于其南辟球场"等字。残碑现藏于福建博物院。④

南海。宋桂万荣《棠阴比事》"崇龟认刀"条："唐刘崇龟镇南海，有富商子泊船江边，有岸上高门家一妙姬，殊不避人，少年挑之曰，昏黄当到宅，亦无难色，是夕果启扉待之，少年未至，有盗入欲行窃，姬不知即就之，盗谓见执，以刀刺之，遗刀而逃，少年后至，践其血仆地扪之，见死者，急出，解维而去。明日，其家随血迹至江岸，岸主人云夜有某客船径发去，官差人追到，拷掠备至，具实吐之，惟不招杀人。以刀视之，乃屠家物。府主下令曰：某日演武，合境庖丁集毬场宰杀。既集，复曰：已晚，留刀于厨，明日再至。府主以杀人之刀换下一口，来早各来请刀，独一屠认后不认其刀，因诘之，对曰此非某刀，乃某人之刀耳，命擒之则已窜矣，于是以合死之囚代商人之子，侵夜毙于市，窜者知囚已毙，不一二夕，归家，遂

---

① （宋）李昉等编：《太平广记》卷122，第862—864页。
② （宋）李昉等编：《太平广记》卷497，第4079页。
③ （宋）梁克家纂修，李勇先校点：《淳熙三山志》卷18《兵防类一》，四川大学出版社2007年版，第543页。
④ 林丹：《唐代福州球场山亭记碑与马球文化》，《艺苑》2003年第4期。

擒，伏法，仍杖少年以夜入人家罪。"①

五代十国时期，除了京城有所变更，各藩镇治所大体不变，各地毬场基本上也仍其旧。文献可见的主要有：

大梁。《旧五代史》卷四《梁太祖纪第四》："（开平二年十月）丙午，御毬场殿，宣夹马都指挥使尹皓、韩瑭以下将士五百人，赐酒食。"②《五代会要》卷五"大内"条："（梁开平）三年十一月，以乾文院为文思院，行从殿为兴安殿，毬场为兴安毬场，弓箭库殿为宣威殿。"③《旧五代史》卷五《梁太祖纪第五》："（开平四年正月）壬寅，幸保宁毬场，锡宴宰臣及文武百官。"④

大梁宫城建国门外有毬场。《资治通鉴》卷二六九《后梁纪四》"均王贞明二年"："帝遣捉生都指挥使李霸帅所部千人戍杨刘，癸卯，出宋门，其夕，复自水门入，大噪，纵火剽掠，攻建国门，帝登楼拒战。龙骧四军都指挥使杜晏球以五百骑屯毬场，贼以油沃幕，长木揭之，欲焚楼，势甚危；晏毬于门隙窥之，见贼无甲胄，乃出骑击之，决力死战，俄而贼溃走。帝见骑兵击贼，呼曰：'非吾龙骧之士乎，谁为乱首？'晏球曰：'乱者惟李霸一都，余军不动。陛下但帅控鹤守宫城，迟明，臣必破之。'"胡注："建国门，大梁宫城正南门，太祖所起也。宋白曰：'大梁皇城南为建国门。'"⑤宫城、皇城，都是指大城内的子城。此京城毬场与地方藩镇毬场一样，位于子城之南。

除了宫城南的毬场，大梁还有内毬场。《旧五代史》卷一一九：显德六年春正月"乙丑，赐诸将射于内鞠场"⑥。《册府元龟》卷一一一《帝王部·宴享三》载：周太祖广顺三年正月"甲寅，召宰

---

① （宋）桂万荣：《堂阴比事》，文津阁《四库全书》，商务印书馆 2005 年版，第 242 册，第 329 页。
② 《旧五代史》卷 4《梁书四·太祖纪》，中华书局 1976 年版，第 65 页。
③ （宋）王溥：《五代会要》卷 5，上海古籍出版社 2006 年版，第 78 页。
④ 《旧五代史》卷 5《梁书五·太祖纪》，第 81 页。
⑤ （宋）司马光编著，（元）胡三省音注：《资治通鉴》卷 269《后梁纪四》，第 8802—8803 页。
⑥ 《旧五代史》卷 119《周世宗纪第六》，第 1579 页。

相大将射于内毬场，帝先中的，臣寮献马上寿。射罢，各赐物有差"。同卷，周世宗显德六年正月庚申，"帝命诸将大射于鞠场，既而宴于讲武殿。乙丑，命诸将大射于鞠场。"① 显德六年大射之鞠场，显然是内鞠场。所谓内毬场当非宫城外的毬场，而是在宫中或禁苑的毬场。

洛阳。《资治通鉴》卷二八〇：天福元年十一月，石敬瑭攻入洛阳，"辛巳，唐主与曹太后、刘皇后、雍王重美及宋审虔等携传国宝登玄武楼自焚。……太后曰：'吾子孙妇女一朝至此，何忍独生！妹自勉之。'淑妃乃与许王从益匿于毬场，获免。"②

魏州（邺都）。《新五代史》卷五《庄宗纪》载："（同光）三年春正月庚子，如东京，毁即位坛为鞠场。二月己巳，聚鞠于新场。"③ 后唐庄宗毁即位坛事又见《新五代史》卷二八《张宪传》："庄宗幸东都，定州王都来朝，庄宗命宪治鞠场，与都击鞠。初，庄宗建号于东都，以鞠场为即位坛，于是宪言：'即位坛，王者所以兴也。汉鄗南、魏繁阳坛，至今皆在，不可毁。乃别治宫西为鞠场，场未成，庄宗怒，命两虞候亟毁坛以为场。"④

晋阳。《资治通鉴》卷二八六："于是将佐劝知远称尊号，以号令四方，观诸侯去就。知远不许。闻晋主北迁，声言欲出兵井陉，迎归晋阳。丁卯，命武节都指挥使荥泽史弘肇集诸军于毬场，告以出军之期。"⑤

金陵、洪州。《资治通鉴》卷二九四："太子弘冀在东宫多不法，唐主怒，尝以毬杖击之曰：'吾当复召景遂。'昭庆宫使袁从范从景遂为洪州都押牙，或谮从范之子于景遂，景遂欲杀之，从范由是怨望。弘冀闻之，密遣从范毒之；八月庚辰，景遂击毬渴甚，从范进浆，景

---

① （宋）王钦若等编：《册府元龟》卷111《帝王部·宴享三》，中华书局1960年版，第1324、1325页。
② （宋）司马光编著，（元）胡三省音注：《资治通鉴》卷280《后晋纪一》，第9163页。
③ 《新五代史》卷5《庄宗纪》，中华书局1974年版，第48页。
④ 《新五代史》卷28《张宪传》，第312页。
⑤ （宋）司马光编著，（元）胡三省音注：《资治通鉴》卷286《后汉纪一》，第9340页。

遂饮之而卒。"① 唐主以毬杖击太子，则南唐都城金陵当有毬场。李景遂以江西元帅在洪州，故洪州有毬场。

江陵。《三楚新录》卷三："有孙光宪者，本成都人也，旅游江陵，方图进取，从诲辟之，用为掌书记，自是凡笺奏书檄皆出其手……居尝自谓筋力不衰，一旦赴毬场上马，左右扶持者甚众。"②

武昌。《十国春秋》卷二二《南唐八·王崇文传》："临武昌日，方阅骑士于鞠场，傍古屋数十间崩坏，声震数里，闻者莫知所为，崇文指挥使令，讫事不失常度，竟亦不问。"③

成都。王建建立前蜀后，将原来节度使等级的建筑升格为皇帝等级，更改了一批建筑的名号，"以大衙门为宣德门，狮子门为神兽门，大厅为会同殿，毬场门为神武门，毬场厅为神武殿"④。《资治通鉴》卷二六八《后梁纪三》"均王干化三年"载，秋七月，前蜀太子元膺起兵杀太子少保唐道袭等。"蜀主乃召兼中书令王宗侃、王宗贺、前利州团练使王宗鲁，使发兵讨为乱者徐瑶、常谦等。宗侃等陈于西毬场门，兼侍中王宗黯自大安门梯城而入，与瑶、谦战于会同殿前，杀数十人。"⑤

此外，沙州也有毬场。敦煌文书中有大量材料记载了当地毬场和打马毬的情况。敦煌研究院藏《酒帐》中，有"四月十九日，寒食座设酒叁瓮。支十乡里正纳毬场酒半瓮"的记载。据研究该文书时间可能为北宋乾德二年（964）。⑥ 毬场的建成年代显然更早。

以上所列唐五代时期建有毬场的城市，分布于从河北到岭南的全国各地，基本上都是各节度、观察使治所，未见县级城市。可以推测，京城之外，毬场主要设于藩镇治所。藩镇城市一般由外城（大

---

① （宋）司马光编著，（元）胡三省音注：《资治通鉴》卷294《后周纪五》，第9585—9586页。

② （宋）周羽翀：《三楚新录》卷3，文津阁《四库全书》，第158册，第716页。

③ （清）吴任臣撰，徐敏霞、周莹点校：《十国春秋》，中华书局1983年版，第311页。

④ （清）吴任臣撰，徐敏霞、周莹点校：《十国春秋》卷35《前蜀一·本纪》，中华书局1983年版，第501页。

⑤ （宋）司马光编著，（元）胡三省音注：《资治通鉴》卷268，第8775页。

⑥ 施萍亭：《本所藏〈酒帐〉研究》，《敦煌研究》1983年创刊号。

城、罗城）和内城（子城）构成，有的内城之内还有牙城。内城位于大城之中，是藩镇衙署所在，毬场一般位于内城之外。如前揭郓州毬场，刘悟"以兵趣郓州。及夜，至门，示以师道追牒，乃得入。兵士继进，至毬场，因围其内城"，显然毬场在大城内，内城外。又如前揭许昌毬场，"徐卒素名凶悍，节度使薛能，自谓前镇彭城，有恩信于徐人，馆之毬场，及暮，徐卒大噪，能登子城楼问之"，显然毬场就在子城之下，故薛能可登城楼而问。

唐长安城毬场，遍布于宫廷、军营、官僚宅邸，但宫城和皇城之前，都是横街，并无毬场。而五代时期，大梁宫城前设有毬场，这是与唐长安城不同之处。五代时期无论京城还是地方藩镇，都在内城外设毬场，应是继承了唐代藩镇毬场制度。

三　毬场的功能

毬场的基本功能是作为马毬运动的场地，由于其场地开阔，也为其他活动所利用。如唐长安城梨园毬场曾举行拔河游戏，殿前毬场经常用于宴饮。地方城市毬场，除了用于打毬，最常见的是用于阅兵和举办大型宴会。阅兵，如前述孟棨《本事诗》所载："朱滔括兵，不择士族，悉令赴军，自阅于毬场。"宴饮，如"载义宴天子使者鞠场"。又如泗州刺史杜慆"伏甲士三百，宴毬场"。有时阅兵演武和宴饮是密切相关的，如《堂阴比事》所载"某日演武，合境庖丁集毬场宰杀"，当是于演武之后进行宴会，所以才聚集大量庖丁在毬场宰杀。

除此之外，地方城市毬场还承载了其他功能。地方毬场主要设于藩镇治所，也是与毬场的这些功能密切相关的。

1. 作为礼仪场所

藩镇的毬场不但是军事训练、检阅场地，还在朝廷礼仪中承担了重要的作用，因此毬场成为藩镇治所必不可少的礼制建筑或礼仪空间。

节度使谒宰相于毬场。《新唐书》卷一五四《李晟附李愬传》载：李愬雪夜袭蔡州，擒吴元济后，"乃屯兵鞠场以俟裴度，至，愬以橐鞬见，度将避之，愬曰：'此方废上下分久矣，请因示之。'度以宰相礼受愬谒，蔡人耸观"①。

朝廷遣使宣诏于毬场。如《新唐书》卷一一四《崔融附崔从传》所载，崔从"惟童骑十数疾趋镇，集军士毬场宣诏"。《旧唐书》卷一七九《张濬传》载，张濬至平卢军宣诏，"既宣诏，军士按兵默然，濬并召将佐集于鞠场面谕之曰：'人生效忠仗义，所冀粗分顺逆，悬知利害。黄巢前日贩盐房耳，公等舍累叶天子而臣贩盐白丁，何利害之可论耶！'"②又如敦煌本《张淮深变文》载：皇帝命"上下九使，重赍国信，远赴流沙。诏赐尚书，兼加重锡，金银器皿，锦绣琼珍，罗列毬场，万人称贺"③。

朝廷为节度使授旌节于毬场。法藏敦煌写本P.3773V《凡节度使新受旌节仪》载："天使押节到界，节度使出，先引五方旗，后鼓角、六纛，但有旗幡，不得欠少弓箭。……见天使之时，先问来日圣人万福，后序寒冷。便抵邑，并马作乐入城，在路不得下马、旌节断。入城门中门，交头相覆。到毬场，宣付之时，三交三捧，不得交错。左旌右节。宣付了，相识天使，便令军将参天使，一时参贺序答。便抵邑，天使上亭子。排比……就毬场断一……（下残）。"④暨远志认为最后阶段的仪式是在宣谕诏命、颁付旌节等手续之后，天使上毬场边亭子（看台）观看使府军将打马毬，并进行操练，活跃欢迎气氛。⑤天使入城后才到毬场，可知此毬场应也在大城之内，子城之外。

2. 作为行刑场所

在毬场行刑的例子颇多。如《旧唐书·薛嵩附薛平传》所载，平卢军节度使薛平募两千精卒大败马狼儿，"狼儿与其同恶十数辈脱身

---

① 《新唐书》卷154《李晟附李愬传》，第4877页。
② 《旧唐书》卷179《张濬传》，第4656页。
③ 王重民等编：《敦煌变文集》卷1《张淮深变文》，人民文学出版社1957年版，第123页。
④ 上海古籍出版社、法国国家图书馆编：《法国国家图书馆藏敦煌西域文献》第28册，上海古籍出版社2004年版，第9页。
⑤ 暨远志：《论唐代打马球——张议朝出行图研究之三》，《敦煌研究》1993年第2期。

窜匿，余党降，稍后者斩于鞠场"。《旧唐书·郑余庆附郑从谠传》，论安以数百卒擅归，"从谠集诸部校斩之于鞠场"。《太平广记》卷一二二"乐生"条中，乐生也是在毬场被处死。《资治通鉴》卷二四八载，泽潞刘稹叛乱平定后，诏发刘从谏尸，暴于潞州市三日，石雄还取其尸置毬场斩剉之。

　　刑人于市，一直是中国古代的一个传统。春秋至唐中叶，市在作为商品买卖场所的同时，也成为处决囚犯的刑场。侯旭东对"刑人于市"这一传统的原因和意义进行了深入的分析。[①] 由于市是人群流动的公共场所，也成为消息传播的集散地，在人群聚集的市中行刑，可以最大程度地震慑民众、宣扬统治者的权威。市成为百姓感受统治、观察时政的一扇窗户。

　　毬场出现之后，与市一样，也在特定的时候成为刑场。行刑于毬场的事例，均发生在地方城市。由于地方城市的毬场多位于子城的南门外，正对全城政治中心，是面积最开阔，人流量最大的空间，因此，在毬场行刑，同样也可以起到震慑民众、宣扬统治者权威的作用。

　　行刑于毬场，与行刑于市，似有微妙的差别。从所知事例来看，在毬场处死的人，一般与军事有关，或是叛军，或是违反军法者。由于刘稹的叛乱，其父刘从谏的尸体被从坟墓中发掘出来，虽然已经暴尸于潞州市三日，仍被置于毬场斩剉一番，或许可以看作追加的军法的惩罚。由此可以看出毬场作为刑场的特点。

　　3. 作为集会场所

　　由于毬场位于城市中心，容易聚集大量人员，可以作为集会场所。对于消息相对封闭的民众来说，毬场是一个接受政府信息的渠道，也可以说，毬场是官府对民众施加影响的媒介。如刘悟攻下郓州，斩杀李师道父子后，"自卯至午，悟乃命两都虞候巡坊市，禁掠

---

① 侯旭东：《北朝村民的生活世界——朝廷、州县与村里》，商务印书馆2005年版，第209—218页。

者，即时皆定。大集兵民于毬场，亲乘马巡绕，慰安之"①。刘悟正是通过将兵民聚集在毬场进行安抚的方式，来消除社会动荡，恢复社会秩序。

由官府推动的宗教仪式有时也会安排在毬场举行。《尚书故实》载："李抱真之镇潞州也，军资匮缺，计无所为，有老僧大为郡人信服，抱真因诣之，谓曰：'假和尚之道以济军中，可乎？'僧曰：'无不可。'抱真曰：'但言请于鞠场焚身，某当于使宅凿一地道通连，候火作，即潜以相出。'僧喜从之，遂陈状声言。抱真命于鞠场积薪贮油，因为七日道场，昼夜香灯，梵呗杂作。抱真亦引僧入地道，使之不疑，僧仍升座执炉，对众说法。抱真率监军僚属及将吏膜拜其下，以俸入檀施，堆于其旁。由是士女骈填，舍财亿计。满七日，遂送柴积，灌油发焰，击钟念佛。抱真密已遣人填塞地道，俄顷之际，僧薪并灰。"② 僧人之所以相信李抱真，毬场焚身，正因为毬场就在使宅之前，可以地道相通，方便撤离。"士女骈填，舍财亿计"，也反映了毬场在聚集人群方面的优势。

四 毬场与唐宋时代城市空间的变化

一般来说，藩镇毬场的北面，就是节度使、观察使衙所在的子城，是整个城市和藩镇的权力中心，藩镇的重要决策和命令由这里发出。而与藩镇有关的各种隆重的仪式，如敕使宣诏、迎接宰相、阅兵演武、举办宴会乃至处决罪犯等，则在子城南门前的毬场举行。因此，毬场可以看作地方城市重要的公共礼仪空间。在这个公共空间，民众目睹国家和藩镇的各种礼仪活动，由此了解当时正在发生的政治、军事形势的变化，领会执政者的意图，从而决定自己下一步的行为。

---

① （宋）司马光编著，（元）胡三省音注：《资治通鉴》卷241《唐纪》57，第7764页。
② （唐）李绰撰，萧逸校点：《尚书故实》，《唐五代笔记小说大观》，上海古籍出版社2000年版，第1168页。

唐五代时期的毬场与城市空间

　　为何毬场会从运动场地逐渐发展为城市公共空间，毬场对唐宋时代城市空间的变化有什么影响，这都是值得进一步探讨的问题。在唐代里坊制度下，城市的公共空间主要有街道、市肆、旅舍、园林和寺观等，但这些场所或是以建筑为主，或因有坊墙的分割，缺乏开阔的空间。而毬场由于位置居中，地形开阔，交通便利，容易集中更多人群，也有利于信息的迅速传播，逐渐成为集会的场所。因此，官方也有意将一些重要的仪式在毬场举行，以增强其传播效果。

　　民众对毬场这一公共空间有何观感，从以毬场为描述对象的一些文学作品中往往能体察出来。刘禹锡诗云："何处深春好，春深大镇家。前旌光照日，后骑蹙成花。节院收衙队，毬场簇看车。广筵歌舞散，书号夕阳斜。"① 藩镇节院收衙时毬场上的车水马龙，俨然成为城市中的一道风景。

　　然而唐五代时期毬场上的活动多具有政治和军事性质，和市不同，它是远离民众的日常生活的。在民众的记忆中，毬场除了与官府有关的活动外，似乎是非常冷清的。因为兼作刑场，毬场又与神鬼有了联系。如《太平广记》卷四九二《灵应传》载：泾州节度使周宝，受九娘子神所托，牒送已亡将士兵籍，助其对抗朝那神。因所牒送的都虞候孟远无能，"遂差制胜关使郑承符以代孟远。是月三日晚，衙于后毬场沥酒焚香，牒请九娘子神收管。至十六日，制胜关申云：'今月十三日夜，三更已来关使暴卒。'"② 这是在毬场焚香以通鬼神。又《蜀中广记》卷五五载："旧说成都不打晚衙鼓。刘仲、张潜夫皆云：'孟蜀多以晚鼓戮人，埋毬场中，每鸣鼓则鬼祟必作，自是承例，不打晚衙鼓。'"③ 后蜀晚鼓时所戮之人，可能也是戮于毬场的，所以顺便埋在毬场，以至成都毬场成了时人眼中鬼祟集中之地。

　　毬场作为唐代藩镇城市重要的礼仪空间，在五代时期得以继承下来，并影响到辽、宋、金的城市规划。唐至宋金时期的毬场，从马毬

---

　　① （唐）刘禹锡：《刘宾客文集·外集》卷2《撰诗同乐天和微之深春二十首》，文津阁《四库全书》，第360册，第175页。
　　② （宋）李昉等编：《太平广记》卷492《灵应传》，中华书局1961年版，第4041页。
　　③ （明）曹学佺：《蜀中广记》卷55，文津阁《四库全书》，商务印书馆2005年版，第196册，第266页。

运动场地发展为城市礼仪空间，成为中国古代城市发展的一个特征。

宋代制定了专门的打毬礼仪，属于有皇帝参加的军礼。《宋史》卷一二一《礼二十四》："打毬，本军中戏。太宗令有司详定其仪。三月会鞠大明殿。有司除地，竖木东西为毬门，高丈余，首刻金龙，下施石莲华坐，加以采缋。左右分朋主之，以承旨二人守门，卫士二人持小红旗唱筹，御龙官锦绣衣持哥舒棒，周卫毬场。……内侍发金合，出朱漆球掷殿前。通事舍人奏云御朋打东门。帝击毬，教坊作乐奏鼓，毬既度，颭旗、鸣钲、止鼓。帝回马，从臣奉觞上寿，贡物以贺。赐酒，即列拜，饮毕上马。帝再击之，始命诸王大臣驰马争击。旗下擂鼓。将及门，逐厢急鼓。毬度，杀鼓三通。毬门两旁置绣旗二十四，而虚设架于殿东西阶下。每朋得筹，即插一旗架上以识之。帝得筹，乐少止，从官呼万岁。群臣得筹则唱好，得筹者下马称谢。凡三筹毕，乃御殿召从臣饮。"①

宋代还将毬杖列入皇帝的出行仪仗。《东京梦华录》卷六"十四日车驾幸五岳观"条："天武官十余人，簇拥扶策喝曰：'看驾头。'次有吏部小使臣百余，皆公裳，执珠络毬杖，乘马听唤。"②

辽燕京丹凤门外有毬场。《契丹国志》卷一一："是夜淳死，不发丧。干等先集辽骑三千，陈于毬场，会百官，议立淳妻萧氏为皇太后，权主军国事，奉迎天祚次子秦王为帝。从其议者书名押字，无敢有一异者。萧氏遂即位于柩前，改元德兴。"③ 又《契丹国志》卷一二："保大三年。春正月，金主入居庸关，晡时到燕，萧后闻居庸关失守，夜率萧干及车帐出城，声言迎敌，实欲出奔。……于是左企弓、虞仲文、曹勇义、刘彦宗、萧乙信等迎降，出丹凤门毬场内投拜，阿骨打戎服坐，众呼万岁，皆伏拜，待罪于下。"④《辽史·地理志》载：燕京"八门：东曰安东、迎春，南曰开阳、丹凤，西曰显

---

① 《宋史》卷121《礼二十四》，中华书局1977年版，第2841—2842页。
② （宋）孟元老撰，伊永文笺注：《东京梦华录笺注》，中华书局2006年版，第584页。
③ （宋）叶隆礼撰，李西宁点校：《契丹国志》卷11《天祚皇帝中》，中华书局2014年版，第141—142页。
④ （宋）叶隆礼撰，李西宁点校：《契丹国志》卷12《天祚皇帝下》，第147页。

西、清晋，北曰通天、拱宸"①。可知丹凤门毬场位于燕京大城南门外，与唐五代毬场一般位于大城内子城外不同。

金朝京城也设毬场，并继承辽代旧俗，在毬场行拜天之礼。《金史》卷三五《礼志八》"拜天"条："金因辽旧俗，以重五、中元、重九日行拜天之礼。重五于鞠场，中元于内殿，重九于都城外。其制，刳木为盘，如舟状，赤为质，画云鹤文。为架高五六尺，置盘其上，荐食物其中，聚宗族拜之。若至尊则于常武殿筑台为拜天所。重五日质明，陈设毕，百官班俟于毬场乐亭南。皇帝靴袍乘辇，宣徽使前导，自毬场南门入，至拜天台，降辇至褥位。皇太子以下百官皆诣褥位。宣徽赞'拜'，皇帝再拜。上香，又再拜。排食抛盏毕，又再拜。饮福酒，跪饮毕，又再拜。百官陪拜，引皇太子以下先出，皆如前导引。皇帝回辇至幄次，更衣，行射柳、击毬之戏，亦辽俗也，金因尚之。"②

从礼仪制度上将五月五日拜天礼和射柳击毬戏固定在毬场举行，可见毬场在辽、金时期已经成为重要的国家礼仪空间。

唐代的宫廷毬场、军营毬场和官僚贵族的私人毬场，都有一定的封闭性和私密性，外人难以进入。作为城市重要公共空间的毬场，实际上是从唐代藩镇子城之前的毬场发展起来的。在里坊制度得到严格执行的京城，毬场难以成为公共建筑，但在里坊制度不够严格的藩镇城市，毬场突破了限制，顺应了城市发展的要求，成为城市规划中的一个独特的公共空间。五代王朝，都是由藩镇而来，故而五代毬场延续了唐代藩镇毬场的特征。五代和辽、宋、金毬场，作为城市礼制建筑和礼仪空间，都继承了唐代藩镇毬场的特征。因此，唐代藩镇毬场，对于唐宋时期城市的空间格局产生了一定的影响。

（原载《敦煌吐鲁番文书与中古史研究——朱雷先生八秩荣诞祝寿集》，上海古籍出版社2016年版）

---

① 《辽史》卷40《地理志四·南京道》，中华书局1974年版，第494页。
② 《金史》卷35《礼志八》，中华书局1975年版，第826页。

"刻毡为形"试释

——兼论突厥的祆神祭祀

一 "刻毡为形"释义

段成式《酉阳杂俎》卷四《境异》载:"突厥事祆神,无祠庙,刻毡为形,盛于皮袋,行动之处,以脂酥涂之。或系之竿上,四时祀之。"[1] 此条史料又收入《太平广记》卷480"突厥"条:"突厥事祆神,无祠庙,刻毡为形,盛于毛袋,行动之处,以脂苏涂。或系之竿上,四时祀之"[2],内容与《酉阳杂俎》所载基本相同,唯改"皮袋"为"毛袋","脂酥"为"脂苏"[3]。由此可知,突厥祭祀的祆神是被"刻毡为形"的。毡是羊毛或其他动物毛经湿、热、压力等作用,缩制而成的块片状材料,有良好的回弹、吸震、保温性能,可用作铺垫及制作御寒物品、鞋帽料、帐篷、车篷等。宋应星《天工开物》上卷《乃服第二》"褐毡"条介绍了制毡的方法:"凡绵羊剪毳,粗者为毡,细者为绒。毡皆煎烧沸汤投于其中搓洗,俟其粘合,以木板定物式,铺绒其上,运轴赶成。凡毡绒白黑为本色,其余皆染色。其氍俞、氆鲁等名称,皆华夷各方语所命。若最粗而为毯者,则骛马诸料杂错而成,非专取料于羊也。"[4]《天工开物》所记虽是明代的制毡方

---

[1] (唐)段成式撰,方南生点校:《酉阳杂俎》,中华书局1981年版,第45页。
[2] (宋)李昉等编:《太平广记》卷480,中华书局1961年版,第3956页。
[3] 中华书局点校本《酉阳杂俎》曾以《太平广记》参校,但仍保留"脂酥"未改。
[4] (明)宋应星:《天工开物》,清初杨素卿刻本。

法，但其技术原理应该与古代相同。

我国西北地区一直有制作和使用毡的传统。距今约4000年的新疆古墓沟墓葬出土了目前所知我国最早的毛织物标本，此时当地人已经知道将羊毛分档制作毡和毛线，用来擀制毡的是粗羊毛。[1] 郝春文先生曾对敦煌净土寺等六个寺院的常住什物进行统计，统计中有各种毡子的数量，其中净土寺用"毡"字命名的毡子有33件。从郝先生的统计表中可以看到，敦煌地区毡子的品种有30余种，按其大的类别有：花毡、大绯花毡、绣花毡、于阗花毡、圣僧坐花毡、绯绣毡、细毛持毡、黑毡、白毡、白方毡、汉擀白方毡、方毡、袂纳毡、绫锦针毡等。[2] 其中的绫锦针毡，据黑维强先生研究，应为针线荷包。[3] 其余的毡，都是以颜色、形状及加工装饰工艺命名的。

突厥人所事的"刻毡为形"的祆神，从其能够被"盛于皮袋"和"系之竿上"看，应该是用类似毡的比较轻软的质料制成。然而毡既然为擀压而成的毛制品，自然无法像石头和木头一样可以在上面雕刻出图像，甚至很少做出纹饰。因此，"刻毡为形"之"刻"不能理解为"雕镂"。笔者认为，"刻"实际上即是"缂"。缂，意为织纬，是一种依靠织纬形成图案的纺织工艺。缂织法最为我们熟悉的是缂丝。宋代庄绰《鸡肋编》卷上："定州织'刻丝'，不用大机，以熟色丝经于木棦上，随所欲作花草禽兽状。以小梭织纬时，先留其处，方以杂色线缀于经纬之上，合以成文，若不相连。承空视之，如雕镂之象，故名刻丝。"[4] 此处"刻丝"就是"缂丝"。缂丝采用的是"通经断纬"的织造方法，经丝纵向贯穿织物，纬丝不贯穿全幅。这样织出的织物，具有立体感，有如刻镂而成。

我国的缂丝织物至迟出现于唐代，在新疆吐鲁番、青海都兰等地都曾出土过唐代缂丝，敦煌也发现一批缂丝织物。缂丝由于织造不易，故十分珍贵，多用在供奉佛寺的佛幡之上，均较狭窄，主要做幡

---

[1] 王炳华：《丝绸之路考古研究》，新疆人民出版社1993年版，第423页。
[2] 郝春文：《唐后期五代宋初敦煌僧尼的社会生活》，中国社会科学出版社1998年版，第345页。
[3] 黑维强：《吐鲁番出土文书所见"针氈"考》，《西域研究》2004年第4期。
[4] （宋）庄绰撰，萧鲁阳点校：《鸡肋编》，中华书局1983年版，第33页。

头斜边及悬襻等。① 勒柯克在高昌K遗址"藏书室"发现的几片"编结的绸缎残片"即是缂丝织物。②

缂织法最初应用于毛织物上。王炳华先生认为,中国中原地区在唐宋时期运用得十分成熟的缂丝工艺,其通经断纬的制造技术,应该是借丝路联系,吸收了西北地区少数民族在毛纺织生产中早就运用了的一种生产工艺。在新疆出土的毛纺织物中,早在公元前已见到这类通经断纬的生产技术,出土的公元前后的毛织物中,通经断纬技术运用得十分成熟。③ 赵丰先生也指出,都兰发现的唐代缂丝与西北地区的缂毛工艺有着明显的传承关系④。墓葬时代早到西汉、晚至于晋的新疆洛浦县山普拉古墓出土了大量毛织物,织物的图案有条纹、条格纹、几何纹、动物、人物、花卉和植物等。动物纹样主要出现在缂毛带上,有鹿、骆驼、独角动物,都比较图案化。人物图案仅见于M01出土的一条缂毛裤上。这条裤上部用黄色褐做裤腰和部分裤腿,下部裤腿主要是缂毛织物。左裤腿缂毛织武士像,头像倒置,右侧是长矛,系三块缂毛织物拼接而成。右裤腿缂毛织人首马身纹,人竖吹一件长管乐器,双手手指分开按在长管上面,长53.5厘米,系两块缂毛织物拼接而成。经发掘者研究,两裤腿图案原来可能是一幅完整画面,人首马身像在上,武士像在下。⑤ 人首马身的主题可能源自希腊神话,武士头像挺直的高鼻具有希腊、罗马风格,这件缂毛织物应是经丝绸之路传入的西方产品。新疆考古所曾在楼兰东郊清理了两处汉代墓地,一处时代明显到东汉,另一处时代稍早。"东汉墓内出土的彩色毛织物色泽绚丽,组织致密,不仅有很好的斜纹织物,而且熟练运用着通经断纬织造技术。"⑥

根据学者们的研究,基本可以确定,以"通经断纬"为特征的缂

---

① 赵丰:《敦煌丝绸与丝绸之路》,中华书局2009年版,第62页。
② [德]勒柯克:《高昌——吐鲁番古代艺术珍品》,赵崇民译,新疆人民出版社1998年版,第138页。
③ 王炳华:《丝绸之路考古研究》,第54页。
④ 赵丰:《唐代丝绸与丝绸之路》,第116页。
⑤ 新疆博物馆:《洛甫县山普拉古墓发掘简报》,《新疆文物》1989年第2期。
⑥ 王炳华:《丝绸之路考古研究》,第195—196页。

毛工艺汉代以来就流行于西北地区。缂毛能够织出有人物和动物形象的生动图案，非常适合用来表现神像。西域为多种宗教汇集之地，各种宗教也互相影响，乃至在某些方面趋同。如吐鲁番出土了不少佛教、摩尼教使用的画幡，上面绘制佛像、神像，可以悬挂起来崇拜供养。[1] 刻毡为形的祆神图像，祭祀时系在竿上，可能就与这种悬挂的幡类似。毡为粗糙的毛制品，多用于制作帐篷、垫子、靴帽，无法用来表现精致的图像，因此"刻毡为形"的"毡"不会是擀压的普通毡，而应是对缂毛织物的一种泛称。

粟特人居住在中亚阿姆河和锡尔河流域，以祆教为主要信仰，"又从大寔（食）国已东，并是胡国，即是安国、曹国、史国、石骡国、米国、康国等……又此六国总事火祆"[2]。《大慈恩寺三藏法师传》载："五百余里，至飒秣建国（原注：此言康国）。王及百姓不信佛法，以事火为道。"[3] 7世纪初，突厥人占领了粟特地区，"其西域诸国王悉授颉利发，并遣吐屯一人监统之，督其征赋"[4]。飒秣建（今撒马尔罕）即昭武九姓中的康国，"隋炀帝时，其王屈术支娶西突厥叶护可汗女，遂臣于西突厥"[5]。据林幹先生研究，在突厥族中，祆教仅流行于西突厥，特别是散居于中亚地区的西突厥人，[6] 则突厥人信仰祆教应是受到中亚地区粟特人的影响。粟特是丝绸之路上著名的商业民族，其足迹遍布于丝路沿线，几乎垄断了丝路贸易。突厥人所使用的缂毛祆神像产地虽然尚不得而知，但以突厥人和粟特人的密切关系，不难通过粟特人得到。

---

[1] 参见［德］勒柯克《高昌——吐鲁番古代艺术珍品》，赵崇民译，图版3《摩尼教画幡》、图版41《高昌与交河的佛幡》。
[2] （唐）慧超著，张毅笺释：《往五天竺国传笺释》，中华书局2000年版，第118页。
[3] （唐）慧立、彦悰著，孙毓棠、谢方点校：《大慈恩寺三藏法师传》，中华书局2000年版，第30页。
[4] 《旧唐书》卷194下《突厥传下》，中华书局1975年版，第5181页。
[5] 《旧唐书》卷198《康国传》，第5310页。
[6] 林幹：《突厥的习俗和宗教》，《民族研究》1981年第6期。

二 突厥的祆神祭祀

《酉阳杂俎》所载的这条史料不但显示了突厥人曾信仰祆教的事实，还描述了其祭祀祆神的方法。由于突厥人过着逐水草而居的游牧生活，难以建立固定的祠庙，故其祭祀祆神，不立祠庙，而是"刻毡为形"，制作神像，以脂酥（脂苏）涂抹，系在竿上进行祭祀。平时则将祆神像盛在皮袋中保存。

突厥祭祀祆神，除了"无祠庙"之外，其余方面应该大体和波斯及粟特祆教祭祀相似。其中以脂酥涂抹祆神像的做法，在波斯就能找到源头。据《旧唐书》卷一九八《波斯传》载："俗事天地日月水火诸神，西域诸胡事火祆者，皆诣波斯受法焉。其事神，以麝香和苏涂须点额，及于耳鼻，用以为敬，拜必交股。"《新唐书》卷二二一下《西域传》则曰："波斯……祠天地日月水火。祠夕，以麝揉苏，泽髵颜鼻耳。西域诸胡受其法，以祠祆。"西域诸胡祭祀祆神的方法是来自于波斯，而突厥人与粟特胡人交往密切，其祀祆方法可能得之于粟特人。

麝香是雄麝脐部香腺中的分泌物，干燥后呈颗粒状或块状，可作香料或药用。"酥"或"苏"，当泛指化妆用的油脂、酥油之类。《新唐书》卷二二二上《南诏上》："妇人不粉黛，以苏泽发。"此处"苏"即是用以润泽头发的油脂。揉，意为混合、融和。"以麝香和苏"与"以麝揉苏"意思相同，指将麝香与苏混合制成一种香料。髵，即胡须。"以麝香和苏涂须点额，及于耳鼻"或"以麝揉苏，泽髵颜鼻耳"均指波斯祆教徒祭祀祆神时，要用麝香和苏混合的香料涂抹在神像的面额及胡须耳鼻部位，表示恭敬。突厥祭祀祆神时"以脂苏涂之"的方法，应该是来源于波斯。而"脂苏"之"脂"，应是指麝香，或者是麝香的代用品。[①] 祆教徒用"脂苏"涂抹祆神像，除了

---

① 蔡鸿生先生认为，突厥以"脂苏涂之"来代替"以麝揉苏"的祀祆礼仪，是按游牧民族食肉饮酪的风尚办事。这是将"脂苏"视为普通的动物油脂。参见《唐代九姓胡与突厥文化》，中华书局1998年版，第136页。

表示恭敬和供养外，可能也有润泽神像的目的。

1907年，斯坦因在甘肃敦煌附近的长城烽燧遗址中发现8件粟特文信札，其中第2号信札表明粟特人曾经在敦煌购买麝香带往本土。这件信札可能写于西晋末年。永嘉之乱后，洛阳、长安等地被刘渊攻占，粟特商人的活动中断了。这份书信应是居住在姑臧的粟特商人向他在粟特本土的主人报告他的商团在中国的经商情况和中国的政治局势的函件。粟特商人在信中写道："高贵的爵爷，我已为您收集到了成匹成捆的丝绸，这是归爵爷的。不久，德鲁瓦斯普凡达克接到了香料——共重八十四司他特……又，我已派范拉兹马克去敦煌取三十二个麝香囊，这是为我自己搞到的，他将把这些麝香囊交给您，等他到后，将这些麝香囊分成五份，其中三份归塔胡西其凡达克，一份归毗达克，一份归您。"① 粟特本土无麝香，故需从敦煌采购。② 这件信札反映的虽然是西晋末丝路贸易情况，但各地物产一般不会发生大的变化，隋唐时期粟特人所需的麝香应该仍要在敦煌购买。而敦煌也是贸易的中转站，敦煌附近最有名的麝香产地是张掖。《新唐书》卷四〇《地理志》载："甘州张掖郡，下。土贡：麝香，野马革，冬奈，枸杞实、叶。"敦煌出售的麝香可能来自张掖一带。粟特人曾经从波斯学习了"以麝香和苏"祭祀祆神的仪式，他们从敦煌购买的麝香，应该有一部分就是用于这种仪式的。

虽然突厥人将祆神像系在竿上祭祀，但这只是在流动状态下的权宜之计，在稳定的居点，突厥人也在祆祠中祭祀，甚至可能建立祆祠。在西安发现的北周安伽墓是一座粟特人墓葬，石墓门正面浮雕祆教祭祀图。画面中部为三头骆驼背负的火坛，火焰左右各有一乐神。骆驼座两侧各有一人身鹰足祭司，双手握神杖伸向火坛两侧摆满供具的供案。门额左右下方各有一面向中央火坛跪坐的胡人，面对熏炉而拜，炉内燃火，熏炉及火焰贴金。左侧者披发，身着圆领袍，腰束带，右手置于火侧，左手置于熏炉上；右侧者卷发，头戴虚冒，八字

---

① 王冀青：《斯坦因所获粟特文〈二号信札〉译注》，《西北史地》1986年第1期。
② 朱雷：《东晋十六国时期姑臧、长安、襄阳的"互市"》，《敦煌吐鲁番文书论丛》，甘肃人民出版社2000年版，第334页。

胡须，身着翻领紧身袍，束黑色腰带，右手置于熏炉上，左手持一物。下方左侧披发者，当为突厥人；右侧戴帽者当为粟特人，考古报告推测为安伽本人的形象。①《酉阳杂俎》卷一〇《物异》"铜马"条描述了中亚的祆祠："俱德建国乌浒河中，滩派中有火祆祠。相传祆神本自波斯国乘神通来此，常见灵异，因立祆祠。内无像，于大屋下置大小炉，舍簷向西，人向东礼。"②据此，祆祠内设置有大小炉。安伽墓门额图像中三驼座火坛位于画面中心，形体高大，当是《酉阳杂俎》中所谓的大炉；左右下方两胡人面前各有一小型熏炉，当是所谓的小炉。因此，安伽墓石门额上的祭祀场面，应当发生在祆祠中。图像中有突厥人形象，说明突厥人在有条件的情况下也在祆祠中祭祀。安伽墓所出围屏石榻画像中也有很多突厥人和粟特人共处的场景，显示了他们关系的密切，突厥人在祆祠中祭祀应当是受到粟特人影响的。

"刻毡为形"的祆神究竟是怎样的形象，史料文字简略，不易究明。1981年，考古人员在洛阳龙门东山北麓发现了唐景龙三年（709）粟特人安菩夫妇墓，该墓出土一件唐三彩骆驼俑，骆驼鞍鞯上有皮囊，皮囊上有一兽面。③姜伯勤先生根据《酉阳杂俎》的记载，指出"盛于皮袋"，当与驮马鞍具上之褡裢有关，并进一步推测，三彩骆驼俑鞍鞯皮囊上的兽面，即是"刻毡为形"的祆神图像。进而，他把所有驼载皮囊上的兽面都视为祆神图像。④驼载皮囊上的兽面是否即祆神形象，仍有待进一步探讨。这种骆驼俑皮囊上的兽面口中往往引出两道绳索，用来捆扎皮囊，兽面两侧多有各种杂货，很难想象祆教徒会如此存放祆神像。孙机先生对此推断也持不同意见，他认为粟特人信仰火祆教，然而并不外传，不曾有过译成汉文的祆教经典，对于各地之祆祠，唐政府也"禁民祈祭"，出土此类骆驼俑的墓葬，大多数还是汉人墓葬，墓主并没有祆教信仰，似乎也不应该把祆神图

---

① 陕西省考古研究所：《西安北周安伽墓》，文物出版社2003年版，第17页。
② （唐）段成式：《酉阳杂俎》，第98页。
③ 洛阳文物工作队：《洛阳龙门唐安菩夫妇墓》，《中原文物》1982年第3期。
④ 姜伯勤：《唐安菩墓所出三彩骆驼所见"盛于皮袋"的祆神——兼论六胡州突厥人与粟特人之祆神崇拜》，《唐研究》第7卷，北京大学出版社2001年版，第57页。

像带入墓中。①

祆教的主神是阿胡拉·马兹达，此外还有众多的神祇，各种神祇还有种种化身。唐五代时期，处于中西交通要冲的敦煌地区，是祆教信仰的繁盛之地，敦煌文献中多有祆祠及赛祆仪式的记载。② 盛唐时期的 P.2005《沙州都督府图经残卷》云："祆神：右在州东一里，立舍画神主，总有廿龛，其院周回一百步。"这有周回百步院落的"舍"，就是祆祠。这个祆祠中的 20 个龛供奉着不同的神祇，象征神祇的"神主"是画的。新疆吐鲁番以东的哈密，唐代称伊州。据光启元年（886）S.367《沙州伊州地志残卷》记载，小伊吾城北"火祆庙中有素书形象无数"，姜伯勤先生指出这种素书形象是单线平涂的绘像。③ 而日本学者神田喜一郎则认为，"素书"或与"素画"形近而误，"素画"又与"塑画"通假，"素书"实乃"塑画"之讹，指彩色泥塑而言。④

饶宗颐先生曾在伯希和所获敦煌卷子中发现一幅编号为 P.4518（24）的白描画本。这是一件高 30.5 厘米，长 37.9 厘米的纸本画页，画中绘二女相向而坐，一女手执蛇蝎，侧有一犬伸舌，舌设硃色。一女捧杯盘，盘中有犬。纸本已污损，悬挂之带结尚存。姜伯勤先生认为此卷上两位女神应与祆教有关，其中手持日月蛇蝎的女神与祆教的娜娜（Nana）女神有关。手持盘中立兽的女神是达埃纳（Daena）。他还根据此白画可以悬挂的特征，认为这与敦煌民俗"赛祆"活动用的画纸和"火祆庙"中的"素书形象"有关，可能是用来悬挂的祆神像。⑤ 张广达先生虽然在神祇的名称上与姜伯勤先生有不同看法，但同样指出，纸画原有悬纽这一情况值得注意，表明这一类图画当和幡幢一样，属于广义的装身具，大概是供进行某些法事之用，例如行

---

① 孙机：《唐代的胡人》，《中国文物报》2008 年 8 月 13 日第 6 版。
② 参见姜伯勤《敦煌艺术宗教与礼乐文明》，中国社会科学出版社 1996 年版，第 489—499 页；解梅《唐五代敦煌地区赛祆仪式考》，《敦煌学辑刊》2005 年第 2 期。
③ 姜伯勤：《敦煌艺术宗教与礼乐文明》，第 491 页。
④ 参见林梅村《高昌火祆教遗迹考》，《文物》2006 年第 7 期。
⑤ 姜伯勤：《敦煌白画中的粟特神祇》，《敦煌艺术宗教与礼乐文明》，第 179—194 页。

象活动,并推测这一纸本图画十有八九是用于赛祆场合的。①

目前已经发现的用于崇拜的祆神图像,无论是可以悬挂的纸画,还是固定的壁画,或者立体的雕塑,大多是人物形象。除了以人形出现的祆神形象外,有不少鸟和动物图像,如吉祥鸟、犬、骆驼、牛等也被研究者指认为祆教神祇的化身。但这些与祆教有关的动物形象,往往不是直接作为崇拜和祭祀对象,而是用于陪衬人形神像,或是用于装饰。突厥人"刻毡为形"的祆神像与敦煌白画上的女神一样,用于悬挂祭祀场合,应该也是人物的形象。

总之,《酉阳杂俎》所载突厥"刻毡为形"祭祀祆神的史料,是较早的有关缂毛纺织工艺的文献记载,能够补充我们此前在这方面认识的不足。这条史料不但使我们了解到西域缂毛织物在宗教方面的使用情况,还加深了我们对突厥人祆教祭祀仪式的认识,具有很高的研究价值。

(原载《敦煌学辑刊》2010 年第 3 期)

---

① 张广达:《唐代祆神图像再考》,《唐研究》第 3 卷,北京大学出版社 1997 年版。

从山东寒庶到关中望族

——杨隋郡望形成过程试探

关于隋朝皇室杨氏（下文简称"杨隋"）的郡望问题，陈寅恪、王永兴、韩昇、袁刚等先生已经进行了较深入的研究，基本上肯定了杨隋是伪冒的弘农杨氏。本文拟在前人研究的基础上，对杨隋弘农郡望的形成过程进行考察，以补充前人之说。

一 杨隋郡望问题研究概况

关于杨隋的世系，《周书》卷一九《杨忠传》云："杨忠，弘农华阴人也。小名奴奴。高祖元寿，魏初，为武川镇司马，因家于神武树颓焉。"[①]《隋书》卷一《高祖纪上》载："高祖文皇帝姓杨氏，讳坚，弘农郡华阴人也。汉太尉震八代孙铉，仕燕为北平太守。铉生元寿，后魏代为武川镇司马，子孙因家焉。元寿生太原太守惠嘏，嘏生平原太守烈，烈生宁远将军祯，祯生忠，忠即皇考也。皇考从周太祖起义关西，赐姓普六茹氏，位至柱国、大司空、隋国公。"[②] 杨隋把东汉太尉杨震认作先祖，自认是著名大族弘农杨氏之后，从北魏杨元寿时家于武川。此后的史料也沿袭这一说法，几成定论。

陈寅恪先生首先质疑杨隋出自武川之说。据《隋书》卷七九《高祖外家吕氏传》载："高祖外家吕氏，其族盖微，平齐之后，求访不知所在。至开皇初，济南郡上言，有男子吕永吉，自称有姑字苦桃，

[①] 《周书》卷19《杨忠传》，中华书局标点本1971年版，第314页。
[②] 《隋书》卷1《高祖纪上》，中华书局标点本1973年版，第1页。

为杨忠妻。勘验知是舅子,始追赠外祖双周为上柱国、太尉、八州诸军事、青州刺史,封齐郡公,谥敬,外祖母姚氏为齐敬公夫人。诏并改葬,于齐州立庙,置守冢十家。"① 陈寅恪先生认为:"从文帝母系来看,疑杨家本系山东杨氏。"②

对于杨元寿为武川镇司马之事,王永兴先生指出:"北魏初期都平城,北边防戍极为重要,故以鲜卑贵族能武事者为之将领,即'盛简亲贤,拥麾坐镇'也。北魏乃鲜卑政权,严胡汉之分,虽拉拢使用汉族大姓,大都为文臣谋士。此镇司马乃镇将下主兵的重要官职,绝不可能任用汉族高门士族,可确言也。杨忠四代祖杨元寿为武川镇司马而家于武川之事,乃后世伪托,不可信。"③

陈寅恪先生对李唐郡望的研究也为我们了解杨隋郡望提供了参考。据陈先生研究,宇文泰施行"关中本位政策",改易西迁有功汉将郡望,其措施以西魏恭帝元年(554)为界,可分两阶段:第一阶段改易西迁关陇汉人中之山东郡望为关内郡望,以断绝其乡土之思,并附会其家世与六镇有关。凡李唐改赵郡郡望为陇西,伪托西凉李暠之嫡裔及称家于武川等,均是此阶段中所为。第二阶段即西魏恭帝元年诏以诸将有功者继承鲜卑三十六大部落及九十九小部落之后,李唐之得赐姓大野,即在此阶段。至周末隋文帝专政,于大象二年(582)改胡姓复为汉姓,其结果只做到回复宇文氏第二阶段之所改,而多数氏族仍停留在第一阶段之中,这就是李唐虽去大野之胡姓,而仍称陇西郡望及冒托西凉嫡裔的原因。陈寅恪先生进而论道:"故隋唐皇室亦依旧自称弘农杨震、陇西李暠之嫡裔,伪冒相传,迄于今日,治史者竟无一不为其所欺,诚可叹也。"④ 可见他认为杨隋也经过了与李唐相似的改变郡望的过程。

袁刚先生在陈寅恪先生论断的基础上,从杨隋母系外家和宗族的

---

① 《隋书》卷79《高祖外家吕氏传》,第1788页。
② 万绳楠整理:《陈寅恪魏晋南北朝史讲演录》,黄山书社1987年版,第289页。
③ 王永兴:《杨隋氏族问题述要——学习陈寅恪先生史学的一些体会》,载《陈寅恪先生史学述略稿》"附录",北京大学出版社1998年版,第437页。
④ 陈寅恪:《唐代政治史述论稿》上篇《统治阶级之氏族及其升降》,上海古籍出版社1982年版,第15—20页。

角度对杨隋郡望进行了研究。隋文帝从祖弟河间王杨弘从小养于舅族，住在邺下，假外家姓为郭氏，北周灭北齐后才入关与杨坚相认。杨弘之子杨庆在隋末为偷生，两次改为郭姓，又两次改回杨姓，"变本宗如反掌"①，但最终复归杨姓，入唐后袭祖爵为郇国公。袁刚先生因此指出，"隋文帝外祖济南吕氏的贫寒身世充分说明杨氏与吕氏是同类的寒庶之家"，"杨弘、杨庆的家世从另一个侧面说明杨忠、杨坚及其先祖并非门阀士族弘农杨氏，也并非武川镇将之裔，而实为山东寒庶"②。

但韩昇先生对杨隋为山东杨氏之说提出了异议，认为杨忠之所以娶山东民女吕苦桃为妻，是因为他自武川南徙时与父离散，独自沦落山东，孤立无援，因而与当地民女吕氏萍水相逢，结为夫妻。婚后随即被掳往南朝。③ 韩先生此说也只是推测，并无实证。

弘农杨氏越公房越国公杨素之子杨玄感趁隋炀帝征辽东时发动兵变，西图关中，有"华阴诸杨请为向导"，路过弘农宫时，又有当地父老以"宫城空虚、又多积粟，攻之易下。进可绝敌人之食，退可割宜阳之地"劝说玄感攻城。④ 可见在弘农诸杨心目中，杨玄感才是同宗，而隋皇室是他们的"敌人"。《隋代墓志铭汇考》中收录了许多弘农杨氏的墓志，除了几方自称为杨隋宗室外，其余墓志均没有提及与皇室的关系。⑤ 弘农杨氏成员对隋皇族与自己非同宗这一点是有着明确认识的。

从以上研究来看，基本上可以肯定杨隋本是山东寒庶，在杨忠追随独孤信入关后，才攀附上了关中大族弘农杨氏，西魏恭帝初年又被赐姓普六茹氏。杨坚后来虽然改胡姓为汉姓，但依然伪冒弘农杨氏。

---

① 《隋书》卷43《河间王弘传》，第1211—1214页。
② 袁刚：《杨隋出自山东寒庶》，《文史哲》1999年第6期。
③ 韩昇：《隋文帝传》，人民出版社1998年版，第43页。
④ 《隋书》卷70《杨玄感传》，第1618页。
⑤ 王其祎、周晓薇：《隋代墓志铭汇考》，线装书局2007年版。另参见王庆卫、王煊《隋代华阴杨氏考述——以墓志铭为中心》，《碑林集刊》第11辑，陕西人民美术出版社2005年版；《隋代弘农杨氏续考——以墓志铭为中心》，《碑林集刊》第12辑，陕西人民美术出版社2006年版。

通过对史料的考察，我们可以梳理出杨隋修改谱系，伪冒郡望的过程，将其分为西魏北周时期和隋代两个阶段。

二　西魏北周时期："关中本位政策"下的伪冒郡望

杨忠本为山东寒庶，无论与弘农杨氏还是与普六茹氏，都没有任何关系，他伪冒郡望，实际上是宇文泰、苏绰推行的"关中本位政策"的产物。陈寅恪先生在《唐代政治史述论稿》一书中曾指出："宇文泰率领少数西迁之胡人及胡化汉族割据关陇一隅之地，欲与财富兵强之山东高氏及神州正朔所在之江左萧氏共成一鼎峙之局，而其物质及精神二者力量之凭藉，俱远不如其东南二敌，故必别觅一途径，融合其所割据关陇区域内之鲜卑六镇民族，及其他胡汉土著之人为一不可分离之集团，匪独物质上应处同一利害之环境，即精神上亦必具同出一渊源之信仰，同受一文化之薰习，始能内安反侧，外御强邻。而精神文化方面尤为融合复杂民族之要道……此新途径即就其割据之土依附古昔，称为汉化发源之地……不复以山东江左为汉化之中心也……此宇文泰之新途径今姑假名之为'关中本位政策'，即凡属于兵制之府兵制及属于官制之周官皆是其事。其改易随贺拔岳等西迁有功汉将之山东郡望为关内郡望，别撰谱牒，纪其所承，又以诸将功高者继塞外鲜卑部落之后，亦是施行'关中本位政策'之例证，如欲解决李唐氏族问题当于此中求之也。"① 实际上，由于杨隋郡望问题与李唐相似，解决杨隋氏族问题同样要求之于"关中本位政策"。陈寅恪先生已经揭示出宇文泰改易西迁有功汉将之山东郡望为关内郡望，别撰谱牒，纪其所承，及以诸将功高者继塞外鲜卑部落之后诸措施，均为施行"关中本位政策"的例证，为我们探索西魏北周时期杨隋郡望的形成过程指明了方向。

宇文泰改郡望可分两阶段，第一阶段是恭帝元年之前，改有功诸

---

① 陈寅恪：《唐代政治史述论稿》上篇《统治阶级之氏族及其升降》，上海古籍出版社1982年版，第15页。

将山东郡望为关内郡望。杨忠追随独孤信入关，凭借军功跻身于宇文泰政权的核心圈，正属于有功诸将之列。与杨氏对应的关内郡望，最著名者是弘农杨氏，无论是国家安排还是杨忠自己决定，无疑都会选择弘农杨氏。这次改变郡望，杨忠不仅变成了弘农杨氏，而且在谱系上创造出高祖杨元寿这样一个人物，并使其落籍武川，此即陈寅恪先生所说的"附会其家世与六镇有关"。

杨忠虽然改为弘农杨氏，但未必和关中的弘农杨氏有过密切的联系。作为本地的弘农杨氏，对于外来的伪冒者，也不会情愿地视其为本族。其微妙情形，可以通过杨忠本传对其祖上的追溯体察到。《周书·杨忠传》虽云杨忠为弘农华阴人，但并没有把祖先追溯到东汉的杨震，而只是追溯到魏初为武川镇司马因而家于神武树颓的高祖元寿。宋人赵明诚曾以《普六如忠墓志》考《周书·杨忠传》："普六如者，杨忠，隋高祖父也，后魏时赐姓。以《志》考《传》，其事皆合。惟其为都督泾、豳、显、盐、灵等六州诸军事，而《传》以'豳'为'幽'者，盖传写误而。"①《周书·杨忠传》与杨忠墓志记载基本相同，应该采用了相同的材料，即杨忠的行状及其家人提供的谱牒之类，这些材料如实反映了当时杨忠家族伪冒郡望的进程。正如袁刚先生所说："杨忠卒于隋立国前十多年，他以武功隆显，不可能预料到其子孙龙飞九五，南面称孤，所以没有必要攀附门阀儒宗杨震为先祖，而更看重武川镇将籍，因此其墓志述其家世由落籍武川的杨元寿开始。"② 杨忠传及其墓志不攀附杨震，至少说明了至杨忠去世时，杨忠家族依然没有真正和关中的弘农杨氏融合。

既然杨忠并不太在意弘农杨氏的门第，那么其改为弘农杨氏，未必就是自身希望攀附名门望族，只不过是为了配合"关中本位政策"，适应改山东郡望为关内郡望的要求而已。

《隋书》卷三三《经籍志》史部谱系篇序云："后魏迁洛……其中国士人，则第其门阀，有四海大姓、郡姓、州姓、县姓。及周太祖

---

① （宋）赵明诚撰，金文明校证：《金石录校证》卷22，上海书画出版社1985年版，第406页。
② 袁刚：《杨隋出自山东寒庶》，《文史哲》1999年第6期。

入关，诸姓子孙有功者，并令为其宗长，仍撰谱录，纪其所承。又以关内诸州，为其本望。"① 宇文泰先令诸姓子孙有功者为本姓宗长，后又以关内诸州为其本望，杨忠应该也是这一措施的实施对象之一。以诸将为本姓宗长，在改关内郡望之前，应是指山东郡望而言，则杨忠在改弘农杨氏之前，可能还曾有过做山东杨氏宗长的经历，因史料缺乏，细节俱不可考。虽然宇文泰令诸将为各姓宗长，但主要是针对山东郡望，未牵涉到关中士族。考虑到团结本地士族的需要，也不应让外来人为宗长，因此杨忠恐难成为弘农杨氏的宗长。

宇文泰改郡望的第二阶段，即恭帝元年以后，赐诸有功汉将胡姓，仍然是关中本位政策的内容。《北史》卷九《周本纪上》："魏氏之初，统国三十六，大姓九十九，后多绝灭。至是，以诸将功高者为三十六国后，次功者为九十九姓后，所统军人，亦改从其姓。"② 在此阶段，杨忠被赐姓普六茹氏，其部下军人也从其姓。《魏书》卷一一三《官氏志》载神元皇帝时余部诸姓内入者有"普陋茹氏，后改为茹氏"，当即杨忠所继承的普六茹氏。③ 由杨忠墓志名为《普六如忠墓志》可知，此后终其一生都用此胡姓。《隋书·高祖纪上》载北周武帝时齐王宪和内史王轨曾劝武帝除掉杨坚，均称其为普六茹坚。④ 在杨坚下令复汉姓之前，他可能一直都叫普六茹坚。由于赐姓的对象是有功武将，关中本地的弘农杨氏并没有改胡姓，因此普六茹氏忠实际上与弘农杨氏不再有关系。

《周书·杨忠传》载杨忠曾在保定二年"出武川，过故宅，祭先人"⑤。袁刚先生认为这次所祭的是鲜卑普六茹氏。"普六茹忠率领已改从己姓的部下在其'故宅'前，假戏真做地'祭先人'，并不是瞎胡闹，而应视其为及其庄严有效的仪式，对于增强所部胡汉兵将的凝

---

① 《隋书》卷33《经籍志二》，第990页。
② 《周书》卷2《文帝纪下》，中华书局标点本1971年版，第36页。《北史》卷9《周本纪上》（中华书局标点本1974年版，第329页）所载略同。
③ 参见王永兴《杨隋氏族问题述要——学习陈寅恪先生史学的一些体会》，载《陈寅恪先生史学述略稿》"附录"，北京大学出版社1998年版，第441页。
④ 《隋书》卷1《高祖纪上》，第2页。
⑤ 《周书》卷19《杨忠传》，第318页。

聚力、战斗力，必然产生相当的影响。"① 如果这次所祭的对象是普六茹氏的话，也就意味着杨忠自己创造出来的高祖杨元寿已时过境迁，不被重视了。

杨忠在"魏恭帝初，赐姓普六如氏，行同州事"，死后赠"同州刺史"②，隋文帝受禅后，又"遣兼太保宇文善、兼太尉李询，奉策诣同州，告皇考桓王庙"③，则杨忠可能葬在同州，而非弘农杨氏聚居的华阴县。从葬地也可略知杨忠和弘农杨氏的疏远情形。

中古时期，士族在社会各个领域都占有优势地位，享有特权，士族为了维护自身的地位，极力强化士庶之别，不断考订谱系，甄别士流。一些庶族则设法修改谱牒，伪冒士籍，跻身士族，以争取更高的社会地位和更多特权。西魏、北周时期杨忠等有功汉将的伪冒郡望与以往这些伪冒者不同，它不是个别家族的隐蔽行为，而是在国家权力主导下进行的大张旗鼓地更改郡望。

三　隋代：对名门望族的自觉攀附

北周末年，杨坚执政后，下令将汉姓改为胡姓者又改回汉姓，普六茹氏也因此恢复为弘农杨氏。杨坚建立隋朝，改革北周制度，恢复汉魏制度，以北齐制度为主体，参以南朝制度。汉人士族的地位得到提升，杨忠时代的被动修改郡望，变为对名门望族的主动攀附。

《新唐书·宰相世系表》载东汉太尉杨震有五子：牧、里、秉、让、奉。杨牧后裔杨渠生铉，铉生元寿，元寿生惠嘏，惠嘏生睿、烈，烈生祯，祯生忠，忠生坚。杨奉八世孙结生二子：珍、继。继生晖，晖生恩，恩生越恭公钧，号越公房。均生暄，暄生敷，敷生素、约、慎、岳。④ 杨坚一支是杨震长子杨牧的后裔，越公房则是杨震末子杨奉的后裔。越公房成员墓志出土较多，多云葬于华阴县东原，其

---

① 袁刚：《杨隋出自山东寒庶》，《文史哲》1999年第6期。
② 《周书》卷19《杨忠传》，第317页。
③ 《隋书》卷7《礼仪志三》，第136页。
④ 《新唐书》卷71下《宰相世系表一下》，中华书局标点本1975年版，第2346—2365页。

中杨素墓志出土地点明确。

杨隋本非弘农杨氏,《世系表》所载这种杨隋皇室和越公房杨氏分别继承杨震长子杨牧与末子杨奉的世系,也应是有意为之,目的就是使杨隋成为弘农杨氏的大宗。前述《隋书·经籍志》史部谱系篇序所载周太祖入关后,"诸姓子孙有功者,并令为其宗长"①,此时得以贯彻到关中士族,杨隋真正做了弘农杨氏的宗长。

然而,有意篡改的谱系仍出现不少漏洞。韩昇先生曾指出:"杨坚家族的名字,与其远祖多有重复。例如,杨坚的父亲杨忠,与杨震的曾祖同名;杨坚的儿子杨广和杨俊,分别与杨震的九世孙和七世孙同名……因此我们很难把杨坚一族看作是弘农杨氏的嫡系后裔。"② 另外,根据《新唐书·宰相世系表》的世系,观王杨雄为杨渠的六世孙,杨坚为杨渠的七世孙,则杨雄为杨坚的族父,这与《隋书》卷四三《观德王雄传》中杨雄为高祖族子的记载相矛盾。《新唐书·宰相世系表》是根据林宝《元和姓纂》编成的,《元和姓纂》使用的材料主要是当时所见的各种姓氏书、氏族志以及士族的家状、谱牒,主要功能是备朝廷封爵之用,非为世系辨伪而作,其可信度要低于正史。③ 因此,《宰相世系表》记载的杨隋世系不足为据。

虽然《周书·杨忠传》称杨忠为弘农华阴人,但对其祖上的追溯只是到高祖元寿,并未如《隋书·高祖纪》那样追溯到杨震,把祖上继续上溯到杨震的是隋文帝杨坚。杨坚执政后,将之前更改的胡姓又改回汉姓,但仅恢复到第一阶段所改的关中郡望,因此杨隋仍冒称弘农杨氏。此时,杨坚已经大力实施汉化措施,改回弘农杨氏的郡望,也有了更多攀附名门望族的成分在内。

一般来说,出于维护家族谱系和家族利益,士族是不愿让自己的郡望被寒庶伪冒的,但对于杨隋的伪冒行为,杨素不但不排斥,反而对杨坚曲意逢迎。《隋书》卷四八《杨素传》云:"及高祖为丞相,

---

① 《隋书》卷33《经籍志二》,第990页。
② 韩昇:《隋文帝传》,人民出版社1998年版,第35—36页。
③ 仇鹿鸣:《"攀附先世"与"伪冒士籍"——以渤海高氏为中心的研究》,《历史研究》2008年第2期。

素深自结纳。"① 究其原因，首先因为这种伪冒开始时即是西魏、北周国家行为，弘农杨氏本身无力抵制；其次，又因伪冒者是有权势的勋臣乃至后来的隋皇室，伪冒方和被伪冒方都能从中得到好处，因此双方都心照不宣地默认这种关系。

列入杨隋皇室观王房的观德王杨雄，《隋书》卷四三本传载其为高祖族子，其父绍，"仕周，历八州刺史，傥城县公，赐姓叱吕引氏"。杨雄之父杨绍，和杨忠分别赐姓，地位并列。同卷史臣曰："高祖始迁周鼎，众心未附，利建同姓，维城宗社，是以河间、观德，咸启山河。属乃葭莩，地非宠逼，故高位厚秩，与时终始。"② 后来杨雄在谱系上被排列为皇室，是因为杨坚需要同姓支持，实际上"属乃葭莩，地非宠逼"，与杨坚关系较为疏远，甚至是不是真的同宗都值得怀疑。观王房的谱系，可能也经过类似的加工。

四　杨隋葬地问题

今陕西潼关县，隋代属华阴，是著名世家大族弘农杨氏的籍贯地，东汉弘农杨氏家族墓地以及号称弘农杨氏后裔的隋越国公杨素墓就在附近。③ 目前发现的隋代弘农杨氏墓志，出土于潼关者，多为越公房杨钧之后，如杨素、杨宏、杨约、杨异、杨文愻等，其墓志均表明葬于华阴县东原。而从目前发现的几方隋代宗室墓志来看，隋宗室基本上都葬在两京附近。如洛州宗卫长史杨畅墓志云："君讳畅，字文通，陕州弘农人也。氏胄之绪，即与皇帝连根……（开皇）八年六月廿三日卒于本第，龟兆卜告，葬于洛城之西"。④ 河间恭王杨弘墓志云："王讳弘，字义深，弘农华阴人也……大业三年三月廿三日遘

---

① 《隋书》卷48《杨素传》，第1283页。
② 《隋书》卷43《观德王雄传》，第1215—1218页。
③ 陕西省文物管理委员会：《潼关吊桥汉代杨氏墓群发掘简记》，《文物》1961年第1期；姚双年：《隋杨素墓志初考》，《考古与文物》1991年第2期。
④ 王其祎、周晓薇：《隋代墓志铭汇考》063《杨畅志》，线装书局2007年版，第244—245页。

疾薨殒，粤以其年四月廿四日迁葬于高阳里。"① 王其祎先生在墓志"附考"中指出，"高阳里"当即高阳原，则墓志应出于长安县韦区一带。隋滕王故长子杨厉墓志云："君讳厉，字威彦，弘农华阴人也。……曾祖武元皇帝……以大业十二年岁次丙子七月乙卯朔十八日壬申，于东都城北廿余里零渊乡零渊里。其营域左邻翟氏，右带魏陵，面谷背川。"② 以上诸志都明确表明志主与皇室有关，虽自称弘农华阴人，但并不葬在华阴。

文献也记载曾有杨隋宗室葬于华阴。《潼关卫志》卷上《建置志》"陵墓"条："观德王墓，城西十里，旧有唐中书侍郎岑文本碑，今废……杨思训墓，城西五里。"③ 前揭《隋书》卷四三《观德王雄传》："观德王雄，初名惠，高祖族子也。父绍、仕周，历八州刺史、傥城县公，赐姓叱吕引氏。"杨思训则是杨雄之孙。杨雄之子恭仁、孙思训，《旧唐书》卷六二有传："杨恭仁本名纶，弘农华阴人，隋司空、观王雄之长子也……后以老病乞骸骨，听以特进归第。十三年卒，册赠开府仪同三司、潭州都督，陪葬昭陵，谥曰孝。子思训袭爵。显庆中，历右屯卫将军。时右卫大将军慕容宝节有爱妾，置于别宅，尝邀思训就之宴乐。思训深责宝节与其妻隔绝，妾等怒，密以毒药置酒中，思训饮尽便死。"④ 杨恭仁墓位于礼泉县烟霞乡，西北距昭陵主峰5公里，1979年发掘。⑤ 杨思训归葬华阴，而没有从葬其父墓旁，可能与非正常死亡有关。

《朝野佥载》卷六载："舒绰，东阳人，稽古博文，尤以阴阳留意，善相冢。吏部侍郎杨恭仁欲改葬其亲，求善图墓者五六人，并称海内名手，停于宅，共论藝，互相是非，恭仁莫知孰是。乃遣微解者驰往京师，于欲葬之原取所拟之地四处，各作历，记其方面高下形势，各取一斗土，并历封之。恭仁隐历出土，令诸生相之，取殊不同。言其行势，与历又相乖背。绰乃定一土堪葬，操笔作历，言其四

---

① 王其祎、周晓薇：《隋代墓志铭汇考》卷262《杨弘志》，第230—232页。
② 王其祎、周晓薇：《隋代墓志铭汇考》卷476《杨厉志》，第321—323页。
③ （清）唐咨伯修，杨端本纂：《潼关卫志》，清康熙二十四年刻本。
④ 《旧唐书》卷62《杨恭仁传》，中华书局标点本1975年版，第2381—2382页。
⑤ 陈安利：《唐十八陵》，中国青年出版社2001年版，第256页。

方形势，与恭仁历无尺寸之差，诸生雅相推服。各赐绢十匹遣之。绰曰：'此所拟处深五尺之外有五谷，若得一谷即是福地，公侯世世不绝。'恭仁即将绰向京，令人掘深七尺，得一穴如五石瓮大，有粟七八斗。此地经为粟田，蚁运粟下入此穴。当时朝野之士以绰为圣。葬竟，赐细马一匹，物二百段。"[1]

杨恭仁精选的葬地，是可使公侯世世不绝之福地，很可能改葬的就是其父观王杨雄。综合以上记载，杨雄原葬在清代潼关县城西十里，后来才由其子杨恭仁迁葬到京师。清代潼关县城，为雍正四年（1726）改潼关卫置，治所在今陕西潼关县东北。隋华阴县在今陕西华阴市东南，大业五年（609）移治今华阴市。今潼关县西之地，隋代属华阴县，有弘农杨氏家族墓地。

中古时期在外任职的官员在故乡仍有宅第，以保持与乡里的密切联系，死后也往往归葬乡里祖茔。《朝野佥载》所记"图墓者五六人停于宅"之"宅"，与杨恭仁在唐代致仕后所归之第，应是同一宅第。为了验证图墓者的论断，杨恭仁还派人"驰往京师，于欲葬之原"待选墓地取土，后又"将绰向京"，可知其宅第距离京城相当远，应当就在华阴。杨雄及其孙思训又都归葬华阴，他们的确是把华阴当作家乡了。

2005年3—12月，陕西省考古研究院发掘了位于潼关县高桥乡税村的一座壁画墓，根据墓葬形制和随葬器物的风格判断，该墓为隋代墓葬。虽然因墓志被盗而导致墓主身份不能确定，但其规模巨大，葬具规格很高，并发现了符合东宫等级的18杆列戟壁画，发掘简报据此推断可能是废太子杨勇之墓。[2] 杨勇被杨广矫诏害死，追封为房陵王，应该按亲王礼埋葬，但杨广可能会因愧疚心理和舆论要求而给予厚葬，因而使用了东宫等级的列戟壁画。简报的推断有一定道理。从该墓的规格看，即使不是杨勇墓，至少也是某位亲王之墓。隋宗室可能多葬在两京附近，但至少有个别房支或人物葬在华阴。在今后的考

---

[1] （唐）张鷟撰，赵守俨点校：《朝野佥载》，中华书局1979年版，第164—165页。
[2] 陕西省考古研究院：《陕西潼关税村隋代壁画墓发掘简报》，《文物》2008年第5期。

古工作中，可能还会在潼关发现其他的隋宗室墓。

杨隋宗室成员以华阴为乡里，甚至死后葬在弘农杨氏家族墓地附近，也应经过了弘农杨氏的默许。寒庶一般利用赐姓、修改谱牒等直接的手段伪冒士族郡望，隋宗室在华阴置宅第、墓地，以拉近并混淆与弘农杨氏的关系，造成既成事实，这应该是在伪冒之后，进一步巩固弘农郡望的手段。事实上这种手段也达到了预期的效果，唐朝以后杨隋已经被认为是弘农杨氏，《新唐书·宰相世系表》所载杨隋郡望与世系就是证明。

后　　记

　　这本小书收入了我这些年写的十五篇文章，其中有一部分是不太成熟而没有发表过的。由于我的兴趣游移不定，这些文章没有一个共同的主题，如果一定要归纳出主题的话，就如书名所示，多与丧葬艺术、葬俗和出土文献有关。我发表的第一篇文章是《崔芬墓志与南北争战下的青州崔氏》。当时我在南京大学考古专业读硕士研究生，胡阿祥老师为《南京晓庄学院学报》的"六朝研究"专栏组稿，约我的导师张学锋老师写一篇文章，张老师为了锻炼我，就让我来写。当时我懵懵懂懂，尚不知学术研究为何物，张老师从论文题目的设计到论文内容的构思都给了我悉心的指导。文章投稿后，胡阿祥老师也表示很满意。这次经历给我增加了不少信心，从此接连写了几篇墓志考释方面的文章，当然质量参差不齐，有的还很粗疏。从文章结构上看，也自觉不自觉地因袭了处女作的模式。因为在考古专业学习，难免接触图像资料，我也闭门造车，写过几篇图像研究的文章，收入本书的《隐囊考》和《巩义涉村宋代壁画墓孝子图略论》就是其中的两篇。但我毕竟不是科班出身，距离真正的艺术史研究还很远。

　　我从南京大学博士毕业后，又到武汉大学历史学院朱雷先生门下做博士后研究，本书中《唐宋时期墓葬壁画中的女性生活》和《变革中的唐宋丧葬礼俗》，是我的博士后出站报告中的一部分内容，朱先生和陈振裕、刘安志、杨果、张昌平、晏昌贵等老师给我提了很多好的建议。可惜这两篇文章后来没有进一步打磨修改，显得比较粗糙。

　　2011年我来到暨南大学历史学系任教，系主任冀满红老师和考古学专业的前辈王银田、赵善德老师经常鼓励我做好学术研究。然而这几年我并没有出什么成果，浪费了大好时光，可能令他们失望了。考古学

后 记

成为一级学科后,由于种种原因,暨大没有了考古专业学科点,我陷入迷茫,将教学工作之余的大量时间都用在了马拉松运动上。幸好师友们并没有对我放弃治疗,张小贵兄经常用美食诱惑我保持进取心,现系主任刘增合老师不但督促我写文章,还帮我争取了这次出书的机会,我才得以借此机会整理旧稿,对以前的研究做个总结,反思不足之处。目前我不过是初窥学术门径,以后的道路还很长,希望将来能够弥补缺憾,有所增益,不负这些年来师友们对我的期望。

最后要感谢本书的责任编辑刘芳老师。本书原稿存在不少错误,加上我的拖延症,使刘芳老师为本书付出了辛苦的劳动。

2017 年 10 月 14 日凌晨于番禺